1 MONTH OF
FREE
READING

at
www.ForgottenBooks.com

By purchasing this book you are eligible for one month membership to ForgottenBooks.com, giving you unlimited access to our entire collection of over 1,000,000 titles via our web site and mobile apps.

To claim your free month visit:
www.forgottenbooks.com/free901197

ISBN 978-0-265-86377-0
PIBN 10901197

SUPPLEMENTUM ARISTOTELICUM

EDITUM CONSILIO ET AUCTORITATE

ACADEMIAE LITTERARUM REGIAE BORUSSICAE

VOL. III PARS I

ANONYMI LONDINENSIS

EX

ARISTOTELIS

IATRICIS MENONIIS

ET ALIIS MEDICIS ECLOGAE

EDIDIT

HERMANNUS DIELS

ADIECTAE SUNT TABULAE DUAE

BEROLINI

TYPIS ET IMPENSIS GEORGII REIMERI

MDCCCLXXXXIII

COMMENTARIA IN ARISTOTELEM GRAECA

SUPPLEMENTUM

ARISTOTELICUM

EDITUM CONSILIO ET AUCTORITATE

ACADEMIAE LITTERARUM REGIAE BORUSSICAE

VOLUMINIS III

PARS I   ANONYMI LONDINENSIS IATRICA

BEROLINI

TYPIS ET IMPENSIS GEORGII REIMERI

MDCCCLXXXXIII

ANONYMI LONDINENSIS

EX

ARISTOTELIS

IATRICIS MENONIIS

ET ALIIS MEDICIS ECLOGAE.

CONSILIO ET AUCTORITATE

ACADEMIAE LITTERARUM REGIAE BORUSSICAE

EDIDIT

HERMANNUS DIELS

ADIECTAE SUNT TABULAE DUAE

BEROLINI

TYPIS ET IMPENSIS GEORGII REIMERI

MDCCCLXXXXIII

AD FRIDERICUM G. KENYONEM EPISTULA EDITORIS

Iatricon libellus cum nunc in lucem prodit quem prius salutet quam
Te, vir optime, qui cum de Aristotele ipso tum de Aristotelico hoc vo-
lumine unice sis meritus. quod simulatque ante duos fere annos ex
Aegypto in Museum Britannicum transvectum est, ubi nunc extat numero
CXXXVII, Tu quamquam multis et gravissimis negotiis paene oppressus,
statim lacera fragmenta explicare, levigare, ordinare coepisti, tum
scripturam et difficilem per se et saeculorum iniuria misere oblitteratam
legere, conexus rimari, lacunas supplere, denique libri in dies magis
crescentis materiam intellegere, aetatem constituere, fontes expiscari.
quae omnia tam incredibili celeritate ac sollertia perfecisti, ut iam mense
Aprili MDCCCXCII viris doctis libri recentis formam et indolem breviter
sed accurate exponere posses.[1] iam tum recte intellexisti, vir doctissime,
priorem partem voluminis, quae in antiquorum medicorum memoria
continetur et iterata Aristotelis mentione est insignis, excerptam esse ex
Menonis Aristotelei Iatricis. qui nuntius ut alios ita me commovit. nam cum
Aristotelicis litteris novum monumentum accrescere tum Doxographorum
quaestionibus olim desertis novum quasi pabulum offerri sensi. itaque
quae ex Musei penu Te quasi promo condo prolata erant, summa me
expectatione replebant. quam augebant duae prioris partis eclogae, quas
Fridericus Blassius, vir eruditissimus, e Britannia redux peramice me-
cum communicaverat. quibus dum acrius incumbo, vidi sine totius vo-
luminis contextu singula recte intellegi non posse. ita in dies vehementius
editionem totius voluminis a Vobis desiderare coepi. sed quaerenti mihi
et instanti Tu respondisti nihil eiusmodi aut abs Te aut ab aliis parari

---

[1] *Classical Review* VI (1892) p. 237—240.

ac sero, si umquam, fore ut huic desiderio satisfieret. simul tamen, ne istius nuntii tristitiam nimis aegre ferrem, eximia benevolentia apographum Tua manu confectum in meum usum commisisti. acceptum volumen tractare, retractare, emendare, supplere meo marte coepi, qui labor etsi difficillimus erat, tamen quo magis minui videbam fenestrarum numerum, eo maior erat in dies spes restituendi omnia. sed ne solus thesauro incubare viderer ut avarus, iam in publicum edendi consilium ortum est. quod cum Tu probasses adiutoremque operis Te obtulisses, venia ab E. Maunde Thompson, summo bibliothecae praefecto, viro doctissimo et humanissimo, facile impetrata institutum opus iam intentius promovere coepi, et quod privatim primo susceperam, iam Academiae nostrae auctoritate promulgare visum est, cuius Supplemento Aristotelico tam insigne monumentum deesse fas non erat.

Interim Tu nostram iam tamquam Tuam rem gerere, papyrum paene cottidie excutere, nostras coniecturas religiose conferre cum exemplari, Tua invicem supplementa mittere et acute excogitata et coram ipso teste probata. sic etsi aemulo illo studio labor incredibilem in modum procedebat, tamen amicissimi hominis patientia et benevolentia abuti videbar, si diutius Tuis oculis videre pergerem. ergo postquam quae ex supplenda altera voluminis parte subnata erant studia Erasistratea et Stratonea absolvi[1], Londinum petii ac per mensem insolita caeli serenitate adiutus totam papyrum studiose perlustravi et in eius conspectu supplere quae hiabant studui. nam sic tenuissimis litterarum umbris, quae vix cerni nedum describi accuratius possint, ad restituenda verba uti licebat. hic vero etiam plenius Te admirabar, quantum oculis valeres ac mentis illa divinatione, quae caliginem scripturae tamquam face praetenta illustrat. sciant enim, qui talia studia non ipsi experti sunt, plurima quae nunc sine ullo dubitationis signo in hac editione leguntur, plane obscura et inexplicabilia fuisse, donec sententia felici coniectura inventa simul lectionem aperiret. ergo laboris difficillima et fructuosissima pars posteriores plane lateat necesse est; nam secundus lector munitam quodammodo et expeditam viam inveniet. sic igitur ego ductus a Te sensim fallacissimae scripturae assuefactus ultro pedem proferre ausus sum. quare Tua sunt merito non solum ea quae ipse explicuisti, sed etiam quae explicare me docuisti.

[1] *Über das physikalische System des Straton* (Sitzungsberichte der Berl. Akad. 1893 p. 101—127).

Inveni illam papyrum vitris diligenter inclusam et in undecim tabulas commode divisam, quarum conspectum subiungo.[1]

Qui singulas nunc in manus sumet tabulas, forsitan dubitet de ordinis veritate, quem Tu restituisti egoque usu probatum inveni. at Tibi praeter posticae scripturae indicia, de qua postea loquar, ampliora ac magis continentia fragmina voluminis olim praesto fuerunt, quae postea demum forfice sunt discissa in commodioris usus partes, quibus in diversas tabulas translatis quae olim cohaerebant dirempta sunt.[2] etiam ceterae paginae aut nunc coniunctae servantur aut, si paucas excipias, manifesta prioris conexus retinent vestigia. sed singillatim haec persequi is tantummodo poterit, cui vitris sublatis ipsas chartas examinare licebit. opto vero, ut Tu qui huius papyri fata ab initio cognovisti, aliquando huic desiderio satis facias.

Papyri descriptio

Voluminis quantum nunc restat longitudo, si partes contextas cogites, est trium fere metrorum ac dimidii, latitudo (altitudo) XXIII fere centesimarum. plagularum singularum, ex quibus papyri corpus conglutinatum est, commissuras vidi XIX, quae quinis fere denis centesimis inter se distant. sed veri simile est paulo plures fuisse, ut paulo plus quam *scapum*, quem Plinius (N. H. XIII 77) vicenis plagulis constare dicit, complevisse librarius videatur. ceterum scripturam commissuris plagularum nequaquam impeditam esse omnino hodie constat et hoc exemplo confirmatur.

Ordo paginarum

[1] tabula   I continet paginas (columnas) I II III
-   II   -   -   -   IV V VI VII
-   III   -   -   -   VIII IX X XI
-   IV   -   -   -   XII XIII XIV XV
-   V   -   -   -   XVI XVII XVIII
-   VI   -   -   -   XIX et XX
-   VII   -   -   -   XXI XXII XXIII XXIV
-   VIII   -   -   -   XXV—XXVIII
-   IX   -   -   -   XXIX XXX XXXI
-   X   -   -   -   XXXII XXXIII XXXIV XXXV
-   XI   -   -   -   XXXVI XXXVII XXXVIII XXXIX
[2] ex scissuris haec olim cohaesisse apparet extrema tabularum:
   tabulae   I et   II coniunctae fuerunt paginis   III et   IV
-   III - IV   -   -   -   XI -   XII
-   V - VI   -   -   -   XVIII -   XIX
-   VI - VII   -   -   -   XX -   XXI
-   VII - VIII   -   -   -   XXIV -   XXV
-   VIII - IX   -   -   -   XXVIII -   XXIX
-   IX - X   -   -   -   XXXI -   XXXII
-   X - XI   -   -   -   XXXV -   XXXVI

Paginae (sive columnae) litteris completae servantur XXXIX, ultima semiplena; intervalla vacua, binarum fere centesimarum, extremus tamen margo dexter, ubi librarius substitit, duplo maior. versuum numerus in singulis paginis a quadragenis quaternis sensim auctus est finem versus usque ad undesexagenos. summa versuum, computatis etiam quos supplevi versibus, sed omissis, si qui inter versus aut extra additi sunt, est MDCCCCX; quibus si addas fragmenta posticae, fiunt MDCCCCXXVII. unde apparet quantum reliquum sit a iusti voluminis ambitu, cum praesertim ipsi versus legitimi stichi mensura (XV syllabarum) sint minores. nam XIII fere syllabarum (i. e. XXX fere litterarum) modulo continentur. initium voluminis non servatur. neque tamen ea iactura plus quam una vel duae paginae perierunt, quantum ex Prooemii superstitis natura coniectari potest. periit igitur etiam titulus libri cum auctoris nomine. quod si quis in inscriptione IV 18.19 invenire voluerit, non invidebo; ego quid sentiam, infra p. XVIII aperiam.

Fragmenta   Praeter maiora fragmenta, quae olim incerta sede fluctuabant, nunc autem omnia a TE partimque a me in rectum ordinem restituta sunt, non-nulla frustula vaga servantur, quae editioni adiunxi sperans fore ut haec quoque forte fortuna aliquando corpori reddantur. his minutis fragmentis (III—XII) duo praefixi paulo ampliora, quae manu librarii in postica addita sunt. nam ut ipse liber iusto ordine i. e. in antica parte scriptus est, ubi secundum U. WILCKENII egregiam observationem fibrarum striae cum versuum lineis eandem derectionem tenent, ita fragmenta illa in postica posita sunt, quae fibris contrariis facile agnoscitur. quae frag-menta cum pertineant sine dubio ad eam disputationem, quae in extrema pagina XXXIX non tam clauditur quam abrumpitur, cumque laborantis librarii haud obscura signa praebeant, conieci[1] propterea suppleta esse, quia cum ulteriora in exemplari magis magisque corrupto legentis laborem fallerent, illa sola aliquatenus enucleari possent. etiam antea exemplaris condicionem tristiorem fuisse veri simile est, ut oblitterati apices oculis librarii vix ac ne vix quidem exciperentur. qua re excu-satur aliquo modo illius incredibilis neglegentia, quae usquequaque cer-nitur. tot supplementa sunt inter versus et in margine, tot liturae, tot hiatus verborum et sententiarum. sed de his postea accuratius.

---

[1] *Über die Excerpte von Menons Iatrika in dem Londoner Papyrus 137* (Hermae vol. XXVIII) p. 410.

In postica praeter ea quae ipse librarius supplevit praeceptum me- *Praeceptum* dici invenitur rudi calamo eoque recentiore exaratum, ut possessorem voluminis id aspersisse credas; tum scholastica exercitatio, quam in postica tabulae II aliena (saeculi tamen II p. Chr.) manu scriptam legimus. est epistula M. Antonii triumviri, quae incipit: Μᾶρχος ’Αντώνιος *Epistula Antonii* αὐτοχράτωρ | τριῶν ἀνδρῶν δημοσίων πραγμάτων | ἀπὸ χαταστάσεως τῶι Κοινῶι τῶν ἀ|πὸ (sic) τῆς ’Ασίας ‘Ελλήνων χαίρειν. Καὶ | πρότερον ἐντυχόντος μοι ἐν ’Εφέσωι | Μάρχου ’Αντωνίου ’Αρτεμιδώρου τοῦ | ἐμοῦ φίλου χαὶ ἀλείπτου χτλ. integram epistulam TE mox editurum esse pollicitus es[1]. praeter haec igitur duo calamorum posteriorum pericula cetera omnia unius librarii manu perscripta sunt tam contextus verba quam quae correcta suppletave sunt.

De aetate librarii controversia est, de qua dixi *Hermae* l. c. p. 411. *Librarii aetas* ut enim Alexandri Philalethis crebra mentione circa Christi natalem alter terminus fixus haeret, ita inferior vacillat. assentior tamen TUAE sententiae, vir peritissime, qui scripturam altero saeculo haud posteriorem esse asseveras.[2] cum enim litterae sint similes primae potissimum quae exaravit VESTRI Aristotelis manui, tum siglorum forma, ut idem TU recte monuisti, simillima. neque enim universa ratio discrepat et octo notae plane eaedem (γάρ, ἐστίν, εἶναι, χατά, μέν, παρά, τῶν, -ήν). quodsi minutias formarum rimeris, etiam antiquiora videantur Iatricon compendia quam Aristotelea.[3]

Compendiorum autem in hoc volumine duo genera inveniuntur: unum *Compendia* liberum omnibusque sedibus concessum quod *siglorum* voco, alterum extremis versuum vocabulis reservatum *compendiorum*, quae proprie dico. ac sigla quidem tabula priore huic editioni adiuncta illustravi, de compendiis vero finalibus haec habeto:

— lineola transversa superscripta quamlibet terminationem significat velut χουφοτε͞ρ (χουφότερα), γε͞ν (γένηται, γενομένης, γενομένην), μυελο͞ (μυελός), λαμβ̄ (λαμβανομένη, λαμβάνεσθαι sim.)

⌐ significat ην velut χεφαλ⌐ (χεφαλήν), τροφ⌐ (τροφήν)
α superscriptum αν
ο   ‧   ον
υ   ‧   ου aut ους
ω   ‧   ως aut ων

[1] *Classical Review* l. c. p. 237.
[2] *Classical Review* l. c. p. 239.
[3] nam si derectae et simplices formae ex flexis et compositis originem duxerunt (id quod in nonnullis notis demonstrari potest cf. Lehmann *Tachygraph. Abkürzungen* Leipz. 1880 p. 102. 105), hic scriptor genere antiquiore usus est quam Aristotelis.

tum liberiore ratione: ανα (ἀνάδοσις vel ἀνάδοσιν XXV 19. 25), αναδοᵟ(ἀναδόσεωςᵋ XXV 14), αναθυᵘ (ἀναθυμιαθεῖσαι VI 32), σπερματι (σπερματικοῖς XXV 43) αισ (αἰσθητόν saepe) οι (οἰκοῦσαν XIV 44), ἡγεμονι (ἡγεμονικοῦ XVI 38), νοσο (νοσολογεῖ XI 41), τυγ (τυγχά-νειν XXIV 36)

Scriptura De ipsa scriptura hoc dico, quod uni cuique autotypo nostro in-specto oculis videre licet, librarium non artificem fuisse libros mercede scribere consuetum, sed hominem mediocriter doctum, qui exemplar sive situ sive tritu corruptum in usum privatum describeret. eiusdem generis plerosque libros esse, qui nunc in Aegypto inveniuntur, et olim dixi[1] et nunc post tot tamque egregia inventa etiam confidentius assero. itaque cum duplex fuerit ut apud nostrates ita apud antiquos litteratura, una pulchra et antiqua illa titulorum, qua *antiquarii* qui recte dicebantur libros Sosiorum vel Atticorum iussu affabre scribebant sive pingebant, altera vulgaris et *cursiva*, qua vulgus epistulas, commentarios, quidquid privato usui destinatum erat, currenti calamo conscribebat sive conscri-billabat: homines docti qui librum descripturi erant cum vulgari genere uti nollent, artificioso nescirent, utrumque miscebant. talis est scriptura *semicursiva* eorum qui Aristotelis r. p. Atheniensium exaraverunt, talis huius hominis qui conatus est (neque enim perfecit) in suum sibi usum Iatrica haec describere. ergo litteratura ista etsi ex cursivi generis levitate adspirat ad grandius illud, tamen parum accurate et distincte formatur, ut saepe immo plerumque incertum sit, utrum τ an υ, λ an α, λλ an μ, ν an αι, γ an τ, α an ε vel ο etc. voluerit scriptor. hinc maxima legendi difficultas oritur. praeterea fluctuant ipsae formae relabente subinde librario in vulgare genus. velut praeter κ sollemnem formam cursivam illam *u* non raro adhibet, ut καί an ώς scriptum sit plus semel haereas. inprimis cursiva utitur in eis quae vel supra vel extra versus supplet et in compendiis finalibus. quae cum ita sint, tutissimum erat volumen totum lucis arte fideliter expressum lecturis ante oculos ponere, quod Vos, viri illustrissimi, in Aristotelis et Herodae autotypis egregio eventu fecistis. sed quod Tu mihi quaerenti olim praedixisti, re expertus sum: condicio papyri et inprimis subfuscus eius color obstant, quominus imago satis clara fiat. tamen eiusmodi *autotypum* editioni deesse nolui, ut scripturae saltem genus et ordo specimine cognoscantur. interim

---

[1] *Über die Berl. Fragm. der* ᾽Αθ. πολ. *des Aristoteles* (Abh. der Berl. Ak. d. W. 1885) p. 7 sq.

typis, quatenus fieri poterat, papyri imaginem repraesentavi, qua in re
fidei magis quam pulchritudini studuisse me confiteor.   ceterum fore
spero ut ex autotypo periti aetatem scripturae certius definiant.   ego
enim a palaeographiae scientia inprimis papyrorum, qua TE potissimum
niti par est, alienum me esse sentio.   video tamen cum orthographiam
universam tum memorabile illud τἀτό fere constanter pro ταὐτό positum
TUAE sententiae favere.   nam eum morem intra duo illa saecula, quae
dividuntur ut cardine Christi natali, se continere satis constare videtur.[2]

Orthographiae autem haec genera discribam: Orthographica

ει pro ῑ longa tum in usu fuisse librariis constat cum ex aliis monumentis tum ex
Herculanensibus voluminibus.   ipsi quoque auctores huius aetatis non aliter scripsisse
videntur, ut recte in Philodemi editionibus talia serventur.   sic hic scriba paene constanter
κεινεῖν, φρενεῖτις, πειμελή, πείνειν, πείπτειν, λείαν, ἡμεῖν per diphthongum exaravit, quae ser-
vavi; vitiose semel κοιλειῶν XV 19, inconstanter εἰνῶν XVII 30, postea 31. 35 ἰνῶν posuit;
itemque μίξις iuxta ἐπίμειξις, ἐπιμειχθέντος, χιμῶνα iuxta χειμῶνος; minus saepe contraria
ratione peccavit ἡμῖς, ἐπί (i. e. ἐπεί), ἐπισάκτωι, ἀπολίπεσθαι (praes. XXVI 48 c) ἀπολιφθῆναι
XXVII 39 alia, quae commodo magis quam rationi consulens nostro usui accommodavi.
ει pro ῃι apparet in παρειρῆσθαι III 30 et ἀφειρημένων XXXIII 3, qui mos cum
etiam in Herculanensibus voluminibus observetur[2], tamquam aetatis signum servandus
videtur.
η pro ει raro exhibetur: XVII 6 ἐχμαγῆον, XXXIII 39 πλήονα (cf. XX 11 n.), illud
quoque primae Caesarum aetati conveniens[4].
ει pro simplici ε habent βαρεῖα (i. e. βαρέα) XXXII 20, παχεῖα (παχέα) XXXV 32
(cf. Blass-Kühner Gr. Gr. I 1, 445 n. 3).
ευ in augmento verbi αὔξειν pro ηυ retinui XIII 33, ubi vide quae adnotavi et prae-
terea Blassium *Ausspr.* p. 44[114]).
ω pro ο scribitur XI 22 et XVIII 9 Κρωτωνιάτης, itemque πώρρω (XVI 40. XXI
24. XXX 44).   cognata, sed incerta κύριως XIV 41 et ἀνάδωσις XXVI 24.   de οἰνοδώ-
της dixi ad XXIV 31.   merus error πολυτροφότεροι XXXI 18 (cf. v. 8. 9. 19).   dubitavi
an eodem pertineret θηροται XXXIII 29 i. e. θηρωταί, si vulgaris haec adgnoscitur (non
scriptoris, at librarii) forma iuxta θηρευταί.   quodsi haec explicatio probetur, forsitan
etiam XXVIII 12 κεκομφωμένη plebeia forma pro κεκομψευμένη inlata videatur[5].

---

[1] *Classical Review* l. c. p. 239.
[2] cf. auctoritates, quas *Hermae* l. c. p. 411[1] attuli, et F. Blassius *Ausspr.*[3] p. 77 sq.
addo aetatis inferioris exempla ex Pap. graeca Berol. n. 6867 (anni 85 p. Chr.) quae
nuper edita est in *Aegypt. Urkunden d. Mus. z. Berlin* VI (1893) n. 183, 3 ἑατοῦ v. 6 ἑατῇ
v. 29 ἑατῇς; v. 5 corrige ἑατῇς (alterum documentum interiectum v. 10—27 servat formas
vulgares ἑαυτοῦ κτλ.) et ex P. 7206 (n. 197,5. 22, fasc. VII, anni 17 p. Chr.) ἑατῆς et
ἑατοῖς.   ceterum Londinensis papyri librarius ἑαυτοῦ κτλ. plene semper scripta praebet,
quia crasis (secundum Wackernagelii explicationem *Kuhn's* Z. 1893 p. 7) hic magis latet.
fortasse memorabile est XVIII 38 ΑΤΟΣ i. e. ἀτός, ὁ αὐτός legi (superscripto tamen υ).
[3] cf. Blass *Ausspr.*[3] p. 46[130]. Mahaffy, *Petrie Pap.* II p. [19] B 13. [21] 3. [28] 11.
[4] cf. Blass l. c. p. 59 sq.
[5] de his 'dicatalectis' videatur Lobeckii erudita dissertatio in *Rhematico* p. 199—205
et *Theophrastea* nostra (Berlin 1883 Progr. n. 64) p. 12 sq.

Iota adscriptum tum plane obmutuisse omnium monumentorum testimoniis evincitur. inde vulgo omittitur non solum in privatis libris et titulis, sed etiam publicis. cuius rei lepidum exemplum exhibet Anaxenoris Magnesii titulus, qui propter litterulam illam civitati ignorantiae signum inussit. testimonium Strabonis XIV p. 648 ipso titulo nuper a F. Hillero de Gaertringen, v. d., feliciter reperto luculenter confirmatum est: ΑΥΔΗ illud famosum in lapide nunc Berolinum transvecto iota caret. Iatricon librarius a Magnesiorum neglegentia satis sibi cavit. nam in dativis fere constanter adscriptum est, at, quod mireris, eadem constantia in coniunctivis omissum. hoc casui tribuere nemo audebit, cum praesertim idem in antiquis titulis maxime Doriensibus usu venire notum sit. post Boeckhii et inprimis Ahrensii observationes (Dial. dor. 295) res trita, nec eam ratione carere viri linguarum periti docuerunt. sed de dialecticis postea. addo in aliis velut ταύτη et ταύτῃ antiquam inconstantiam etiam hic apparere; quam differentiam aut adscripto aut subscripto iota sine incommodo repraesentat nostra editio.[1]

Elisionem et crasim vocalium vitat librarius etiam in particulis, sed inveniuntur δ' ἐν sim., ἀμφ' αὐτά, ταῦτ' ἐροῦσι, κἀπί, κἀπορεῖ, τἄμπαλιν, τοὐναντίον, τἆλλα.

ῡ paragogicum ut tota antiquitate ita hic quoque mira inconstantia et positum est et omissum. equidem ullam normam obtinuisse extra hiatus venatores praefracte nego. nimirum operae pretium vix esse videbatur sonum levissimum accurate semper exprimere. ita etsi in hoc volumen cadit, quod in omnes antiquos scriptores, ν etiam ante consonantem saepius poni quam noster i. e. Byzantinorum posteriorum canon permittit, tamen mira inconstantia hic librarius utitur. confer ὀνόμασι προσχρώμεθα et κομίζουσι τοιούτους et ἀποτελοῦσι· παρά et ὦσι, νοσάζουσιν et λέγουσι δέ cum διειληφεν περί vel ἔσχεν φρενεῖτις vel καταλείπουσιν ψυχῆς vel ἐστιν τεταγμένα vel φησίν δὲ vel λαμβάνουσιν γάρ; iterum μεταβάλλουσιν ἢ vel σώμασιν ὡς vel ἐνκαλοῦσιν αὐτῶι καὶ λέγουσιν ἐκεῖνο cum χωρήσωσι εἰς vel ἐροῦσι ἀπό vel περιέχουσι | ὀστέοις vel προῆλθε· ὑπέλαβεν γάρ — nihil credo regulae vel consuetudinis invenies, nisi quod semel πιστοῦσι ἀπό XXXV 7 addidit nasalem. in solvendis compendiariis formis ἐ(στίν) et φ(ησίν) semper plenas formas exhibui (secutus librarii exempla III 15. VIII 12. XIV 12).

Eadem nasalis soni debilitas cernitur in aliis formis velut πάλι νόσους VI 36 et XVIII 5 (cf. Lobeckii Phryn. p. 284); sed etiam in πάλι ἐνποιεῖται XVII 20. verum haec res latius patet. nam cum scribit VIII 33 δι' ὑπερβολὴ καταψύξεως manifestum mihi videtur ὑπερβολὴ γκαταψύξεως assimulatum, tum sonum leviorem elisum esse. nam paria sunt XII 5 χολῆ(ν) καὶ et XVII 19 μῆ(ν) καὶ (hoc tamen ab ipso scriba correctum), simile XXXI 44 κατὰ ἀφαίρεσι(ν) [γίνεται]. ex simili assimulatione natum videtur XVI 11 ἐξ | σαρκός, cf. ἐξ Ζέας C. I. A. II 793 f, 54 et ἐξυρίας (= ἐκ Συρίας) Philod. d. sign. c. 2,18.

De assimulatione cum locutus sim, monendum est aequalium more iuterdum emolliri sonum κ ante δ et liquidas ἐγ δὴ XXXII 47, ἐγ μέντοι V 10, ἐγ μὲν XX 7, ἐγ λόγωι XXI 27, ἐγλανθάνει XXXIV 50. sed raro: paulo usitatius est contrarium, ut assimulatione omissa scriptum sit ἐνκέφαλος, συνπληροῖ similia.

Aegyptiorum dialectum in aspiratis maxime laborare et ex papyris cognoscitur et ex Macedonicae indole facile explicatur. hic tamen scriptor ut paulo cultior homo non saepe peccavit: πρώθη XXVII 52 ipse correxit superscripto τη, καθάρρους VIII 44 excusatur proximae syllabae natura velut καθ' εὐθυωρίαν XVI 24, ubi alterius syllabae aspirata priorem infecit. contra plane conversa est aspiratarum sedes in τεθευχέναι XIV 34 (pro τετευχέναι), quod in nota explicavi.

Venio ad geminorum consonantium compendia. pinguiore enim pronuntiatione per totam graecitatem factum est, ut simplici liquida efferrentur quae duplici legitime scribuntur velut ἐναλάττειν, βάλειν sim. cuius generis sunt huius συστέλονται XXIX 3. 5. 21

---

[1] neglegentiae tribuo, si forte ῥάδιος scribitur vel abundanter οὕτωι vel τηικόμενον vel τοιαύτηι (nomin. XII 36, XXXII 4) vel ἐλάσσωι. nam hoc quidem XXXII 35 ipse librarius correxit. contra σώζειν, θνήσκειν, similia consulto scripsit spreta eruditiorum doctrina.

(partim correcta), porro μεταβάλειν XXIV 28 (correctum), denique πεσόμενον XXXIV 44 (quod est πεσσόμενον). in ρ soni duplicatione velut in ἀπορρεῖν antiquitus fluctuabat et pronuntiatio et orthographia. hinc etsi vulgaris mos obtinet, inveniuntur tamen in hac papyro κατεραμμένον XXII 29 et ἀπορεῖ XXVI 41, ἀπορεῖν (ib. 48 f.). haec diligenter servavi, cum Aristarchus quoque simplicem ρ commendaverit.

ζ pro σ̄ XXIII 40 καταζβέννυσθαι ut in titulis et in Herculanensibus, sed raro omnino invenitur.

δ̄ pro σ̄ invenimus in ὀδμή XXXIV 38 (at ὀσμή XXXVIII 17) et ὀδμᾶσθαι XXXIII 19. XXXIV 48.

Quae ultimo loco tetigi, sponte traducunt ad ionicae dialecti vestigia, Dialectica quae ex scriptoris eiusve auctoris patria derivanda esse conieci *Herm.* l. c. p. 414. nam ionica sunt ἀπουσία *(detrimentum)* XXXII 24, εἵνεκα V 23, κεῖνος post consonantes XXIV 32, XXV 28 (cf. XXXVII 40), δένδρος, δένδρους, δένδρει, δενδρῶν (cf. Index verborum), σκίδνασθαι XXXIII 35 (26). glossa (nescio cuius dialecti) est καιάτας XXXVI 57 (cf. Index v.). ad atticismum pertinent περίττωμα VIII 5. XII 10. XVI 20. XVII 45. XVIII 1, περιττότερος XII 20; περιττώσεις XX 9. cum διαλλάττον XXV 45 et ἧττον XXXVIII 40 posterioris sint partis, conici non licet atticum hunc colorem ex Menoniis translatum esse, nam tenuia sunt etiam alibi vestigia atticismi velut ὡς praepositionis usus, ὡς ὁμοίως similia, de quibus in *Hermae* l. c. p. 412 breviter sum locutus. sed oratio in universum abhorret a cultiore illo rhetorum studio et multa insunt vulgaria, velut XXIII 11 λαλήσομεν περὶ τῆς διοικήσεως, quod Phrynichus Bekkeri p. 51,3 vituperat[2], οἰσθῆναι saepe pro ἐνεχθῆναι, συνεσταμένου, καταχθέντες (pro καταγέντες), quo tamen etiam Aristoteles usus est d. part. anim. A 1 p. 640ᵃ22, tum καταισθάνεσθαι passive (XXXII 5), ἐκφύειν intransitive (XXV 3) et praecipue in praepositionibus et particulis, in quibus Graeculorum inscitia maxime conspicua est; cf. Index verborum s. ἐπί, περί, τοι, γάρ τοι, τοιγάρτοι, οὐ μὴν δέ, ὡς ἄν, καί—δέ alia.

Interpunctum est a librario diligentius quam aequales consueverant. Interpunctio quattuor enim invenias distinguendi genera. primum crasso puncto finis imponitur periodo XXXI 25, quod est singulare. legitime autem spatia vacua adhibentur, aut minutum (i. e. * huius editionis), quo membra periodi sive enuntiata minora dirimuntur, aut amplius (i. e. * *), quo maiora enuntiata vel periodi finiuntur. huic autem spatiorum signo, quod est inter versus, respondet duplex item extra versus positum a sinistra. nam initio versuum minore spatio (*) diremptorum praetexi solet paragraphus obelo similis (——), itemque maioribus spatiis respondet diple (·——).

---

[1] singulare, si recte explicui, εκδων (i. e. ἐξ ὧν) XXV 18 not.

[2] cf. Apollodorus Poliorcet. p. 137, 4 ὑπελάλησα (sub Hadriano).

quartum denique genus iungitur fere diplis, ἔκθεσιν dico, qua capitum singulorum initia litteris versuum primoribus sinistrorsum expositis facilius in legentium oculos cadant.[1] ceterum totius rationis (quam utinam librarius constantius adbibuisset) quanta sit utilitas ad libri sententias sive intellegendas sive supplendas suapte sponte intellegitur. quare huic rei nobis maxima impensa est cura.

Versuum descriptio   Etiam illud magnopere interest eorum qui supplendi negotium suscepturi sint, ut versiculorum exitus sedulo notentur, cum praesertim in hac sede liberiore compendiorum genere usus sit librarius. omnino hoc tenendum est, quod non semper recte ab editoribus observatum vidi, inde ab Alexandrina aetate versiculos dirimi syllabatim. quod, etsi nusquam usus est in fugam vacui angulo illo, qui in Hyperideis et Herculanensibus voluminibus conspicitur, accurate tamen semper librarius observavit. perrara sunt illa VIII 2. 3 φαίνεται π|ρὸς et XII 8. 9 Δέξι|ππος. in duplicibus tamen consonantibus hic, ut aequales[2], variat aut αἴσ|θησιν, εὑρώσ|των, ἐδεσ|τῶν, ἀσθενέσ|τεραι, ἴσ|χοντες dirimendo, aut Ἐρασί|στρατος, συ|στολὰς, μυ|κτῆρας. illud tamen commodius visum, ut vel Ἀσ|ληπιάδης cum scripsisset, κ post σ addere quam λ litterae praescribere mallet.

librario omissa vel addita   Morem indolemque librarii scrutanti non omittenda est ea neglegentia, quae in omittendis litteris, syllabis, verbis, enuntiatis versatur. quae partim ipse correxit (neque enim quisquam praeter eum diorthotae munere functus est), partim nobis supplenda reliquit. atque illa quidem ⌈ ⌋ signo, haec ⟨ ⟩. innumera huius neglegentiae exempla velut αναδοσ (ἀνάδοσις), εμηχατο (ἐμηχανήσατο), συνεσται (συνεστάναι), ποιλα (ποικίλα), βατερα (βαρύτερα), νοσοπειν (νοσοποιεῖν),[3] αποικειται (ἀποικειοῦται), τουποδειγματι (τοῦτο ὑποδείγματι). non minus frequenter dittographias omninoque abundantias commisit. et dittographiarum quidem prius vocabulum delere solet velut XIV 20 οταν, quod ego in delendis supervacaneis (quae signavi [ ]) secutus sum. delendi autem tria genera adhibet: lituram digitis madidum atramentum abstergentibus factam, puncta superposita, lineam transver-

---

[1] quartum hoc genus in membranis inde ab antiquissimis quinti saeculi usque ad XIII interdum inveniri notum est (cf. Gardthausen Palaeogr. p. 275/6). ipse nuper eiusmodi codicem usurpavi Philonis Academiae Petersburgensis XX A a 1 chart. s. XIII/XIV fol. min., ubi post capitis exitum versus proximi initium rubro exponi solet.

[2] cf. Blassius ad Hyperidem p. IX.

[3] νοσοπειειν XIII 23 singulare est ut στοιχοιων XIV 41 et εισπνοιμενου XXIII 25 pro εἰσπνεομένου.

sam. memorabile mihi videtur singulare abundantiae genus, quod nescio an ad indolem hominis pernoscendam faciat plurimum. ut si legimus XXXIV 44 οὐ πιθανῶς δὲ οὐδ᾽ οὗτοι ἐπιχειροῦσιν πρὸς αὐτόν, nihil haeremus. at delevit ipse librarius πρὸς αὐτόν, scilicet quia non erat in exemplari, sed ex supervacuo ultro additum. eadem religione XXXVIII 3 τὸν αὐτὸν καὶ οἱ ἀτμοὶ γιγνόμενοι κατατάσσονται τῶι σώματι delevit κατατάσσονται τ. σ. quae e loci contextu ariolatus contra exemplar addiderat; et sic saepe.

Talia non sunt operarii vix sensum curantis et digito syllabas Librarii indoles exemplaris carpentis, sed paulo liberioris hominis, qui tota enuntiata excipere et extrema deficiente memoria cogitando supplere consueverit. itaque exarasse haec crediderim adulescentem aliquem medicinae studiosum, qui in suum sibi usum hanc isagogen describeret. de medicinae eius scientia nolo quidquam detrahere, quamquam caput et ventrem confundere (VIII 14) non cuiusvis est. at in philosophia plane hospes esse videtur, si modo ἐντρέχεια animae illa, quam in prooemio compluries iactat, Aristotelica est ἐντελέχεια.[1] neque casu factum videtur, quod ubi iterum animae mentio iniecta est XXXI 42 sqq., filum disputationis interrumpitur. scilicet librarii scribunt, ut ait Hieronymus, *non quod inveniunt, sed quod intellegunt*. obscuratis igitur exemplaris apicibus interdum intellegentiam eum defecisse consentaneum.

De auctoris nomine, secta, aetate, fontibus accuratiora ut invenirem, Auctor libri ne nunc quidem contigit. quid mihi visum sit, significatum est alias[2]. hoc omni dubitationi exemptum est post Alexandrum Philalethem Laodicensem eum scripsisse i. e. primo p. Chr. saeculo (si modo exempli Londinensis aetas recte supra definita est) ac praeter hunc Menonis Iatrica, quae sub Aristotelis nomine ei ut aliis innotuerunt, ad doxographiam prioris partis (c. IV 31—XXXI 9) adsumpta esse.

Iatricon Menoniorum fragmenta ex V. Rosei, viri doctissimi, syllogis Menonia Berolinensi[3] et Lipsiensi[4] transtuli (paucis tamen mutatis), ut imago tanti operis, de quo Londinensis papyri beneficio iam accuratius edocemur, quam plenissima restituatur. nam si latina‚fragmenta (IV—VII)

---

[1] *Hermae* l. c. p. 411.
[2] cf. *Hermae* l. c. p. 413 sq.
[3] *Aristotelis opera* ed. Ac. R. Bor. V (1870) p. 1534 n. 335—341.
[4] *Aristotelis fragmenta* Lips. 1886 p. 255 sqq. n. 373—379.

ut parum certa omittas, ex Plutarchi tamen loco (fr. III) satis constat
non solum principia morborum, quibus contentus fuit hic scriptor, sed
etiam ipsorum morborum varietatem, doxographi nimirum ratione, per-
secutum esse Menonem. quid? si eidem fr. (conlatis praesertim fr. IV. V)
fidas, videtur Menon placitorum enarrationi definitiones singulorum mor-
borum praemisisse, quod neque dedecet Peripateticum philosophum et
similiter invenitur in Doxographis. vide Aëtii Placita I 1. 2. 9 sqq., quorum
definitiones etsi colorem habent recentiorem, morem tamen traxisse vi-
dentur e schola Theophrastea, quemadmodum Characterum definitiones
noviciae non sine exemplo antiquo scriptae mihi esse videntur.

De titulo libri quae exposui *Hermae* l. c. p. 407² hic repetere non
inutile credo.   Laertii index V 25 in Aristotelis operibus recenset Ἰατρικὰ
β̄, Hesychius q. d. Περὶ ἰατρικῆς β̄ et in eius epimetro Περὶ ἰατρικῆς ζ̄, Arabs
(qui vita Ptolemaei Chenni usus videtur) n. 92 Περὶ ἰατρικῆς sine librorum
numero. medici latini citant Aristotelem (fr. IV—VII) ut Demetrius Magnesius
(fr. II) et anonymus Londinensis. contra Plutarchus (fr. III) Μενώνεια, et Ga-
lenus (fr. I) tradit hanc Ἰατρικὴν συναγωγὴν inscribi quidem Aristotelis, sed
esse Menonis, Aristotelis discipuli; quare a nonnullis Μενώνεια appellari.
utrum Galeni Ἰατρικὴ συναγωγὴ an catalogorum Ἰατρικὰ sive Περὶ ἰατρικῆς
verum sit, diiudicare non ausim, cum Physica Φυσικά, Περὶ φύσεως (vel
Περὶ κινήσεως), Φυσικὴ ἀκρόασις Peripateticis audiant eademque varietas
in ceteris scriptis et apud ipsum Aristotelem appareat. sed Μενώνεια sic
appellata esse arbitror ut Εὐδήμεια et Νικομάχεια (nam ea quoque Nico-
machi auctoris credebantur), quibus si Aristotelis auctoritas addebatur,
doctrinam ubique apparere Aristoteleam significabatur. scilicet Stagiritae
magnum nomen obumbrat, etsi num quid praeter ipsum consilium et
rationem colligendi Aristoteles impertiverit Menoni, dubium mihi esse
videtur.

Sed quomodocumque ea de re iudicandum erit, gratulamur nobis,
qui gravissimi certe operis iam non umbram solum, sed solida fragmenta
teneamus. quae etsi compilatorum culpa pristino colore privata sunt
nec magnis ipsius Menonis erroribus carent¹, tamen campum diu ne-
glectum, historiam dico medicorum graecorum, novo et insperato eru-
ditionis flumine laetificarunt.

---

¹ inprimis de Hippocratis scriptis egregie fallitur, ut exposui *Hermae* l. c.
p. 424—434.

TIBI vero, FRIDERICE KENYON, cum finem facio praefandi, pro egregiis Tuis beneficiis debitam meritamque gratiam persolvo. si suavissima TUA laboris societate diutius uti et quot menses, tot annos mihi impendere licuisset, perfectius et maturatius iam opus proditurum esse probe scio. at exemplum celeritatis atque strenuitatis, quod Tu in Aristotele et Heroda proposuisti, mihi sequendum esse putavi, non solum quia nova quam velocissime efferri omnium virorum doctorum interest, sed quia commodatam quasi nec propriam rem me tenere existimavi, quam reddere quanto ocius fas est. quod dum facio, si quid hac festinatione vel omissum vel delictum est, consoletur nos illud Senecae: *contenti simus inventis, aliquid veritati et posteri conferant.*

Berolini Id. Sept. MDCCCLXXXXIII.   HERMANNUS DIELS.

EPIMETRUM

De titulo qui p. IV 18. 19 inter Prooemium et Menonia interiectus est, addam quae mihi nuper in mentem venerunt. cum enim exemplar lucis ope confectum, unde autotypa tabulae II'expressa sunt, accepissem, vexatissimum illum locum denuo examinavi et quod non raro accidere solet, vidi priorem saltem versum paulo clarius legi in simulacro quam in ipsa papyro. itaque nunc mihi veri similis est haec lectio [κατὰ π]λά[τ]ος. intellego enim titulo hoc Κατὰ πλάτος νόσοι voluisse compilatorem transitum significare ad uberiora illa ex Menoniis excerpta. etenim cum prooemium versetur in rebus, quae ad philosophiam magis spectant quam ad medicinam, ipse filum disputandi subinde interrupisse vel brevius excerpsisse videtur, si quidem ipse taedium haud obscure significavit velut καὶ τῆς μὲν ἐντρεχείας ἐπὶ τοῦ παρόντος οὐ χρῄζομεν (I 24) vel ἀλλὰ τοῦτο τοῖς νεωτέροις μελήσει (II 30). iam vero cum medicorum de morbis opiniones tractaret, consentaneum est copiosius et religiosius eum exemplar suum compilasse. similiter Ammonio qui addi solet grammaticus primum breviter περὶ βαρβαρισμοῦ et περὶ σολοικισμοῦ agit (p. 189—193), tum p. 193 ἑτέρως περὶ βαρβαρισμοῦ κατὰ πλάτος itemque p. 197 Περὶ σολοικίας κατὰ πλάτος. itemque Laertius Diogenes in Stoicis (VII 76) ad ea relegat περὶ ὧν ἐν τῷ πλάτει λέγομεν. quid? quod Aeliani duplex extitit Byzantinorum temporibus editio, quarum τὸ πλάτος i. e. integram opponit epitomae excerptor Constantini [cf. Sp. Lambros in SUPPLEMENTI huius I 1 p. XI sq.] cognatus est huic, sed tamen paulo distat usus, ut τὸ ἐν πλάτει (summatim) oppositum sit τῷ κατ' ἀπαρτισμόν sim. (accurate), ut apud Dionys. Halic. de comp. verb. 21 p. 147. 186 R. et saepe apud grammaticos et philosophos posteriores. prior significatio inest adverbio πλατικῶς, altera πλατικῶς platice, de quo consulendus Usenerus [Mus. Rhen. XXIV 311].

ANONYMI LONDINENSIS

IATRICA

SIGNORUM EXPLICATIO

EDITIONIS

•	spatium unius litterae relictum	
• •	spatium binarum litterarum relictum	
—	paragraphus ad sinistram subter versus clausulam continentis initium posita	
—˙	capitis clausula eodem modo notata	a librario
a̱a̱a̱	litterae expunctae	
a̶a̶a̶	litterae deletae	
///	vestigia litterarum oblitarum	
⌈ααα⌋	litterae additae aut super versum aut in margine	
(ααα)	litterae siglis significatae	

[ααα]	litterae coniectura aut pro oblitteratis aut pro falso scriptis positae	
⟦ααα⟧	litterae deletae	ab editore
⟨ααα⟩	litterae additae	
α̣α̣α̣	litterae ambiguae aut non certo lectae	

NOTARUM

P   papyri Londinensis CXXXVII scriptor idemque corrector
K   F. G. Kenyon

I   [. . . . . .]νοντας ἐν τῶι τοῦ π[. . . . .]

[. . . . . .]ν πρὸς τ(ῶν) ἀρχαίων x[. . . . .]με-

[. . . . . .]σιν καὶ ἐπίτασιν καὶ ἄνεσιν ἀνα

[. . . . . .]ένην. μάλιστα γ(ὰρ) συμφερόμε-

5   [θα καὶ α]ὐτοὶ τοῖς ἀρχαίοις. καὶ τί μέν (ἐστιν) διά-

[θεσις x]αὶ ποίαν κομίζομ(εν) ἐν τῶι ὅρωι,

[ἀπεδεί]ξαμ(εν)· [διάθεσις] δυνάμεως ἡσδήπο-

[τε, εἴτε τ]ῆς ζωτικῆς εἴτε τῆς σωμα-

[τικῆς εἴ]τε τῆς ἐν τοῖς σώμασι

10   [ἐνούσης] ψυχικῆς, κατὰ κείνησιν

[ἢ σχέσιν], κατὰ κείνησιν ⟨μὲν⟩ πάντα τὰ

[ἐν ἡμῖν] κεινήματα πάθη κατὰ

[κείνησ]ίν (ἐστιν), κατὰ σχέσιν δὲ παράλυ-

[σις, λήθ]αργος, κάρος, τὰ τούτοις ἐγγύς.

15   [τούτ(ων) δ]ὲ κειμέν(ων) [δεῖ γινώσκειν ὡς] τῶν παθῶν τὰ

[μ(έν) φ]ασιν (εἶναι) ψυ]χικά, τὰ δὲ σωματικά, σω-

[ματικὰ] λαμβάνοντες τὰ περὶ τὴν

[ζωτικ]ὴν δύναμιν λαμβανόμενα,

[τάς τε ἄ]λλας δυνάμεις ἀντιδιαστέ⟨λ⟩-

20   [λοντες x]αὶ τὴν ζωτικὴν δύναμιν

TESTIMONIA

I 7] GALENUS De methodo medendi I 7 [X 51 K.]: πάντες γοῦν σχεδὸν οἱ ἀπὸ τῆς ἀμε-
θόδου τε καὶ μανιώδους ταύτης αἱρέσεως [methodicae] τὴν μὲν ὑγείαν εὐστάθειαν τῶν κατὰ
φύσιν ἐνεργειῶν εἶναί φασι καὶ ἰσχύν, τὴν δὲ νόσον οὐκέτι βλάβην ἐνεργείας καὶ ἀσθένειαν,
ἀλλ' οἱ μὲν διάθεσίν τινα σώματος, οἱ δὲ σῶμά πως διακείμενον (cf. X 54)

NOTAE CRITICAE

I 1 π vel γ P   sensus fuerit περιλαμβάνοντας ἐν τῶι τοῦ τοῦ πάθους ὅρωι καὶ τὴν πρὸς
τῶν ἀρχαίων κομιζομένην [cf. v. 6] χρᾶσιν, καὶ ἐπίτασιν καὶ ἄνεσιν ἀνὰ λό(γον) δεχομένην cf.
V 14 sqq.   3 σιν vel ην P   ανα vel απα, non απο P   8. 9 σωματικῆς εἴτε K
9 εντοισσω scripsit loco deletae vocis ζωτικης, cuius initium pellucet, P   11 K cf.
II 14 sqq.   vocis σχέσιν extremae umbram servat P   14 K   16 ψυχικά K
ex σω litteris extremis linea deducitur usque ad v. 39 et continuata inter vv. 39 et 40
desinit, ubi post parenthesin filum partitionis resumitur   17 ματικὰ] ultimae α
umbra in P   19. 20 parum certa supplementa

I 21 [τῆι ψυ]χῆι. ψυχὴ δὲ λέγεται τριχῶς·
[ἥ τε] τῶι ὅλωι σώματι παρεσπαρ-
μένη καὶ τὸ μόριον τὸ λογιστικὸν
[κ]αὶ ἔτι ἡ ἐντρέχεια. * καὶ τῆς μ(ὲν) ἐντρε-

25 [χ]είας ἐπὶ τοῦ παρόντος οὐ χρήζομεν,
[τ]ῶν δὲ ἄλλων δύο σημαινομένων,
[κα]ὶ μᾶλλον τοῦ λογιστικοῦ. περὶ γ(ὰρ) τοῦ-
[το] τ[ὰ] πρ[οηγ]ούμενα πάθη συνίσ-
[ταται] ⟨καὶ τὰ⟩ κατ' ἐπακολούθημα. * πάθη δέ (ἐστιν)

30 [τάδε] προηγούμενα κατὰ κείνησιν·
[ὁ]εισιδαιμονία, λύπη, φόβος, φιλαργυρία·
ταῦτα γ(ὰρ) ἐν κεινήσει· * κάρος δὲ καὶ
λήθαργος ἐν σχέσει. * * σωματικὰ δὲ
[π]υρετός — προηγούμενον μ(ὲν) πάθος (ἐστὶν)

35 [τ]οῦ σώματος, κατ' ἐπακολούθημα[ι] δὲ
[τ]ῆς ψυχῆς —, μανία ὁμοίως· καὶ ταῦ-
τα ἐν κινήσει τὰ πάθη. * * ἐν σχέσ[ει]
δὲ παράλυσις, κάρος, τὰ παραπλή[σι]α·
οὕτω μ(ὲν) δὴ χρηστέον τῶι ὅρωι [ἐπὶ]

40 [ἁπάν]τω[ν]. * τῶν δὲ παθῶν [τὰ μὲν ψυ-]
[χικά, τ]ὰ δὲ σωματικά. χρὴ δὲ [εἰδέναι]
[ὅτι τὰ μὲ]ν σωματικὰ πάθη ἀ[. . . . .]
[. . . . . . .]να καὶ περὶ τὴν ζ[ωτικὴν]
[. . . . . . .]ασται. ὡς ὁμοίως ὁ[ὲ . . . .]

II   [. .] περι[. . . . . .] τοῖς σώμασιν, ὥστε
[. .] ἰδίας [. . . . .]άσθαι ταῦτα τήν τε
[ζω]τικ[ὴν καὶ] τὴν ἐν τοῖ⟨ς⟩ σώμασιν
[οὖσαν] ψυχι[κήν. ψυ]χικὸν δ' (εἶναι) πάθος τὸ

5 τ[οιο]ῦτο· διάθεσιν ψυχῆς [κα]τὰ κείνη-
σι[ν] ἢ σχέσιν· καὶ γὰρ ἡ ψυχὴ δύναμίς (ἐστιν).
λέ[γ]εται δὲ ψυχ[ὴ] τριχῶς· ἥ τε ὅλη
κα[ὶ] τὸ μέρο[ς τὸ λογιστικὸν καὶ αὐτὴ ἡ
ἐν[τ]ρέχεια. [ἀλλ' ἐπὶ ἐκεῖνα ἴωμ(εν)] νῦν· ὅταν γ(ὰρ)

I 21—22 K   39 ουτωι P   42 sqq. sensum talem divino: ἀπὸ τοῦ προηγούμενα
καὶ περὶ τὴν ζωτικὴν δύ(ναμιν) (εἶναι) κ(ατ)ωνόμασται· ὡς ὁμοίως δὲ ψυχικὰ τὰ περὶ ψυχὴν
ὑ(πάρχοντα) τοῖς σώμασιν, ὥστε δυ(νάμεις) ἰδίας κ(ατ)ωνομάσθαι ταῦτα τήν τε ζωτικήν κτλ.

II 10 λέ[γ]ωμεν συ[νίσ]τασθαι [κ(ατὰ)] τὴν ψυχὴν
πά[θ]η, περὶ τ[ὴν] ὅλην λέ[γομ](εν) καὶ περὶ
τὸ [μ]έρος αὐτ[ῆ]ς τὸ λογισ[τι]κόν. * τ(ῶν) τε
ψυχ[ικ]ῶν παθ[ῶ]ν ἃ μ(έν) (ἐστιν) [κ(ατὰ) φ]ύσιν, ἃ δὲ
παρὰ φ[ύ]σιν. παρ[ὰ] φύσιν μ(ὲν) [δι]αθετικὸν
15 ψυχῆς κατὰ κείνησιν [ἢ σ]χέσιν παρὰ
φύσιν, κατὰ φ[ύ]σιν δὲ δια[θε]τικὸν ψυ-
χῆς κ[α]τὰ κείνησιν ἢ σ[χέ]σιν κ(ατὰ) φ(ύ)σιν.
αὕτη [μ]ὲν ἡ τε[χ]νολογία [τ(ῶν) ἀ]ρχαίων (ἐστίν),
οἷς καὶ ἡμ(ε)ῖς ἑπόμεθα. κ(ατα)[. . .]ουσιν (γὰρ)
20 καὶ με[τ]ριοπαθ(ε)ίας περὶ τ[ὸν] σοφόν. καί φ(ασιν)
τὰς μ[ε]τριοπαθ(ε)ίας νε[ῦρα] (εἶναι) τῶν πρά-
ξεων. [οἱ] δὲ νεώτεροι, [τοῦ]τ᾽ (ἔστιν) οἱ Στωικοί,
κατὰ φύσ[ιν] πάθος οὐδὲν κ(ατα)[λεί]πουσιν
ψυχῆς. [ταύτηι] γ(άρ) φ(ασιν) ἐνφ[έρ]εσθαι τὸ
25 παρὰ φύ[σι]ν ἐκ τῆς πάθ[ους φ]ωνῆς· ἧι
καὶ τὸ π[ά]θος ἀ[π]έδοσαν· [π]άθος (ἐστὶν)
ὁρμὴ πλ[εο]νάζουσα, τῆς ὁρ[μ]ῆς αὐτοῖς
ἐξαχ[ουο]μένης οὐχὶ ἀν[τὶ] τῆς ὑπερ-
τάσεω[ς], ἀλ(λὰ) ἀντὶ τοῦ ἀπ(ε)ιθὲς εἶναι τῶι αἱ-
30 ροῦντι [λό]γωι. ἀλ(λὰ) το[ῦ]το [το]ῖς ν(εωτέροις) μελήσει.
ἡμῖν δὲ [λ]εκτέον κ(ατὰ) φύσιν πάθη περὶ
τὴν ψυχ[ὴ]ν μνήμην, διαλογισμόν,
τὰ ὅμοι[α]. * παρὰ φύσιν δὲ ἀμνημοσύ-
νην, ἀλο[γ]ίαν, τὰ ἐοικότ[α]. * * τ(ῶν) τε
35 παθῶν [τ(ῶν)] περὶ [τ]ὴν ψυχὴν [δ]ύο (ἐστὶν) τὰ
γενικώ[τ]ατα κ(ατὰ) τοὺς ἀρχ[αίο]υς· ἡδο-
νή τε γ(ὰρ) [κ]αὶ ὄχ[λ]ησις, τὰ δ[ὲ] μετα-
ξὺ κ(ατ᾽) ἐπ[ί]μειξ[ι]ν γί(νεται) τ(ῶν) εἰρ[η]μένων.
κατὰ δὲ τοὺς Στω[ι]κοὺς τέ[σσ]αρά (ἐστιν) τὰ

II 26 sqq.] ARIUS DIDYMUS ap. Stob. Ecl. eth. II 7,10 [II 88,8 W.]: πάθος δ᾽ εἶναί φασιν
(Stoici) ὁρμὴν πλεονάζουσαν καὶ ἀπειθῆ τῷ αἱροῦντι λόγῳ ἢ κίνησιν ψυχῆς ⟨ἄλογον⟩ παρὰ
φύσιν.
II 39 sqq.] cf. ARIUS l. c.

II 12. 13 K   15. 16 K   18 K   19 desidero καταλείπουσιν, at littera
ante o videtur esse velut χ, κ, τ sim.   22 K   24 ἐνφέρεσθαι K   25 ωνης
clare P   30 N̂ potius quam Ĥ P   31—36 K   34 fortasse ἀλογι⟨στί⟩αν

1*

II 40 γενικώτατα [τῆ]ς ψυχῆς [πά]θη· ἡδο-
νὴ γ(ὰρ) καὶ ἐπιθυ[μί]α, φόβος [τε] καὶ λύπη.
καὶ ἡδονὴ μ(ὲν) κ[αὶ ἐ]πιθυμί[α κα]θ᾿ ὡς ἂν
ἀ[γ]αθοῦ φαντα[σίαν] γί(νονται), ὧν [ἡ μ(ὲν) ἡδ]ονὴ
γ[ί(νεται) κ](αθ᾿) ὡς ἂν ἀ[γαθοῦ] παρουσίαν, ἐ-
45 [φ᾿ ὧι] οἷόν τε ἥδ[εσθαι· εἴδη δὲ αὐτῆς τέρ-]
[ψις,] χάρι[ς, τὰ παραπλήσια· ἡ δὲ ἐπιθυ-]
[μία] κ(αθ᾿) ὡς [ἂν ἀγαθοῦ γί(νεται) προσδοκίαν]·
[ἐπιθυμοῦμεν γ(ὰρ) πάντες προσδοκῶντες]

III τἀγαθόν. * ἥ τε λύπη καὶ ⟨ὁ⟩ φόβος κ(αθ᾿) ὡς ἂν
κακοῦ φαντασίαν γί(νονται), ὧν ὁ μ(ὲν) φόβος ⟨καθ᾿⟩ ὡς
ἂν κακοῦ προσδοκίαν γί(νεται)· φοβούμεθα
γὰρ προσδοκῶντες τὸ κακόν. * ἡ δὲ λύ-
5 πη κ(αθ᾿) ὡς ἂν κακοῦ παρουσίαν· λυπού-
μεθα γ(ὰρ) ἐπὶ τοῖς παροῦσι κακοῖς. καὶ ταῦ-
τα μ(ὲν) οὕτως. * * πάθος δὲ λεκτέον [(ειναι) σωμα-
τικον] (εἶναι) σωματικὸν διάθεσιν σώματος
κατὰ κείνησιν ἢ σχέσιν. * * τῶν δὲ σωματι-
10 κῶν παθῶν ἃ μ(έν) (ἐστιν) τεταγμένα, ἃ δὲ ἄτακτα.
καὶ ἄτακτα μ(έν) (ἐστι) πάθη τὰ ἄλλοτε ἄλλως λυόμενα,
οἷον ποτὲ μ(ὲν) κ[ατ᾿ ὀλ]ίγον, ποτὲ δὲ ἀθρόως. * τῶν
δὲ τεταγμέν[(ων)] παθῶν ἃ μ(ὲν) ἰδίως λέγεται
πάθη, ἃ δὲ νοσήματα. * καὶ ἰδίως πάθη
15 ἐστὶν τεταγμένα τὰ κατ᾿ ὀλίγον λυόμενα.
τῶν δὲ νοσημάτ(ων) ἃ μ(έν) (ἐστιν) ἰδίως νοσήματα,
ἃ δὲ ἀρρωστήματα. καὶ νοσήματα μ(έν) (ἐστιν)
τὰ ἐμμόνους τὰς κ(ατα)σκευὰς ἔχοντα
περὶ τὰ σώματα ὑπολήπτούς τε χρόνους
20 φερόμενα τῆς λύσεως κατ᾿ ἐλάχιστο(ν).
καὶ γὰρ νοσήματα εἴρηται [αποτου] ἀπὸ τοῦ
ἐννενεοσσευκέναι περὶ τὰ σώματα, ᾗ καὶ
διοίσει τὸ τεταγμένον πάθος τοῦ νοσήματο(ς),
καθὸ τὸ μ(ὲν) πάθος κατ᾿ ὀλίγον τὴν λύσιν
25 λαμβάνει, τὸ δὲ νόσημα κατ᾿ ἐλάχιστον.

II 43 K   45 an οἴονται? cf. Andronic. de aff. p. 12,6 Kreuttner   46 χαρά
excludit P
III 13 K

III 26 τὸ μ(ὲν) γ(ὰρ) ὀλίγον ἐκ πολλῶν ἐλαχίστων
συνέστηκεν· * τὸ δὲ ἐλάχιστον μέρος
οὐκ ἔχει, [ὥ]στε νόσημα [οὐ τεταγ]μένον.
ἀρρώστημα δὲ τὸ σὺν τῶι κ(ατα)σκευὴν ἔχειν
30 περὶ τὰ σώματα ἔτι καὶ παρειρῆσθαι τὴν
ῥῶσιν τ(ῶν) σωμάτ(ων)· ἀπὸ τούτου γὰρ καὶ εἴρηται
ἀρρώστημα. * * διαφέρει δὲ νόσημα
νόσου καὶ ἀρρώστημα ἀρρωστίας. * νόση-
μα μ(ὲν) γ(ὰρ) (ἐστιν) ἔμμονος κατασκευὴ περὶ μέρος
35 τι τοῦ σώματος χρόνους ὑποληπτοὺς
τῆς λύσεως ἔχουσα. * νόσος δὲ ἔμμονος
κατασκευὴ περὶ ὅλον τὸ σῶμα τῆς λύσεω(ς)
ὑποληπτοὺς ἔχουσα χρόνους. * λέγεταί
τε νόσος διχῶς, κοινῶς τε καὶ ἰδίως·
40 κοινῶς μ(ὲν) πᾶν παρὰ φύσιν πάθος,
καθ' ὃ σημαινόμενον καὶ ὁ πυρετὸς λέ-
γοιτ' ἂν νόσος. * ἰδίως δὲ ἔμμ[ο]νος κ(ατα)-
σκευὴ περὶ τὰ σώματα τῆς λύσ[εως] ὑπο-
ληπτοὺς ἔχουσα χρόνο[υς. * ἀρ-]
45 [ρ]ώ[στημ]ά τε ὡς ὁμο[ί]ως λέ[γεται]

IV κοινῶς τε καὶ ἰδ[ί]ως· κοινῶς μ(ὲν) πάλιν
πᾶν παρὰ φύσιν πάθος, καθ' ὃ σημαινό-
μενον ὁ πυ[ρεταίνω]ν ἀρρωστεῖν κληθήσε-
ται. * * ἰδίως [δὲ] κατασκευὴ περὶ τὰ σώματα,
5 ἥτις τῆς λύσεως ὑποληπτοὺς ἔχει
χρόνους [σὺν] τῶι παρῃρῆσθαι τὴν ῥῶ-
σιν τ(ῶν) σωμ[άτων]. * εἰρῆσθαι δὲ τ[ὸ] πάθος
συμβέβηκε[ν] ἀπ[ὸ τοῦ] παρακολουθοῦντος
[ἢ] ἀπὸ τόπου. ἀπὸ μ(ὲν) γ(ὰρ) παρα[κο]λου[θ]οῦντος
10 πάθ[ους] εἰρῆ[σθ]αι τὸν π[υρε]τὸν ἀπὸ τοῦ
πυρῶδ[ε]ς (εἶναι) τὸ ἑπόμεν[ο(ν) καὶ] παράλυσιν
τὸ ἑπόμενον ἐν παραλύσ[ει·] ἀπὸ γ(ὰρ) τοῦ λε-
λύσθαι τὸν τόνον. ἀπὸ τόπου δὲ τὴν

III 30 παρειρῆσθαι ‚neoattico' abusu pro παρῃρῆσθαι cf. XXXIII 3   42. 43 K
44 χρόνους K
IV 1 K   3. 4 K   3 αρρωστειν sic P   7 σωμάτων K   10 πάθους εἰρῆ-
σθαι K   11 πυρωδεισ vel πυρωδους P   11. 12 supplementa dubia

IV   14   ὀνομασίαν [ἔ]σχεν φρενεῖτις· τὸ γ(ὰρ) πά-

15   θος περὶ τὰς φρένας συνίσταται, οὐχὶ

τὸ διάφραγμα, [το]ῦτ᾽ (ἔστιν) τὸ λογιστικὸν μέρος

τῆς ψυχῆς.   *   *   *   *   *   *

[. . . . .] λο . . ος

νόσοι.

20 Περὶ τοῦ προχειμένου δεῖ προλαβεῖν,

ὡς κοινότερον τοῖς ὀνόμασι π(ροσ)χρώ-

μεθ(α) νόσους ἢ πάθη λέγοντες· τὰς

γὰρ τούτ(ων) διαφορὰς γινώσκομ(έν) τε

καὶ ὑπεμνήσαμ(εν) ἐν τοῖς προγεγραμμέ-

25 νοις· * στάσις δὲ περὶ τοῦ ἐκκειμένου.

οἱ μ(ὲν) γ(ὰρ) εἶπον γί(νεσθαι) νόσους παρὰ ⌈τὰ⌋ περισσώ-

μα⌈τα⌋ τὰ γινόμενα ἀπὸ τῆς τροφῆς,

οἱ δὲ παρὰ τὰ στοιχεῖα. καὶ οἱ μ(ὲν) ἀρ-

χὴν καὶ ὕλην ὑποθέμενοι τὰ περισσώ-

30 ματα τ(ῶν) νόσων λόγους κομίζουσι τοι-

ούτους. * Εὐρ[υ]φῶν [γ(άρ)]τοι ⌈ὁ Κνίδιος⌋ οἴεται τὰς

νόσους ἀποτελεῖ[σθ]αι τρόπωι τοιούτωι·

'ὅταν ἡ κοιλία, φ(ησίν), τὴν ληφθεῖσαν

τροφὴν μὴ ἐκπέμπῃ, ἀπογεννᾶται

35 περισσώματα, ἃ δὴ ἀνενεχθέντ[α]

ὡς τοὺς κ(ατὰ) τὴν κεφαλὴν τόπους

ἀποτελεῖ τὰ[ς νόσ]ους· ὅταν μ(έν)τοι γε

λεπτὴ καὶ καθαρ[ὰ] ὑ(πάρχῃ) ἡ κοιλία, δεόντως

γίνεται ἡ πέψις· [ὅτ]αν δὲ μὴ ᾖ τοιαύτη,

IV 14] Aetius Plac. IV 5,8 [Doxogr. 391ᵃ20 b n. 21]: οἱ δὲ ἐν τῷ διαφράγματι scil. τὸ ἡγεμονικὸν τῆς ψυχῆς εἶναι. Caelius Aurelianus [i. e. Soranus] acut. morb. I 8 [p. 22 ed. Amman. Amst. 1722]: *aliqui igitur cerebrum pati dixerunt* [scil. in phrenitide] . . . *alii diaphragma.* idem Soranus (ut videtur) in Excerptis Paris. Suppl. cod. gr. 636 f. 21ᵛ ὁ δὲ Διοκλῆς φλεγμονὴν τοῦ διαφράγματός φησιν εἶναι τὴν φρενῖτιν ἀπὸ τόπου καὶ οὐκ ἀπὸ ἐνεργείας τὸ πάθος καλῶν, συνδιατιθεμένης καὶ τῆς καρδίας· ἔοικε γὰρ καὶ οὗτος τὴν φρόνησιν περὶ ταύτην ἀπολείπειν. διὰ αὐτοῦ [scil. διαφράγματος?] γὰρ καὶ τὰς παρακοπὰς ἕπεσθαι τούτοις.

IV 14 K   15 οὐχὶ clare P: an ἤτοι?   16 K   18 et 19 a dextra et sinistra parte chartam vacuam exhibent relictam   18 λον . . ωσ legebat K (Class. Rev. VI 238). auctoris nomen vix credam latere. [Φι]λωνος quidem vel [Πέ]λοπος vel [Φιλα]ληθέως vestigiis non apta. nec iam placet [Αἰτιο]λογικός, de quo cf. *Harmes* XXVIII 412   19 nihil in versu praeter Νοσοι P   26 παρα ex δια corr. P   31. 32 K   37 K

IV 40 συ[μβα]ίνει τὰ προκείμενα γί(νεσθαι)'. * Ἡρόδικος
δὲ ὁ Κν[ίδ]ι[ος] λ[έγ]ων περὶ τῆς τ(ῶν) νόσων αἰ(τίας)
καὶ αὐτὸς κατ[ὰ] μ(έν) [τι σ]υναγορεύει

V τῶι Εὐρυφῶντι, ‾κ(ατὰ) δέ τι διαφέρει· καθ' ὃ μ(ὲν) γ(ὰρ)
καὶ αὐτὸς τὰ περισσώματα αἴτια λέγει
τῆς νόσου (εἶναι), συμφέρεται· καθ' ὃ δέ φ(ησιν)
μὴ διὰ ⟨τὸ⟩ τὴν κοιλίαν καθαρὰν εἶναι ἢ λεπτ[ήν],
5 διαλλάσσει χρώμενος αἰ(τίᾳ) τοιαύτῃ·
ὅταν γ(ὰρ) ἀκεινη⟨τή⟩σαντες οἱ ἄνθρωποι
προσενέγκωνται τροφήν, συμβαίνει
ταύτην μὴ διοικεῖσθαι, ἀλ(λὰ) λιτὴν καὶ
ἀκατέργαστον παρακειμένην εἰς περισ-
10 σώματα ἀναλύεσθαι. * ἐγ μ(έν)τοι γε
τῶν περισσωμάτ(ων) ἀποτελεῖσθαι δισ-
σὰς ὑγρότητας, μίαν μ(ὲν) ὀξεῖαν, τὴν δὲ
ἑτέραν πικράν, καὶ παρὰ τὴν ἑκατέρας
ἐπικράτειαν διάφορα γ(ίνεσθαι) τὰ πάθη. λέγει
15 δὲ ὡς παρ⟨ὰ⟩ τὴν τούτ(ων) ἐπίτασιν ἢ ἄνε-
σιν διάφορα ἀπογενν[ᾶ]σθαι τὰ πάθη, οἷόν
τι λέγω, ἐὰν ἀνειμένη μᾶλλον ᾖ [ἡ] ὀξεῖα
καὶ μὴ ἄκρατος, ἀναλόγως δὲ καὶ ἡ πι-
κρὰ μὴ ἄγαν ᾖ πικρά, ἀλ(λὰ) ἐλασσ⟨όν⟩ως ἔχῃ,
20 ἢ ἐπιτεταμέναι ὦσιν, διάφορα γενήσ⟨εσ⟩θ(αι)
καὶ τὰ πάθη κατὰ τὰς τ(ῶν) ὑγροτήτ(ων) κράσ⟨ε⟩ις.
καὶ παρὰ τοὺς τόπους δὲ διάφορα
ἔσται τὰ πάθη· ἐὰν μ(ὲν) λόγου εἵνεκα
ἐπὶ κεφαλὴν οἰσθῇ ἡ πικρὰ ὑγρότης,
25 τὸ αὐτὸ γενήσεται πάθος, * ἐὰν δὲ
νῦν μ(ὲν) ἡ πικρὰ [τῆς] εἰς τὴν κεφαλ(ὴν)
ἐνεχθῇ, νῦν δὲ ἡ ὀξεῖα, γεν[ή]σεται
διαλλάσσοντα τὰ πάθη. * ἀλ(λὰ) γ(ὰρ) καὶ παρ' αὐ-
τοὺς ⌈τοὺς⌉ τόπους γενήσεται διαλλάσσοντα

IV 42. 43 K
V 4 μὴ] supplendum videtur ex v. 38 δεόντως γίνεσθαι τὴν πέψιν   λεπ[i. e.
λεπτων P   6 ἀκεινητήσαντες K   15 παρὰ K   16 απογεννεσθαι P
20 γενήσεσθαι] cf. v. 25. 27. 29   21 κράσεις K   25 τατο P cf. Herm. l. c. 411[1]
26 πικροτης expunctis της et correcta o in α P   27 K   29 τους ex την γ(αρ) cor-
rexit superscripto τους P

V 30   τὰ πάθη, ὅταν διάφοροι ὦσιν, ἐφ' οὓς ἡ ἐπι-
φορά· παρὰ γ(ὰρ) τὸ ἐπὶ κεφαλὴν ἢ ἐπὶ ἧπαρ
ἢ σπλῆνα φέρεσθαι τὰς ὑγρότητας
διαφέροντα ἀποτελεσθήσεται τὰ πάθη.
καὶ ἐν τούτοις ἡ τοῦ Ἡροδίκου δόξα.
35 Ἱπποκράτης δέ φ(ησιν) αἰ(τίας) (εἶναι) τῆς νόσου τὰς
φύσας, καθὼς διείληφεν περὶ αὐτοῦ
Ἀριστοτέλης. ＊ ὁ γὰρ Ἱπποκράτης λέγει
τὰς νόσους ἀποτελεῖσθαι κ(ατὰ) λ(όγον)
τοιοῦτον· ἢ παρὰ τὸ πλῆθος τῶν
40 προσφερομέν(ων) ἢ παρὰ τὴν ποικιλίαν
ἢ παρὰ τὸ ἰσχυρὰ καὶ δυσκατέργαστα (εἶναι)
τὰ προσφερόμενα συμβαίνει περισ-
σώματα ἀπογεννᾶσθα[ι, καὶ ὅ]ταν
μὲν πλείονα ᾖ τὰ [προσενεχθ]έντα,
45 καταχρατ[ο]υμέν[η ἡ ἐνεργο]ῦ[σ]α

VI   τὴν πέψιν θερμότης π(ρὸς) πολλῶν [ὄ]ντ(ων)
προσαρμάτων οὐκ ἐνεργεῖ τὴν πέ[ψ]ιν·
ἀπ[ὸ] δὲ τοῦ ταύτην παραποδίζεσθαι
πε[ρ]ισσώματα γί(νεται). ὅταν δὲ ποικίλα
5 ᾖ τὰ π(ροσ)ενεχθέντα, στασιάζει ἐν τῇ
κοιλίᾳ πρὸς ἑαυτά, καὶ κατὰ τὸν στασιασ-
μὸν μεταβολὴ εἰς περισσώματα. ὅταν
μέντοι γε ἐλάχιστα καὶ δυσκατέργαστα

V 39] Ηιρροcrατεs q. f. de flatibus 7 [VI 98,16 sqq Littlé]: πονηρὴ δέ ἐστιν ἡ τοιήδε δίαιτα τοῦτο μὲν ὅταν τις πλέονας τροφὰς ὑγρὰς ἢ ξηρὰς διδῷ τῷ σώματι ἢ τὸ σῶμα δύναται φέρειν καὶ πόνον μηδένα τῷ πλήθει τῶν τροφῶν ἀντιτιθῇ, τοῦτο δ' ὅταν ποικίλας καὶ ἀνομοίους ἀλλήλῃσιν ἐσπέμπῃ τροφάς· τὰ γὰρ ἀνόμοια στασιάζει [cf. VI 5] καὶ τὰ μὲν θᾶσσον τὰ δὲ σχολαίτερον πέσσεται. μετὰ δὲ πολλῶν σιτίων ἀνάγκη καὶ πολ-λὸν πνεῦμα ἐσιέναι ... [VI 100 L.] ὅταν οὖν τὸ σῶμα πληρωθὲν τροφῆς πλησθῇ καὶ πνεύματος ἐπὶ πλέον τῶν σιτίων χρονιζομένων (χρονίζεται δὲ τὰ σιτία διὰ τὸ πλῆθος οὐ δυνάμενα διελθεῖν), ἐμφραχθείσης δὲ τῆς κάτω κοιλίης ἐς ὅλον τὸ σῶμα διέδραμον αἱ φύσαι· προσπεσοῦσαι δὲ πρὸς τὰ ἐναιμότατα τοῦ σώματος ἔψυξαν. τούτων δὲ τῶν τόπων ψυχθέντων ὅπου αἱ ῥίζαι καὶ αἱ πηγαὶ τοῦ αἵματός εἰσι, διὰ παντὸς τοῦ σώματος φρίκη διῆλθεν· ἅπαντος δὲ τοῦ αἵματος ψυχθέντος ἅπαν τὸ σῶμα φρίσσει. Ibidem c. 8 [VI 102, 11 L.]: ὁ ἀὴρ ὁ ψύξας τὸ αἷμα κρατηθεὶς [cf. v. 45] ὑπὸ τῆς θερμότητος (cf. de diaeta VI 520, 13 κρατηθέντος τοῦ ὕδατος et *Herm.* XXVIII 424).

V 44 K

VI 1—4 K   5 τηι, η ex αι ut videtur corr. P   7 μεταβολη clare (non μεταβαλλει) P. γίνεται auditur ex v. 4 ut v. 11   8 ελαχιστα P. an πάχιστα coul. V 41?

VI　9　ᾖ, οὕτως παραποδισμὸς γί(νεται) τῆς πέψεω(ς)
　　10　διὰ τὴν δυσκατεργασίαν καὶ οὕτως .
　　　　μεταβολὴ εἰς περισσώματα· ἐγ δὲ τῶν
　　　　περισσωμάτ(ων) ἀναφέρονται φῦσαι· αἱ δὲ
　　　　ἀν[ε]νεχθεῖσαι ἐπιφέρουσι τὰς νόσους. [ταῦτα δὲ ἔφησεν ἀνὴρ]
　　　　κει[ν]ηθεὶς δόγματι τοιούτῳ· τὸ γ(ὰρ) πνεῦμ(α)
　　15　ἀναγκαιότατον καὶ κυριώτατον ἀπο-
　　　　λείπει τ(ῶν) ἐν ἡμῖν, ἐπειδή γε παρὰ τὴν τού-
　　　　του εὔροιαν ὑγίεια γί(νεται), παρὰ δὲ τὴν δύσροιαν
　　　　νόσοι. δίκην τε ἐπέχειν ἡμᾶς φυτῶν·
　　　　ὡς γὰρ ἐκεῖνα π(ροσ)ερρίζωται τῆι γῆι, οὕτως
　　20　κ[αὶ αὐ]τοὶ π(ροσ)ερριζώμεθα πρὸς τὸν ἀέρα
　　　　κατά τε τὰς ῥῖνας καὶ κατὰ τὰ ὅλα σώματα.
　　　　ἐοικέναι μέν γε φυτοῖς ἐκείνοις, (οἳ) στρατιῶται
　　　　καλοῦνται. ὥσπερ γὰρ ἐκεῖνοι προσερρι-
　　　　ζωμένοι τῶι ὑγρῶι μεταφέρονται
　　25　νῦν μ(ὲν) ἐπὶ τοῦτο τὸ ὑγρόν, νῦν δὲ ἐπὶ τοῦ-
　　　　το, οὕτως καὶ αὐτοὶ οἱονεὶ φυτὰ ὄντες
　　　　προσερριζώμεθα π(ρὸς) τὸν ἀέρα καὶ ἐν
　　　　κεινήσει ἐσμ(ὲν) μεταχωροῦντες νῦν
　　　　μὲν ἐπὶ τάδε, αὖθις δὲ ἐπ' ἄλλην.
　　30　εἰ δὲ ταῦτα, φανερὸν ὡς κυριώτατόν (ἐστιν)

VI 14] HIPPOCRATES de flat. 3 [VI 94, 1 L.]: πνεῦμα δὲ τὸ μὲν ἐν τοῖσι σώμασι φῦσα
καλεῖται, τὸ δὲ ἔξω τῶν σωμάτων ὁ ἀήρ. οὗτος δὲ μέγιστος ἐν τοῖσι πᾶσι τῶν πάντων δυνά-
στης ἐστίν. Ibidem 4 [VI 96, 1] διότι μὲν οὖν ἐν τοῖς ὅλοις (sic scripsi ex ὁδοῖς cod. A: ceteri
τοῖσιν ἄλλοισιν) ὁ ἀὴρ ἔρρωται, εἴρηται. τοῖς δ' αὖ θνητοῖσιν οὗτος αἴτιος τοῦ βίου καὶ τῶν
νούσων τοῖσι νοσέουσι. Ibidem 5 [VI 96, 13 L.] οὐκ ἀλλοθέν ποθεν εἰκός ἐστι γίνεσθαι τὰς
ἀρρωστίας ἢ ἐντεῦθεν, ὅταν τοῦτο πλέον ἢ ἔλασσον ἢ ἀθρόωτερον γένηται ἢ μεμιασμένον
νοσηροῖσι μιάσμασιν ἐς τὸ σῶμα ἐσέλθῃ.
VI 22] DIOSCORIDES mater. med. IV 100 [I 593 Spr.]: στρατιώτης ὁ ἐπὶ τῶν ὑδάτων φυό-
μενος, οἱ δὲ ποτάμιον στρατιώτην καλοῦσιν [Αἰγύπτιοι τιβούς(?), προφῆται αἷμα αἰλούρου].
ὠνόμασται δὲ διὰ τὸ ἐπινήχεσθαι τοῖς ὕδασι καὶ χωρὶς ῥίζης ζῆν. φύλλον δὲ ἔχει ἀειζώου
ὅμοιον, μεῖζον μέντοι καὶ ψυκτικὴν ἔχον δύναμιν, ἐφιστάνον τὰς ἐκ νεφρῶν αἱμορραγίας πι-
νόμενον. τραύματά τε ἀφλέγμαντα τηρεῖ καὶ ἐρυσιπέλατα καὶ οἰδήματα σὺν ὄξει καταπλασσό-
μενον ἰᾶται. ex eodem auctore (Sextio Nigro, cf. Wellmann *Herm.* XXIV 530 sqq.)
PLINIUS b. n. XXIV 169: *celebratur autem et a Graecis stratiotes, sed ea in Aegypto tantum
et inundatione Nili nascitur, aizoo similis ni maiora haberet folia. refrigerat mire et volnera
sanat ex aceto inlita, item ignis sacros et suppurationes. sanguinem quoque qui defluit a renibus
pota cum ture masculo mirifice sistit* (cf. *Hermes* XXVIII 424[1])

VI 13 K　　τaῦτα—ἀνὴρ in margine suppl. P　　14 K　　　20 K
22 K　　γε vel τε P

VI   31   τὸ πνεῦμα. τούτ(ων) ἐκκειμέν(ων), ὅταν γέν(ηται)

περισσώμα⟨τα⟩, ἀπὸ τούτων γί(νονται) φῦσαι, αἲ δὴ [ἀναθυμ(ιαθεῖσαι)]

τὰς νόσους ἀποτελοῦσι· παρά τε τὴν

διαφορὰν τ(ῶν) [φ]υσῶν ἀποτελοῦνται αἱ νόσοι

35   [σαι]. ἐὰν μ(ὲν) γὰρ πολλαὶ ὦσι, νοσάζουσιν,

ἐὰν δὲ ἐλάχισται, πάλι νόσους ἐπιφέ-

ρουσι· παρά τε τὴν μεταβολὴν τῶν φυσῶ(ν)

γίνονται αἱ νόσοι· διχῶς δὲ μεταβάλ-

λουσιν ἢ ἐπὶ τὸ ὑπέρμετρον θερμὸν

40   ἢ ἐπὶ τὸ ὑπ[έ]ρμετρον ψυχρόν. καὶ ὁποίως ἂν

γ[έ]νηται ἡ μεταβολή, νόσους ἀπο-

τελεῖ. [καὶ ὡ]ς μ(ὲν) ὁ Ἀριστοτέλης οἴεται

περὶ Ἱπ[ποκράτο]υς, ταῦτα. * * ὡς δὲ

αὐτὸς Ἱπποκράτης λέγει, γί(νεσθαι) τὰς νόσους

45   [π(αρὰ)] τὰς διαφορὰς τ(ῶν) ἐν τῇ συστά]σει φύσεων

VII   ἀνθ[ρωπ-..................... λέ-]

γει δι[.......................]

ἢ ὑπ[........................]

χολῆς καὶ φλέγμα[τος.............]

5   ταῦτα ἐπὶ δὴ γινομένοις [.............]

καὶ [σὺν] οὖσι συν[ίστ]ασθ[αι..........] τοῦ

παρόντος φλέγματος [..............] ων

ε[ἶ]ναι ἐν ἡμῖν κ(ατὰ) φύσιν τὸ αἷμα [........]

τῶν [ἰα]τρῶν· παρὰ φύσιν τε τὴν εἰς [........]

10   ὅτι αὗται [μ(ὲν)] ἐν [ἡμ]ῖν γί(νονται) αἱ νόσοι [διὰ τῆς]

φλεγμασίας. τάδε γ(ὰρ) ἐκτὸς [..........]

πόνων ὑπερμέτρ[ων], κ(ατα)ψύξεως, [θερμότητος.]

παρά τε τὴν τῆς χολῆς καὶ τοῦ φ[λέγματος]

κατάψυξιν ἢ θερμ[ό]τη[τ]α π[ερ]ιγί(νεσθαι) [τὰς νό-]

15   σους. * * ἀλ(λὰ) γ(ὰρ) ἔτι φ(ησὶν) Ἱπποκράτης [γί(νεσθαι) τὰς]

VI 32 αναθυ in mrg. suppl. P   34 K   νοσοι ex φυ corr. P; fortasse omisit διάφοροι ante νόσοι   40. 41 K   43 K   45 incerta supplementa

VII 6 extremae litterae servantur in marg. col. VIII, itemque v. 7. 18. 21   7 φλέγματος veri similiter K. ego dispexi ειλ·υατος   8 fortasse κ(ατὰ) τὴν δόξαν 9 K   10 αὗται—ἡμῖν incerta. nam pars superior lacuna hausta   11 εκτοσ vel ειστοσ (εἰς τὸ σῶμα) P. sententia incerta velut τάδε γὰρ ἐκτὸς γί(νεσθαι) π(αρὰ) φύσιν ἀπὸ 12 υπερμετρου spatio magis convenire putat K; ego illud teneo   13—16 K

VII 16 νόσους ἢ ἀπὸ τοῦ πνεύματος ἢ [ἀπὸ τ(ῶν) διαι-]
τημάτ(ων), καὶ τούτ[ων τὴν] ὑποτύ[πωσιν δοκεῖ ο(ὕτως)]
ἐκτίθεσθαι· ὅταν μ(ὲν) γ(άρ), φ(ησίν), ὑπὸ [τῆς] αὐ-
τῆς νόσου πολλοὶ ἁλίσκωνται [ἅμα, τὰς]
20 αἰτίας ἀναθέσθαι [δεῖ] τῶι ἀέρι· παρὰ [γ(ὰρ)]
τοῦτ[ο]ν γί(νεται) ἡ αὐτὴ νόσος. ⁎ ⁎ ὅταν [μ(έν)τοι π]ολ-
λὰ εἴδη καὶ ποικίλα γί(νηται) νόσων, [αἴ(τια), φ(ησίν), λεχ-]
τέον τὰ διαιτήματα, οὐχ ὑγιῶ[ς ποι-]
οὐμενος τὴν ἐπιχείρησιν. ἐν[ίοτε γ(ὰρ)]
25 τὸ αὐτὸ αἴ(τιον) πολλῶν καὶ ποικίλ[ων]
νοσημάτ(ων) γίνεται· κ(ατα)σκευαστικὸν [γ(άρ)-]
τοι πλῆθος καὶ πυρετοῦ καὶ πλευ[ρίτι-] ·
δος καὶ ἐπιληψίας (ἐστίν), ὅπ[ε]ρ κ(ατὰ) σύσ[τασιν]
τῶν σωμάτων ἀναδεχομέν(ων) τ[ίκτει]
30 καὶ τὰς νόσους. οὐ γὰρ δὴ πάντ(ων) [σωμάτ(ων)],
ἐπεὶ ἕν (ἐστιν) αἴ(τιον), ἤδη μία καὶ νόσο(ς) φέρ[εται],
ἀλλ’, [ὥ]σπερ εἴπομεν, πολλὰ καὶ ποικίλ[α εἴδη].
καὶ [τἄ]μπαλιν (ἔστιν) ὅτε ὑπὸ διαφερό[ντ(ων) αἰ(τίων)]
τἀτὰ γί(νεται) πάθη. καὶ γ(ὰρ) διὰ πλῆθος ἡ [κοιλία]
35 ῥεῖ, ἔτ[ι] καὶ διὰ δριμύτητα, εἰ χ[ολ]ὴ [π(αρα)ρρεῖ].
ἐξ ὧν φανερόν, ὡς ψεύδε[ται πε]ρὶ [τούτ(ων) ἀνήρ],
ὡς προϊόντος ἐπιδείξομ(εν) τοῦ λό(γου). ⁎ ⁎ [ἐκεῖνο]

VII 16] HIPPOCRATES q. f. de nat. homin. 9 [VI 52, 11 L.]: αἱ δὲ νοῦσοι γίνονται αἱ μὲν
ἀπὸ τῶν διαιτημάτων αἱ δὲ ἀπὸ τοῦ πνεύματος ὃ ἐσαγόμενοι ζῶμεν· τὴν δὲ διάγνωσιν
χρὴ ἑκατέρου ὧδε ποιεῖσθαι· ὅταν μὲν ὑπὸ ἑνὸς νοσήματος πολλοὶ ἄνθρωποι ἁλί-
σκωνται κατὰ τὸν αὐτὸν χρόνον, τὴν αἰτίην χρὴ ἀνατιθέναι τούτῳ, ὅτι κοινότατόν
ἐστι καὶ μάλιστα αὐτῷ πάντες χρώμεθα. ἔστι δὲ τοῦτο ὃ ἀναπνέομεν· φανερὸν γὰρ δὴ ὅτι τὰ
διαιτήματα ἑκάστου ἡμῶν οὐκ αἴτιά ἐστιν, ὅτε γε ἅπτεται πάντων ἡ νοῦσος ἐξῆς καὶ τῶν νεω-
τέρων καὶ τῶν πρεσβυτέρων καὶ γυναικῶν καὶ ἀνδρῶν ὁμοίως.
VII 21] HIPPOCRATES de nat. hom. 9 [54, 6 L.]: ὅταν δὲ αἱ νοῦσοι γίνωνται παντοδαπαὶ
κατὰ τοὺς αὐτοὺς χρόνους, δῆλον ὅτι τὰ διαιτήματά ἐστιν αἴτια ἕκαστα ἑκάστοισι, καὶ τὴν θερα-
πείην χρὴ ποιεῖσθαι ἐναντιούμενον τῇ προφάσει τῆς νούσου, ὥσπερ μοι πέφρασται καὶ ἑτέρωθι,
καὶ ἐκ τῶν διαιτημάτων μεταβάλλειν. ibidem [54, 17 L.]: ὅταν δὲ νοσήματος ἑνὸς ἐπι-
δημίη καθεστήκῃ καὶ (sic A) δῆλον ᾖ, ὅτι οὐ τὰ διαιτήματα αἴτιά ἐστιν, ἀλλ’ ὃ ἀναπνέομεν τοῦτ’
αἴτιόν ἐστι, δῆλον ὅτι τοῦτο νοσηρὴν τὴν ἀπόκρισιν ἔχον ἂν εἴη. τοῦτον χρὴ τὸν χρόνον τὰς
παραινέσιας ποιεῖσθαι τοῖσιν ἀνθρώποισιν τοιάσδε· τὰ μὲν διαιτήματα μὴ μεταβάλλειν, ὅτι γε
οὐκ αἴτιά ἐστι τῆς νούσου, τὸ δὲ σῶμα ὁρᾶν, ὅπως ἔσται ἰσχνότατον κτλ.

VII 21 τοῦτον K   27 τοι aut ται P   πλῆθος certum videtur cf. v. 34
28 σύστασιν] συσ vel τυσ P   33 τἄμπαλιν vestigiis magis aptum quam τοὖμπαλιν
35 ῥεῖ ἔτι] ρειετ. vel ρευετ. vel ρεγετ. P   37 ἐπιδείξομεν] non extat locus   ἐκεῖνο]
vel νῦν sim.

VII   38   μέντοι γε ῥητέον, διότ[ι ἄλ]λως ['Αριστο-]

τέλης περὶ τοῦ 'Ιπποκράτους λέγε[ι καὶ]

40   ἄλλως αὐτός φ(ησιν) γί(νεσθαι) τὰς [νό]σο[υς. * * οἷς ἐπό-]

μενος ὁ ⟨'Α⟩βυδηνὸς 'Αλκαμέν[ης]

λέγει γί(νεσθαι) τὰς νόσους, ὧς φ(ησιν) π[ερὶ]

αὐτοῦ 'Αριστοτέλης, διὰ τὰ π[ερισσώ-]

ματα τὰ ἀπὸ τῆς τρο[φῆ]ς [κατασκευα-]

VIII   ζόμενα· αἴ(τια) γ(ὰρ) ταῦτα τ(ῶν) νό[σων (εἶναι). κ(ατὰ)]

τοῦτο μ(έν)τοι γε διάφορος φαί[νεται π-]

ρὸς τὸν Εὐρυφῶντα, καθ' ὅσον κ[ατά τι]

μὲν [τ]ὴν κεφαλὴν εἶπεν ἐπι[κου-]

5   ρικὴν γί(νεσθαι) τ(ῶν) περιττωμάτ(ων), ἁ[πλῶς]

δὲ ὁ 'Αλκαμένης εἶπεν· 'ἀνατρ[έχοντα]

[μ]ὲν ὡς τὴν κεφαλὴν τὰ περισ[σώμα-]

τα γί(νεται) ἐπιχορηγούμενα πρὸς τῆ[ς κε-]

φαλῆς καὶ ἐπιπεμπόμενα τῶι ὅλῳ

10   σώματι τὰς νόσους ἐμποιεῖ.' * * ὁ δὲ

Μεταποντῖνος Τιμόθεος, καθώς

φησιν περὶ αὐτοῦ ὁ αὐτὸς φιλόσοφος,

λέγει ἀποτελεῖσθαι τὰς νόσους τρό-

πωι τούτωι· ὅταν μ(ὲν) γὰρ ἡ κεφαλὴ ὑγιὴς

15   ᾖ καὶ [[καθ]αρα] καθαρά, καὶ ἡ τροφὴ ἀπ' αὐ-

τῆς προστίθεται τῶι ὅλωι σώματι [καὶ ὁ]

ὑγιαίνει τὸ ζῶιον· * ὅταν δὲ μὴ ὑγιὴς

ᾖ, νόσους ἐπιφέρει τῶι τὰς διεξόδους

ἀποφράσσεσθαι· 'ὅταν γάρ, φ(ησίν), αὗται ἀποφρα-

20   [γ]ῶσιν, ἀνατρέχον τὸ περίσσωμα

ὡς τοὺς κ(ατὰ) τὴν κεφαλὴν τόπους

τ[έω]ς τῶι μὴ ἔχειν διέξοδον ἐν-

μένει, ἐ[ν]μεῖναν δὲ μεταβάλλει

εἰς ἁλμυρὸν καὶ δριμὺ ὑγρόν, καὶ εἶτα

25   πλείονα [ἐν]μεῖναν χρόνον καὶ ῥῆξιν

ἐργασάμενον φέρεται εἰς ὁτιοῦν μέρος

VII 41—44 K

VIII 1. 2 K   3 suppl. incertum cf. IV 35 sqq.   4 τὴν K   6 ανατρ vel ανατι; supplevi ex v. 20   7 περισσώματα K   8 γίνεται ego ut K legi   14 κεφαλὴ liquido P: lege κοιλία   15 dittographiam notavit K   20 K   23 K   25 K

VIII 27 κ[αὶ] παρὰ [τὰς το]ύτου διαφορὰς διαφόρους
[τὰς] νόσους ἐπιφέρει. * (ἔστι) δ᾿ ὅτε, φ(ησίν), καὶ
[ἄθρό]ως οἶσθὲν ἐπὶ τὴν τραχεῖαν
30 ἀρτηρίαν — λάρυγξ δὲ αὔτη — πνιγμοὺς
[ἐπ]ιφ[έρει] καὶ συντόμους ἐξαγωγὰς
[. . . . .]νην.᾿ * νοσεῖν δέ φ(ησιν) τὴν κεφα-
λὴν [ἢ] δι᾿ ὑπερβολὴ⟨ν⟩ κ(ατα)ψύξεως ἢ δι᾿ ὑπερ-
β[ολ]ὴν θερμότητος ἢ διὰ πληγήν. * *
35 Ἀ[.]ας δ[ὲ] ἰ[δίω]ς οἴεται γί(νεσθαι) τὰς νόσους
διὰ τὰς τοῦ ἐνκεφάλου καθάρσ(ε)ις.
[καθαίρεσ]θαι δὲ τὸν ἐγκέφαλον διὰ
μυ[κτή]ρων, ὤτων, ὀφθαλμῶν,
σ[τ]όματος, κ(ατά) [τ]ε τὰς διαφορὰς [το[ῦ π]λήθους] τ(ῶν) κα-
40 θά[ρσ]εων ὑγίειαν γί(νεσθαι) ἢ νόσον. ὅταν μ(ὲν) γ(ὰρ)
κ(ατ᾿) ἐλάχιστον γένηται ἡ κάθαρσις,
ὁ[γι]αίνει τὸ ζῷον, * ὅταν δὲ ὑπερ-
[κό]ρως, νοσεῖ. λέγει δὲ διὰ ταύτας
τ[ὰ]ς καθάρσεις γί(νεσθαι) πέντε κα[τ]άρρους

VIII 35] HIPPOCRATES q. f. de locis in hom. 1 [VI 276, 12 L.]: ἡ γὰρ κοιλίη ὁπόταν ὑπεχχώ-
ρησιν μὴ ποιῇ τὴν μετρίην καὶ ἐσίῃ ἐς αὐτήν, ἄρδει τῇ ὑγρότητι τὸ σῶμα τῇ ἀπὸ τῶν σιτίων
τῶν προσφερομένων· αὔτη δὲ ἡ ὑγρότης ἀπὸ τῆς κοιλίης ἀποφρασσομένη ἐς τὴν κεφαλὴν
ὡδοιπόρησεν ἀθρόη, καὶ ἐς τὴν κεφαλὴν ἐπὴν ἀφίκηται οὐ χωρευμένη ὑπὸ τῶν τευχέων τῶν
ἐν τῇ κεφαλῇ, μεῖ ᾗ ἂν τύχῃ καὶ πέριξ τῆς κεφαλῆς καὶ ἐς τὸν ἐγκέφαλον διὰ λεπτοῦ τοῦ
ὀστέου ... καὶ ἢν μὲν ἐς τὴν κοιλίην πάλιν ἀφίκηται, τῇ κοιλίῃ νοῦσον ἐποίησεν, ἢν δ᾿ ἄλλη
πῃ τύχῃ, ἄλλη νοῦσον ποιεῖ.
VIII 44] HIPPOCRATES de locis in homin. 10 [VI 294 1 L.]: ῥόοι δὲ ἀπὸ τῆς κεφαλῆς
ἑπτά· ὁ μὲν κατὰ τὰς ῥῖνας ὁ δὲ κατὰ τὰ ὦτα ὁ δὲ κατὰ τοὺς ὀφθαλμούς. οὗτοι οἱ ῥόοι
καταφανέες ἐκ τῆς κεφαλῆς τοῖσιν ὀφθαλμοῖσιν. ἐπὴν δ᾿ ἐς τὸν κίθαρον ῥυῇ ὑπὸ ψύχους,
χολὴ γίνεται ... ὅταν δ᾿ ἐς τὸν μύελον ῥόος γένηται, φθίσις ἀλαία γίνεται. ὅταν δ᾿ ὄπισθεν
ἐς τοὺς σπονδύλους καὶ ἐς τὰς σάρκας ῥυῇ, ὕδρωψ γίνεται ... [296, 6] ἢν δ᾿ ὀλίγον ῥεύσῃ,
ἰσχιάδα καὶ κέδματα ἐποίησεν. HIPPOCRATES q. f. de glandibus 11 [VIII 564,18 L.]: ῥόοι δὲ
ἀπὸ κεφαλῆς ἕως ἀποκρίσιος δι᾿ ὤτων κατὰ φύσιν, δι᾿ ὀφθαλμῶν, διὰ ῥινῶν· τρεῖς οὗτοι· καὶ
ἄλλοι δι᾿ ὑπερῴης ἐς φάρυγγα, ἐς στόμαχον, ἄλλοι διὰ φλεβῶν ἐπὶ νωτιαῖον, ἐς τὸ αἷμα [τὰ
ἰσχία L.], οἱ πάντες ἑπτά.

VIII 31 ἐπιφέρει] cf. Stephanus in Schol. Dietz. I 328,13 πνιγμοὺς ἐπιφέρει
32 κατ . . νην P: fortasse κ(ατὰ) ἀγχόνην cf. Hippocr. de virg. VIII 468,12 L.; de re Gal.
XVI 676 sqq. 33. 34 K   35 nomen incertum velut Ἄβας, Αἴας. tertia littera potest
esse ο   δὲ ἰδίω verisimilius mihi videtur quam δ᾿ ὁ ᾿Ι....ς (K). hoc esset velut Ἰασεὺς.
contra non potest legi Κνίδιος vel Ῥόδιος   36. 37 K   39 pleraque K
40 K   42 K   43 [μέτ]ρως vestiglis vix aptum   44 τὰς K   καθαρρους P

IX [desunt duo fere versus]

3 [. . .] ττωι μη [. . . . .]

[χ(ατά)ρ]ρους. * * [. . . . .]

5 [Ἡρ]αχλεόδω[ρος [. . . . .]

[. .]ενομεν [. . . . .]

[τ]ὴν αὐτ[ὴν . . . .]

[.] δύο εἶπον[. . . . .]

[. . .]ς παρα[. . . . .]

10 [. .]εν ὅταν [. . . . .]

[τ]ὸ σῶμα ὑγ[ιαίνει (?) . . . .]

τως νόσοι [. . . . .]

ται τὰ σώμα[τα . . . .]

ρα[.]προσενεχ[θέντα (?) . . . .]

15 πλ[ή]θη, ἀλ(λὰ) [αἶσ]περ [. . . . .]

χαὶ τὰς νόσ[ους . . . . δυσ-]

χρ[ό]τως ἐχ[. . . . .]

μετρίαν νόσο[ν . . . .]

χαὶ χατάψυξιν [. . . . .]

20 Ἡρόδιχος δὲ [ὁ Σηλυμβριανὸς οἴεται]

IX 20] Hippocrates q. f. Epidem. VI 3,18 [V 302 L.]: Ἡρόδιχος τοὺς πυρεταίνοντας ἔχτεινε δρόμοισι, πάλῃσι πολλῇσι, πυρίῃσι. χαχόν. τὸ πυρετῶδες πολέμιον πάλῃσι, περίοδοι δρόμοισιν, ἀνατρίψει. πόνος πόνῳ. Galenus in h. l. [XVII B 99 K.]: χαὶ Πλάτων μὲν μέμνηται τοῦ Ἡροδίχου ὡς πολλοῖς περιπάτοις χρωμένου. τίνος γὲ νῦν Ἡροδίχου μνημονεύει [Hippocrates], πότερον τοῦ Λεοντίνου [an Cnidii? cf. supra IV 40, Gal. VII 701] ἢ τοῦ Σηλυβριανοῦ περιττὸν ζητεῖν. Plato Rep. III 406 A—C: χαὶ μὲν δή, ἔφη, ἄτοπόν γε τὸ πῶμα οὕτως ἔχοντι. Οὔχ, εἴ γ᾽ ἐννοεῖς, εἶπον, ὅτι τῇ παιδαγωγιχῇ τῶν νοσημάτων ταύτῃ τῇ νῦν ἰατριχῇ πρὸ τοῦ Ἀσχληπιάδαι οὐχ ἐχρῶντο, ὥς φασι, πρὶν Ἡρόδιχον γενέσθαι. Ἡρόδιχος δὲ παιδοτρίβης ὢν χαὶ νοσώδης γενόμενος, μίξας γυμναστιχὴν ἰατριχῇ, ἀπέχναισε πρῶτον μὲν χαὶ μάλιστα ἑαυτόν, ἔπειτ᾽ ἄλλους ὕστερον πολλούς. πῇ δή; ἔφη. Μαχρόν, ἦν δ᾽ἐγώ, τὸν θάνατον αὐτῷ ποιήσας. παραχολουθῶν γὰρ τῷ νοσήματι θανασίμῳ ὄντι οὔτε ἰάσασθαι, οἶμαι, οἷός τ᾽ ἦν ἑαυτόν, ἐν ἀσχολίᾳ τε πάντων ἰατρευόμενος διὰ βίου ἔζη ἀποχναιόμενος, εἴ τι τῆς εἰωθυίας διαίτης ἐχβαίη, δυσθανατῶν δὲ ὑπὸ σοφίας εἰς γῆρας ἀφίχετο. Καλὸν ἄρα τὸ γέρας, ἔφη, τῆς τέχνης ἠνέγχατο. Οἷον εἰχός, ἦν δ᾽ ἐγώ, τὸν μὴ εἰδότα, ὅτι Ἀσχληπιὸς οὐχ ἀγνοίᾳ οὐδὲ ἀπειρίᾳ τούτου τοῦ εἴδους τῆς ἰατριχῆς τοῖς ἐχγόνοις οὐ χατέδειξεν αὐτό, ἀλλ᾽ εἰδὼς ὅτι πᾶσι τοῖς εὐνομουμένοις ἔργον τι ἑχάστῳ ἐν τῇ πόλει προστέταχται, ὃ ἀναγχαῖον ἐργάζεσθαι, χαὶ οὐδενὶ σχολὴ διὰ βίου χάμνειν ἰατρευομένῳ. [cf. Schol. ad h. l.]. Prot. 316 D: ἐγὼ δὲ τὴν σοφιστιχὴν τέχνην φημὶ μὲν εἶναι παλαιάν, τοὺς δὲ μεταχειριζομένους αὐτὴν . . . πρόσχημα ποιῆσαι χαὶ προχαλύπτεσθαι, τοὺς μὲν ποίησιν, οἷον Ὅμηρόν τε χαὶ Ἡσίοδον . . . ἐνίους

IX 1—19] dextra pars periit   6 γενομεν- K   7 K   11 K
13 K   15 K   αις vel οις vel εις superscr. P   16. 17 K   18 vel
μετριον P   20 ηροδιχοσ, non προδιχοσ P

IX 21 τὰς νόσους [γί(νεσθαι) ἀπὸ τῆς διαίτης· ταύ-]
την δὲ (εἶναι) κατ[ὰ φύσιν, ὅταν πόνοι προσῶσιν]
καὶ ἄλγη δ' ὅσα [δεῖ, καὶ οὕτως πέψιν μὲν]   .
ἔχῃ ἡ τροφή, ἐπί[δοσιν δὲ ἀεὶ λαμβάνῃ]
25 τὰ σώματα ἀν[αδιδομ(έν)ης τῆς τροφῆς κατὰ]
φύσιν. οἴεται γ[(ὰρ)] τὴ[ν μ(ὲν) ὑγίειαν γί(νεσθαι) κατά]
φύσιν ἐχόν[τ(ων)] τ(ῶν) σω[μάτ(ων) περὶ τὴν δίαιταν, τὴν δὲ]
νόσον π[α]ρὰ φύσι[ν ἐχόντ(ων) αὐτ(ῶν). τοῖς μ(έν)τοι]
παρὰ φύσ[ι]ν διατεθεῖ[σιν πονεῖν π(ροσ)τάσσει]
30 ἡ ἰατρικὴ παραγομέ[νη καὶ ο(ὕτως) εἰς τὸ κατὰ]
φύσιν ἄγει ταῦτα, ὡ[ς αὐτός φ(ησιν). * λέγουσιν]
δὲ τὸν ἄνδρα τὴν ἰα[τρικὴν ἔντεχνον]
ἀγωγὴν εἰς τὸ κ(ατὰ) φύσιν [καλέσαι. * καὶ ταῦτα μ(ὲν)]
οὕτως, [ἐ]κεῖνο δὲ ὅτ[ι ἀπ' ἐναντί(ων) τῆς τε]
35 θερμότητος καὶ ὑ[γρότητος τ(ῶν) σωμάτων)]
συνίστανται νόσοι, [διατεθρύληται. * *]
ὁ δὲ Αἰγύπτιος Νινύ[ας ἰδίως λέγει τὰ μ(ὲν)]
συνγενικὰ γί(νεσθαι) πάθη, [τὰ δὲ ἀλλότρια *]
καὶ τὰ μ(ὲν) συνγενικὰ [ἔμφυτα τοῖς σώμασιν]
40 εἶναι. * ὑπὸ δὲ ἄλ(λης) αἰ[(τίας) συνίστασθαι]
τὰς νόσους τρόπωι τ[οιούτωι· ὅταν γὰρ]
ἡ τροφὴ ληφθεῖσα μὴ [ἀναδοθῇ τῷ σώματι,]
ἀλλ' ἐνμείνῃ, [ἡ θερμ[ότης ἡ ἐν]] ἡμῖν [οὖσα περισσώματα]
ἐξ αὐτῆς ἀπογεννᾷ [. . . . .]

X   [desunt versus fere sex et viginti]
27 [. . . . .]ινος

δέ τινας ᾔσθημαι καὶ γυμναστικήν, οἶον Ἴκκος τε ὁ Ταραντῖνος καὶ ὁ νῦν ἔτι ὢν οὐδενὸς ἥττων
σοφιστὴς Ἡρόδικος ὁ Σηλυμβριανός, τὸ δὲ ἀρχαῖον Μεγαρεύς. Phaedr. 227 D: ἔγωγ' οὖν
οὕτως ἐπιτεθύμηκα ἀκοῦσαι, ὥστ' ἐὰν βαδίζων ποιῇ τὸν περίπατον Μεγαράδε, καὶ κατὰ Ἡρό-
δικον προσβὰς τῷ τείχει πάλιν ἀπίῃς, οὐ μή σου ἀπολειφθῶ. ARISTOTELES Rhet. A 5.
1361ᵇ4: πολλοὶ γὰρ ὑγιαίνουσιν ὥσπερ Ἡρόδικος λέγεται, οὓς οὐδεὶς ἂν εὐδαιμονίσειε τῆς
ὑγιείας διὰ τὸ πάντων ἀπέχεσθαι τῶν ἀνθρωπίνων ἢ τῶν πλείστων. cf. Plin. N. H. XXIX 4.
IX 22] cf. HIPPOCRATES de flatibus 7 [VI 98 L.]: πονηρὴ δέ ἐστιν ἡ τοιήδε δίαιτα τοῦτο
μὲν ὅταν τις πλέονας τροφὰς ἢ ὑγρὰς ἢ ξηρὰς διδῷ τῷ σώματι ἢ τὸ σῶμα δύναται φέρειν
καὶ πόνον μηδένα τῷ πλήθει τῶν τροφῶν ἀντιτιθῇ.

IX 23 αλγηδοσα sic distincte P   25 post σώματα exhibet αν vel αλ P
32 ἰατρικὴν K   ἔντεχνον] cf. Plato Legg. II 673 A   36 conicias ⟨αἱ⟩ νόσοι velut
XVII 25 al., at cf. XVIII 3   37 nomen plane incertum, Aegyptium tamen esse ne-
gant periti. Ninyas Nini f. notus   41 K

X 28 [. . . . .] νόσους

       [. . . . .] μ(ὲν) εἶναι

   30 [. . . . .] επι[.]ν

       [. . . . .] μιον

       [. . . . .] αμα

       [. . . . .] ενον

       [. . . . .] απαρα

   35 [. . . . .] μὴ διὰ

       [. . . . .] ἀλγηδόν̄

       [. . . . .] μενος

       [. . . . .]

       [. . . . . δύνα] μιν

   40 [. . . . .] ε

       [. . . . .] ιον

       [. . . . .] σκευ-

       [. . . . .] αμεν δὲ

       [. . . . .] ψυχ[. .]

XI   [desunt versus circa sex]

   7   [. . . . .] ν καὶ [ὑγίε]ιαν

       [. α]λμυρὰν δὲ

       [. . . . .] εμενος [. .]

   10 [. . . . .] ✻ καὶ [. . . .]

       [. . . . .] φις

       [. . . . . τοὺ]ς νεφροὺς

       [. . . . .] τὴν θερμ(ὴν)

       [. . . . .] ιον μέγα

   15 [. .. . .] ἡ δὲ πυρρὰ

       [. . . . .] καὶ πρασο-

       [ειδὴς . . . .] ατος τὸ αἷμα

       [. . . . .] αίτατον

       [. . . . .] μα το[. . . .] ον ἡ δὲ μέλαι-

   20 [να . . . .] ντ(ων) [. . . .] μέν(ων) ὑποστάσε-

       [ων . . . .] αἷμα [. . . .] τόπον ἔχει

X 36 compendium explicaverim ἀλγηδόνα

XI 7 ὑγίειαν perdubium   15 sqq. agi videtur de χολῆς generibus; de porracea bile
cf. Rufus de nom. part. hom. ed. Daremberg p. 165, 3. 166,2 (de Praxagora)

XI 22 [. . . . . .]ε[. . .]ς * * ῞Ιππ[ων δ]ὲ ὁ Κρ[ο]τω-
νιάτης οἴεται ἐν ἡμῖν οἰκείαν (εἶναι) ὑγρότη-
τα, κα[θ᾽ ἣ]ν καὶ αἰσθανόμεθα καὶ [ὑγιαι-
25 [νο(μεν)]] ἧι ζ]ῶμ(εν)· ὅταν μ(ὲν) οὖν οἰκείως ἔχῃ
[ἡ] τοιαύτη ὑγρότης, ὑγιαίνει τὸ ζῷιον,
ὅταν δὲ ἀναξηρανθῇ, ἀναισθητεῖ τε
τὸ ζῷιον καὶ ἀποθνήσκει. διὰ δὴ τοῦτ[ο]
οἱ γ[έροντ]ες ξηροὶ καὶ ἀναίσθητοι, ὅτι
30 χωρὶς ὑγρότητος· ἀναλόγως δὴ τὰ πέλ-
ματα ἀναίσθητα, ὅτι ἄμοιρα ὑγρότητος.
καὶ ταῦτα μὲν ἄχρι τούτου φ(ησίν). * ἐν ἄλλωι
δὲ βυβλίῳ αὐτὸς ἀνὴρ λέγει τὴν κα-
τωνομασ[μένη]ν ὑ[γρότητα] μεταβάλ-
35 λειν δι᾽ ὑ[περβο]λὴν θερμότητος καὶ
δι᾽ ὑπερβολὴν ψυχρότητος καὶ ο(ὕτως) νόσους
ἐπιφέρειν. * μεταβάλλ[ειν δέ] φ(ησιν) αὐτὴν
ἢ ἐπὶ τ[ὸ] πλεῖον ὑγρὸν ἢ ἐπὶ τὸ ξηρό-
τερον ἢ ἐπὶ τὸ παχυμερέστερον
40 ἢ ἐπὶ τὸ λεπτομερέστερον ἢ εἰς [ἕτ]ερα. [καὶ τὸ [αἴ(τιον)]] οὕτως
νοσολ(ογεῖ),]
τὰς δὲ νόσους τὰς γινομένας
οὐχ ὑπ[α]γορεύει. * * Θρασύμαχ[ο]ς
δὲ ὁ Σαρδιανὸς αἰ(τίαν) ἀπολεί⟨πει⟩ τ(ῶν) νόσων
τὸ αἷμα· κ(ατὰ) δὲ τὴ[ν τούτου] μετα[βολὴ]ν

XII   ἀποτελεῖσθαι τὰς [νόσους. [με]ταβάλλειν δὲ] ἢ δι᾽ ὑπερβολὴν
καταψύ[ξ]εως ἢ δ[ι᾽ ὑπερβολ]ὴν θερμότη-
τος.. * τὴν δὲ μεταβολὴν τοῦ αἵματος γί(νεσθαι)
ἢ εἰς φλέγμα ἢ χολὴν ἡ [σε]σηπός. * καὶ

XI 22 Hipponis nomen restitui, quamvis lacuna v litterae haustae videantur. sed
et extat alterius π prior tantum hasta et solent ω, ν, δ spatiosius exarari. Crotoniatam
perhibitum i. e. celeberrimae medicorum sectae asseclam, qui Samo oriundus Rheginus an
Metapontinus [Doxogr. Index p. 683] anceps esset, intellegi potest. fortasse coniunctus erat
Pythagoreis, qui tum Crotone Rhegium et Metapontum sedem translocaverunt cf. Philolaus
Crotoniata infra XVIII 8. doctrina quidem est Hipponi unice apta et contraria Hippasi
Metapontini (Crotoniatae) Pythagorei, cf. Herm. XXVIII 420   χρωτωνιατης P
24 καθ᾽ ἣν K   25 ἧι umbram secutus scripsi   40 αἴ⟨τιον⟩] litteram perobscuram
θ dubitanter legerat K   44 τούτου] spatium minus litterarum capit. fortasse per
neglegentiam του scripserat P
XII 1 K   2 καταψυχεως P   δι᾽ ὑπερβολὴν K

XII   5   τὸ μὲν αἷμα ἁπ[λοῦν, τὴν] δὲ χολὴ⟨ν⟩ καὶ

τὸ φλέγμα καὶ τὸ σε[σ]ηπὸς ποικίλα

ὄντα ποικίλας καὶ διαφόρους ἐπιφέρειν

νόσους. * * πάντα [δὲ ὁμοίω]ς φ(ησὶν) Δέξι-

πππος [ὁ Κῶιος], ⟨ὃς⟩ οἴεται συν[ίστασθαι] τὰς νόσους

10   ἀπὸ τ(ῶν) τῆς τροφῆς [περ]ιττωμάτ(ων),

τοῦτ' (ἔστιν) ἀπό τε χολῆς καὶ φλέγματος [δυ(νάμεων)

γι(νομένων) περ[ὶ] μέρος [καὶ] περὶ ὅλον],

κεινουμέν(ων) τούτ(ων) μὴ ἐξ ἑαυτ(ῶν), ἀλλὰ

παρὰ τὰς [[πολλ]ὰς] ⟨καὶ⟩ ἀκαίρους τῆς τροφῆς δόσεις.

νοσοπ⟨οι⟩εῖν δὲ ταῦτα καὶ παρὰ τὸ πλῆ-

15   θος καὶ παρὰ τὸν τόπον καὶ εἶδος, με-

ταβάλλειν δὲ οἴεται καὶ δι' ὑπερβολὴν

πάντ(ων)· καὶ γ(ὰρ) θερμότητος κ[αὶ ψύξ]εως

ἢ τοιούτ(ων) παραπλ[η]σίων· καὶ περὶ μ(ὲν)

τούτου φαίνεται παρα[πλη]σίως τοῖς

20   πρ[ότερον αἰτιολογ]ῶν. * περιττό-

[το]τερος δὲ α[ὐ]τ(ῶν) φαίνετ[αι] κ(ατὰ) τοῦτο·

λέγει γ(ὰρ) τηκομένης τῆς χολῆς καὶ

τοῦ φλέγματος καὶ ὑγροτέρων γι(νομένων)

ἀποτελεῖσθαι ἰχῶρας καὶ ἱδρῶτας·

25   σηπομένων δὲ αὐτ(ῶν) καὶ παχυνομέν(ων)

ἐπιφέρειν ἦχον, μύξας, λήμας· ἀνα-

ξηράνσει δὲ [σ]τερεῶν ἀποτελεσθ(έντων)

π[ιμελὴν καὶ σάρχας γί(νεσθαι)] ἐξ αὐτ(ῶν)

λέγει [. . . . . : . x]αὶ αἷμα

30   π[. . . . .] λεγόμενα

χολὴν [. . . . . .] φλέγματος [ἐπι]μειχθ(έντος)

τῶι αἵ[μα]τι [. . .]μα [. . . τ]ὸ [φ]λέγμα

[. . . . . .]νθέντος [δὲ] αὐτοῦ λευκὸν

[φλέγμα γί(νεται)], μελανθέντος δὲ καὶ μετα-

35   β[ληθέντος] μέλαινα χολή. καὶ ἡ μὲν

τοῦ Κώιου δόξα τοιαύτη[ι]. * * Φασίλας

---

8 minus placet πάντα δὲ ὁμοίως, φησίν [sc. Aristoteles], Δ. ὁ Κ. οἴεται   9 συνίστα-
σθαι Κ   10 Κ   15 fortasse καὶ ⟨τὸ⟩ εἶδος   με in deletis π literis Ρ   18 τοι-
ούτων] non extat τῶν τούτοις (XIX 1)   21 Κ   28 π vel γι Ρ: suppl. Η. Schöne
33 ἀπολευκανθέντος vel ἐξυγρανθέντος   αυτου vel ετιαυ Ρ   35 β aut θ Ρ   36 φα-
σιλας potius quam φασιτας Ρ. ultimae contractionem aeolicam esse negat O. Hoffmann

XII   37 δὲ ὁ Τενέδιος λέγει συνίστασθαι
τὰς νόσους ἢ παρὰ τὴν ἀποφορὰν
τῶν ἐν ἡμῖν ὑγροτήτ(ων) καὶ προστι-
40 θεμέν(ων) ἀνοικείοις τόποις ἢ ἀπὸ τ(ῶν)
ἀποχωρ(ημάτων) αὐτ(ῶν)· εἶναι γ(άρ) φ(ησιν) ἐν ἡμῖν
- κατὰ φύσιν ὑγρότητ[α]ς καὶ τὰς μ(ὲν)
[τὰς] ὑγρότητας οὐ κατονομάζει

XIII   τ[..........................]
o[..........................]
αἷμα[........................]
κατὰ τὰ [.....................]
5 ἀποχω[ρημα......................]
τόπ[.........................]
η[..........................]
ται ἢ ὅτα[ν.....................]
ἅπασαι. * [......................]
10 φησὶ συν[ίστασθαι τὰς νόσους ἐκ τοῦ]
φλέγμα[τ]ο[ς....................]
λαμβάνει [......................]
ἐξ ἑαυτ(ῶν)· εἰ δὲ ἐπὶ [...............]
αὕτη γὰρ ἐπιμείνα[σα...........]̣[ται δια[τι]θεισῶ(ν)
[τὸ δ]λον [σ]ῶμα]
15 [θαισαπ] λέγει ηγετοι [. . τ]όποις [....]
προειρημένα μὴ καθ᾽ [ἑα]υτά, μετὰ δὲ
καὶ τῆς τοῦ σώματος δ[ια]θέσεως· ὡσ[.]ε
ἐὰν γ(ὰρ) ἔχῃ ὑπὸ νόσο[υ τὸ] ζῷον ηελ[....]ν
εὐχρότως μ(ὲν) γ(ὰρ) αὐτοῦ [δια]χειμένου
20 ὑγίεια γί(νεται), δυσχρότως δ[ὲ ν]όσος.
Αἰγίμιος δὲ ὁ Ἠλεῖος οἴε[ται] γί[νεσθαι] τὰς νόσους
ἢ διὰ πλῆθος τῶν περισσω[μά]τ(ων) ἢ διὰ τρ[ο]φ(ήν).

<hr>

(*Gr. Dialecte* II 295. 23,2); at quo uno niti videtur Πραξιλάω, simplicis λαός exemplo tractum
videtur, et normam sequitur Λαδάμαντος (n. 124,4 cf. Hoffmann l. c.). ceterum Φασίδας
(Φασείδας tit. Acarn. *Bull. d. corr. hell.* X 182) vestigiis vix aptum   42 υγροτητις cor-
rexit ex υγροτης P   43 υγροτητας in deleto vocabulo P; τας delere oblitus est scriba
  XIII 6 in marg. sinistro col. XIV v. 6 et 7 inveniuntur vestigia litterarum ve-
lut /Λ// et infra σ; quae quo pertineant, incertum.   15 θαισαπλοτοιηγετοι legit K
17 ε extremum superscriptum credit ultimo ν versus 18 K; an ὥσπε|ρ ἂν γάρ?   18 extr.
Η N̄̆[....] ///; fortasse ἢ ζῇ ἢ ἀποθν(ήσκει)   21. 26 K

                              2*

XIII   23   γινόμενον δὲ τὸ πλῆθο[ς . .] [καὶ] νοσοπ[ο]ιεῖν

[μ]ὴ ἅπαξ, ἀλ(λὰ) καὶ πλεονά[κι]ς. * συνίστασθ(αι)

25   [δ]έ φ(ησιν) τὸ πλῆθος τ(ῶν) περισσωμάτ(ων) τρόπωι

το]ιούτωι· * σύντηξις γίνεται ἀπὸ τῶν σω-

μάτ(ων), ἥτις ἀποκρίνεται τῆ μ(ὲν) κατὰ τὸ λόγ[ῳ]

θεωρητόν, τῆι δὲ καὶ κατὰ τὸ αἰσθητόν, —

διὰ [δ]ὲ κοιλίας, οὔρων, ὤτων, μυ[χτήρων,]

30   [σ]τόματος —, τ(ῶν) ἄλλων ἀποκρίσεων γ[ι(νομένων)]

κατὰ λόγον. εἰ μὴ γ(ὰρ) αὖ σύντηξις ἐγί[νετο]

ἀπὸ τ(ῶν) σωμάτ(ων), εἰς ἄπειρον ἂν μετ' [ὀλίγον]

εὔξετο τὰ ἡμέτερα σώματα· * καὶ δ[εόν-]

τως· προσθέσεως γ(ὰρ) γινομέν[ης],

35   μηκέτι δὲ ἀποφορᾶς, εὔλογον ἦ[ν] αὔ[ξη]σι[ν]

γί(νεσθαι) ἐπὶ πλεῖον. * ἐπ(ε)ὶ δὲ οὐ μόνον πρόσθε[σ]ις

γί(νεται) τοῖς σώμασιν, ἀλ(λὰ) πρὸς λόγον τῆς ·π(ροσ)θέ-

σεως καὶ ἀποφορὰ διὰ τ(ῶν) κατωνομασ-

μέν(ων) ἀποκρίσεων, ταύτῃ ἐπ' ἐλάχιστον

40   ἡ αὔξ(ησ)ις τ(ῶν) σωμάτ(ων). * * φησὶν δὲ τρέ[φ]εσθ(αι)

τὰ σώματα ὑπὸ τῆς νεαρᾶς καὶ ἀπέ-

πτου τροφῆς, γενηθείσης δὲ τῆς [πέ-]

ψεως καὶ ἀναδόσεως κενοῦσθ[αι τὰ]

ἀγγεῖα καὶ τὰς διεξόδους. * * τὸ δ[ὲ]

45   πλῆθος συνίστασθαι εἰσφερομέ[νης]

ἑτέρας τροφῆς, πρὶν τὴν πρώτ[ην]

πέψεως τυχεῖν. * * ὅταν γ(ὰρ) πρό[τερ]ο[ν]

XIV   [. . . . τ]ὴν τρ[οφ]ὴν π[. . . . .]

[. . . . .]

[καὶ ὅσοι μὲν οὖν τὰς νόσους γί(νεσθαι) λέγουσ]ιν

[διὰ τὸ] πλῆθος, [μάλιστα] ἀπὸ τ(ῶν)

5   [περισσω]μάτ[(ων)] αἰτιολογοῦντες,

[σχεδὸν] εἴρηνται. * * ἴδωμεν δὲ καὶ

VIII 23 γινόμενον] ομενον ex εσθαι corr. P deletas suspicor, ut proximum και deletum est   30 στόματος K   31 K   33 εὖξετο. retinui orthographiam tum vel in Attica usitatam (cf. praeter Meisterhansium ²136¹¹⁹⁶ εὐξή[θη] in tit. Att. (II s. p. Chr.) Athen. Mitth. XVIII 193 v. 5   34 K   35 ἦν] ηι P   αὔξησιν K   36 K   40 αυξις P   τρέφεσθαι K   42—47 K

litteras post πλῆθος evanidas litura νοσοπιειν P   25—29 K

XIV 7 τ[οὺς ἀπὸ τῶν περισσω]μάτ(ων) καὶ

διὰ[κρίσεων αἰτιολογ]οῦντας τὰς

νόσ[ους κα]ὶ τοὺς ἀπὸ τῆς τ(ῶν) στοιχείων

10 συσ[τάσε]ως οἰομένους συνεστ(άν)αι τὰ

ἡμέ[τερ]α σώματα. καὶ πρῶτον ἀπὸ

Ιλά[των]ος. οὗτος γ(άρ) φησιν τὰ ἡμέ-

τερα [σώματα συνίστασθαι ἐκ τῶν]

τεσσά[ρω]ν στοιχείων, ὅτι καὶ τὰ ἐν [κό]σ-

15 μωι γί(νεται) [ἀνὰ λό(γον)]. διαφέρειν δὲ ταῦτα ·

σύνφθ[αρσιν, μ]ῖξιν, διάκρασιν. * καὶ σύν-

φθαρσι[ν μ(ὲν)] καὶ σύνχυσιν, ὅταν σώματα

διὰ ἑαυ[τῶν ὅλω]ν ἧ[x]οντα μίαν ὑπεράν[ω]

ἀποτελέσῃ ποιότητα, ὡς ἐπὶ τῆς τετρα-

20 φαρμάκου. * μῖξις δέ (ἐστιν), [ὅταν] ὅταν σώ-

XIV 15] cf. Aristoteles de gen. et inter. A. 10 [328ᵃ5]: ἐπεὶ δ’ οὐκ ἔστιν εἰς τἀλάχιστα διαιρεθῆναι, οὔτε σύνθεσις ταὐτὸ καὶ μῖξις ἀλλ’ ἕτερον δῆλον ὡς οὔτε κατὰ μικρὰ σῳζόμενα δεῖ τὰ μιγνύμενα φάναι μεμῖχθαι. σύνθεσις γὰρ ἔσται καὶ οὐ κρᾶσις οὐδὲ μῖξις, οὐδ’ ἕξει τὸν αὐτὸν λόγον τῷ ὅλῳ τὸ μόριον. φαμὲν δ’ εἴπερ δεῖ μεμῖχθαί τι τὸ μιχθὲν ὁμοιομερὲς εἶναι καὶ ὥσπερ τοῦ ὕδατος τὸ μέρος ὕδωρ, οὕτω καὶ τοῦ κραθέντος. ἂν δ’ ᾖ κατὰ μικρὰ σύνθεσις ἡ μῖξις, οὐθὲν συμβήσεται τούτων, ἀλλὰ μόνον μεμιγμένα πρὸς τὴν αἴσθησιν. Arius Didymus apud Stob. Ecl. I 17 [I 154, 8 W. 463, 20 Doxogr.]: διαφέρειν γὰρ ἀρέσκει τοῖς ἀπὸ τῆς Στωικῆς αἱρέσεως παράθεσιν, μῖξιν, κρᾶσιν, σύγχυσιν. παράθεσιν μὲν γὰρ εἶναι σωμάτων συναφὴν κατὰ τὰς ἐπιφανείας, ὡς ἐπὶ τῶν σωρῶν ὁρῶμεν, ἐν οἷς πυροί τε καὶ κριθαὶ καὶ φακοὶ καὶ εἴ τινα τούτοις ἄλλα παραπλήσια περιέχεται καὶ τῶν ἐπὶ τῶν αἰγιαλῶν ψήφων καὶ ἄμμων. μῖξιν δ’ εἶναι δύο ἢ καὶ πλειόνων σωμάτων ἀντιπαρέκτασιν δι’ ὅλων, ὑπομενουσῶν τῶν συμφυῶν περὶ αὐτὰ ποιοτήτων, ὡς ἐπὶ τοῦ πυρὸς ἔχει καὶ τοῦ πεπυρακτωμένου σιδήρου· ἐπὶ τούτων γὰρ ⟨δι’⟩ ὅλων γίγνεσθαι τῶν σωμάτων τὴν ἀντιπαρέκτασιν. ὁμοίως δὲ κἀπὶ τῶν ἐν ἡμῖν ψυχῶν ἔχειν. δι’ ὅλων γὰρ τῶν σωμάτων ἡμῶν ἀντιπαρεκτείνουσιν· ἀρέσκει γὰρ αὐτοῖς σῶμα διὰ σώματος ἀντιπαρήχειν. κρᾶσιν δὲ εἶναι λέγουσι δύο ἢ καὶ πλειόνων σωμάτων ὑγρῶν δι’ ὅλων ἀντιπαρέκτασιν τῶν περὶ αὐτὰ ποιοτήτων ὑπομενουσῶν. [τὴν μὲν μῖξιν καὶ ἐπὶ ξηρῶν γίγνεσθαι σωμάτων, οἷον πυρὸς καὶ σιδήρου ψυχῆς τε καὶ τοῦ περιέχοντος αὐτὴν σώματος· τὴν δὲ κρᾶσιν ἐπὶ μόνων φασὶ γίνεσθαι τῶν ὑγρῶν.] συνεκφαίνεσθαι γὰρ ἐκ τῆς κράσεως τὴν ἑκάστου τῶν συγκραθέντων ὑγρῶν ποιότητα οἷον οἴνου, μέλιτος, ὕδατος, ὄξους, τῶν παραπλησίων. ὅτι δ’ ἐπὶ τοιούτων κράσεων διαμένουσιν αἱ ποιότητες τῶν συγκραθέντων πρόδηλον ἐκ τοῦ πολλάκις ἐξ ἐπιμηχανήσεως ἀποχωρίζεσθαι ταῦτα ἀπ’ ἀλλήλων. ἐὰν γοῦν σπόγγον ἡλαιωμένον καθῇ τις εἰς οἶνον ὕδατι κεκραμένον, ἀποχωρίσει τὸ ὕδωρ τοῦ οἴνου ἀναδραμόντος τοῦ ὕδατος εἰς τὸν σπόγγον. τὴν δὲ σύγχυσιν δύο ⟨ἢ⟩ καὶ πλειόνων ποιοτήτων περὶ τὰ σώματα μεταβολὴν εἰς ἑτέρας διαφερούσης τούτων ποιότητος γένεσιν, ὡς ἐπὶ τῆς συνθέσεως ἔχει τῶν μύρων καὶ τῶν ἰατρικῶν φαρμάκων. Philo de aetern. mundi 16. p. 503 M. 25, 23 Cumont: κατὰ δὲ σύγχυσιν ὡς ἡ παρὰ ἰατροῖς τετραφάρμακος. de confus. l. 37 (433 M.) σύγχυσίς ἐστι φθορὰ τῶν ἐξ ἀρχῆς ποιοτήτων ὡς ἐπὶ τῆς ἐν ἰατρικῇ τετραφαρμάκου συντέτευχε. cf. Gal. de elem. sec. Hipp. I 5 [I 452 K.] al.

XIV 6 desideres ἴδωμεν δὲ μετὰ τοὺς; at cf. XVII 44 sqq. et Herm. XXVIII 415, 29

9—13 K   15 μωι τέ[σσαρα] dubitanter K   16 σύνφθαρσιν K   17 K

18 ἑαυτῶν K

XIV　31　ματά τινα ἑαυτοῖς κ(ατὰ) παράθεσιν παρακέ(ηται)

καὶ μὴ δι' ἑαυτῶν ἥκῃ, ὡς σωρὸς πυροῦ,

κριθῆς. * δ[ιάκρ]ασις δέ (ἐστιν), ὅταν σώματά

τινα ἐπὶ [ἓν σ]υνελθόντα ἀλλήλοις

25　παρακ[έη]ται, ὡς ἐπὶ τοῦ οἰνομέλιτος

βλέπομ[εν. ἀπὸ] τοιγ(άρ)[τοι] τῆς τούτ(ων) διαφορᾶς

φησιν ὁ Πλάτων τὰ ἡμέτερα σώματα

ἐκ τ(ῶν) τεσσάρων στοιχείων συνεστάναι

κατὰ σύν[φθαρσι]ν. ταύτῃ δὲ μὴ φαίνεσθ(αι) [καθ' ἓ(ν)]

30　ἐν ἡμῖν πῦ[ρ ἢ] ἀέρα ἢ γῆν ἢ ὑγρὸν τῶι

κατὰ σύνφθαρσιν αὐτῶν τὰ ζῶι[α] [ἀπο-]

[τελεῖσθαι] [/////////////] * ἀλλὰ γὰρ λέγει ἀνὴρ καί

τινα τ(ῶν) ἐν ἡμῖν μερ(ῶν) διαφόρου τε-

[τ]ευ[χ]έν[αι κ]ράσεως ἐκ τ(ῶν) στοιχείων.

35　οὐ γ(ὰρ) ὡσαύ[τ]ως κέκραται κεφαλή

ἢ χείρ, ἀλλὰ [ἀλ]λως μ(ὲν) κεφαλή, ἄλλως

δὲ θώρα[ξ, ἐ]πεὶ κοινῶς ἕκαστον τ(ῶν)

ἡμετέρων [σωμά]των διαφόρου κράσεω(ς)

τετύχηκε[ν, [ὅθεν] καὶ αὐτὰ διάφορα ἑαυτ(ῶν)]. * ἔτι γε μὴν φ(ησιν)

ὡς ὁ μυελὸ(ς)

XIV 26] Plato Tim. p. 82 A: τεττάρων γὰρ ὄντων γενῶν, ἐξ ὧν συμπέπηγε τὸ σῶμα, γῆς πυρὸς ὕδατός τε καὶ ἀέρος, τούτων ἡ παρὰ φύσιν πλεονεξία καὶ ἔνδεια καὶ τῆς χώρας μετάστασις ἐξ οἰκείας ἐπ' ἀλλοτρίαν γιγνομένη, πυρός τε αὖ καὶ τῶν ἑτέρων, ἐπειδὴ γένη πλείονα ἑνὸς ὄντα τυγχάνει, τὸ μὴ προσῆκον ἕκαστον ἑαυτῷ προσλαμβάνειν καὶ πάνθ' ὅσα τοιαῦτα στάσεις καὶ νόσους παρέχει. XIV 39] Plato Tim. p. 73 A—74 A: τὸ δὲ ὀστῶν καὶ σαρκῶν καὶ τῆς τοιαύτης φύσεως πέρι πάσης ὧδε ἔσχε. τούτοις ξύμπασιν ἀρχὴ μὲν ἡ τοῦ μυελοῦ γένεσις· οἱ γὰρ τοῦ βίου δεσμοὶ τῆς ψυχῆς τῷ σώματι ξυνδουμένης ἐν τούτῳ διαδούμενοι κατερρίζουν τὸ θνητὸν γένος· αὐτὸς δὲ ὁ μυελὸς γέγονεν ἐξ ἄλλων. τῶν γὰρ τριγώνων ὅσα πρῶτα ἀστραβῆ καὶ λεῖα ὄντα πῦρ τε καὶ ὕδωρ καὶ ἀέρα καὶ γῆν δι' ἀκριβείας μάλιστα ἦν παρασχεῖν δυνατά, ταῦτα ὁ θεὸς ἀπὸ τῶν ἑαυτῶν ἕκαστα γενῶν χωρὶς ἀποκρίνων, μιγνὺς δὲ ἀλλήλοις ξύμμετρα, πανσπερμίαν παντὶ θνητῷ γένει μηχανώμενος, τὸν μυελὸν ἐξ αὐτῶν ἀπειργάσατο, καὶ μετὰ ταῦτα δὴ φυ-

---

XIV 23—25 K　　　29 σύνθεσιν vel σύνκρασιν K, qui hoc praefert　　κα̣δ̣ P.

litteram superscriptam explico ε　　31 απο iuxta ζῶι^α in marg. appositum post vitium insequentis v. est correctum　　32 τελεῖσθαι K. nec hoc nec quod olim eius loco scriptum erat legi iam potest. post τελεῖσθαι in litura pellucet velut νομίζει　　34 θευχεν P. ergo librarius τεθευκεναι dedit aspiratione confusa et vulgari simul forma verbi accita pro τετυχηκέναι quo auctor usus esse videtur, cf. v. 39. ceterum illa forma tum trita, cf. Phrynichus Lobeckii p. 395; Meinekei Analecta Alex. p. 248; G. Dindorf ad Vit. Eur. (Poet. scen. Lips. 1869) p. 18; Demetr. de eloc. 230; Philodem. de sign. 27, 36. Voll. Herc. V 2 (1843) p. 35; Not. et extr. des manuscr. XVIII 2, 211　　35—37 K　　38 σωμάτων K

XIV 40 συνέστηκεν [ἐ]κ τῶν τεσσάρων στοι-

χ[ε]ίων καὶ κύρ[ιος] εὐθύς (ἐστι) τ(ῶν) ἐν ἡμῖν

ἁπάντ(ων), χρώμενος πιθανότητι λόγων

τοιαύτῃ· ἀνῆφθαι γ(ὰρ) ἐκ τοῦ μυελοῦ

· τὴν ψυχὴν τὴν τὸ ὅλον σῶμα διοικ(οῦσαν)

XV   [evanidi   versus   tres   ]

4 κυριώτ[ατ- . . . .]

5 καὶ μὴν τ[. . . . .]

καὶ [. . . . .]

ὀστ[. . . . .]

καὶ ἀνι[. . . . .]

χοις [.]να[. . . . .]

10 καὶ ἅμα [. . . . .]

δ[.]ν τοῖς [. . . . .]

[. . . . .]το[. . . . .]

[. . . . .]

ἀεὶ τὰ βόει[α . . . .]

15 λέγει δευ[τερ- . . . .]

χει[. . . .]αι [. . . . .]

τεύων ἐν αὐτῷ κατέδει τὰ τῶν ψυχῶν γένη, σχημάτων τε ὅσα ἔμελλεν αὖ σχήσειν οἷά τε καθ' ἕκαστα εἴδη, τὸν μυελὸν αὐτὸν τοσαῦτα καὶ τοιαῦτα διῃρεῖτο σχήματα εὐθὺς ἐν τῇ δια-νομῇ τῇ κατ' ἀρχάς. καὶ τὴν μὲν τὸ θεῖον σπέρμα οἷον ἄρουραν μέλλουσαν ἕξειν ἐν αὐτῇ περιφερῆ πανταχῇ πλάσας ἐπωνόμασε τοῦ μυελοῦ ταύτην τὴν μοῖραν ἐγκέφαλον, ὡς ἀποτε-λεσθέντος ἑκάστου ζῴου τὸ περὶ τοῦτο ἀγγεῖον κεφαλὴν γενησόμενον· ὃ δ' αὖ τὸ λοιπὸν καὶ θνητὸν τῆς ψυχῆς ἔμελλε καθέξειν, ἅμα στρογγύλα καὶ προμήκη διῃρεῖτο σχήματα, μυελὸν δὲ πάντα ἐπεφήμισε, καὶ καθάπερ ἐξ ἀγκυρῶν βαλλόμενος ἐκ τούτων πάσης ψυχῆς δεσμοὺς περὶ τοῦτο ξύμπαν ἤδη τὸ σῶμα ἡμῶν ἀπειργάζετο, στέγασμα μὲν αὐτῷ πρῶτον ξυμπηγνὺς περίβολον ὀστέϊνον· τὸ δὲ ὀστοῦν ξυνίστησιν ὧδε. γῆν διαττήσας καθαρὰν καὶ λείαν ἐφύρασε καὶ ἔδευσε μυελῷ, καὶ μετὰ τοῦτο εἰς πῦρ αὐτὸ ἐντίθησι, μετ' ἐκεῖνο δὲ εἰς ὕδωρ βάπτει, πάλιν δὲ εἰς πῦρ αὖθίς τε εἰς ὕδωρ· μεταφέρων δ' οὕτω πολλάκις εἰς ἑκάτερον ὑπ' ἀμφοῖν ἄτηκτον ἀπειργάσατο. καταχρώμενος δὴ τούτῳ περὶ μὲν τὸν ἐγκέφαλον αὐτοῦ σφαῖραν περιετόρνευσεν ὀστεΐνην, ταύτῃ δὲ στενὴν διέξοδον κατελείπετο· καὶ περὶ τὸν διαυχένιον ἅμα καὶ νωτιαῖον μυελὸν ἐξ αὐτοῦ σφονδύλους πλάσας ὑπέτεινεν οἷον στρόφιγγας, ἀρξάμενος ἀπὸ τῆς κεφαλῆς, διὰ παντὸς τοῦ κύτους.

XV 14](?) PLATO Rep. 1 338 c: εἰ Πουλυδάμας ἡμῶν κρείττων ὁ παγκρατιαστὴς καὶ αὐτῷ ξυμφέρει τὰ βόεια κρέα πρὸς τὸ σῶμα, τοῦτο τὸ σιτίον εἶναι καὶ ἡμῖν τοῖς ἥττοσιν ἐκείνου ξυμφέρον ἅμα καὶ δίκαιον.

XIV 40 K   41 χοιων P   fortasse κυριως P, nisi κυριώτατος fuit nescio
quo pacto truncatum cf. XV 4
XV 14 vel ασπαβοερ P

XIV 40 συνέστηχεν [ἐ]χ τῶν τεσσάρων στοι-

χ[ε]ίων χαὶ χύρ[ιος] εὐθύς (ἐστι) τ(ῶν) ἐν ἡμῖν

ἁπάντ(ων), χρώμενος πιθανότητι λόγων

τοιαύτῃ· ἀνῆφθαι γ(ὰρ) ἐχ τοῦ μυελοῦ

. τὴν ψυχὴν τὴν τὸ ὅλον σῶμα διοιχ(οῦσαν)

XV [evanidi   versus   tres   ]

4 χυριώτ[ατ-..................]

5 χαὶ μὴν τ[....................]

χαὶ [........................]

ὑστ[......................]

χαὶ ἀνι[......................]

χοις [.]να[....................]

10 χαὶ ἅμα [....................]

δ[.]ν τοῖς [...................]

[.....]το[.....................]

[.........................]

ἀεὶ τὰ βόει[α..................]

15 λέγει δευ[τερ-................]

χει[....]αι[..................]

τεύων ἐν αὑτῷ χατέδει τὰ τῶν ψυχῶν γένη, σχημάτων τε ὅσα ἔμελλεν αὖ σχήσειν οἷά τε χαθ' ἕχαστα εἴδη, τὸν μυελὸν αὐτὸν τοσαῦτα χαὶ τοιαῦτα διῃρεῖτο σχήματα εὐθὺς ἐν τῇ δια-νομῇ τῇ χατ' ἀρχάς. χαὶ τὴν μὲν τὸ θεῖον σπέρμα οἷον ἄρουραν μέλλουσαν ἕξειν ἐν αὐτῇ περιφερῆ πανταχῇ πλάσας ἐπωνόμασε τοῦ μυελοῦ ταύτην τὴν μοῖραν ἐγχέφαλον, ὡς ἀποτε-λεσθέντος ἑχάστου ζῴου τὸ περὶ τοῦτο ἀγγεῖον χεφαλὴν γενησόμενον· ὃ δ' αὖ τὸ λοιπὸν χαὶ θνητὸν τῆς ψυχῆς ἔμελλε χαθέξειν, ἅμα στρογγύλα χαὶ προμήχη διῃρεῖτο σχήματα, μυελὸν δὲ πάντα ἐπεφήμισε, χαὶ χαθάπερ ἐξ ἀγχυρῶν βαλλόμενος ἐχ τούτων πάσης ψυχῆς δεσμοὺς περὶ τοῦτο ξύμπαν ἤδη τὸ σῶμα ἡμῶν ἀπειργάζετο, στέγασμα μὲν αὐτῷ πρῶτον ξυμπηγνὺς περίβολον ὀστέϊνον· τὸ δὲ ὀστοῦν ξυνίστησιν ὧδε. γῆν διαττήσας χαθαρὰν χαὶ λείαν ἐφύρασε χαὶ ἔδευσε μυελῷ, χαὶ μετὰ τοῦτο εἰς πῦρ αὐτὸ ἐντίθησι, μετ' ἐχεῖνο δὲ εἰς ὕδωρ βάπτει, πάλιν δὲ εἰς πῦρ αὖθίς τε εἰς ὕδωρ· μεταφέρων δ' οὕτω πολλάχις εἰς ἑχάτερον ὑπ' ἀμφοῖν ἄτηχτον ἀπειργάσατο. χαταχρώμενος δὴ τούτῳ περὶ μὲν τὸν ἐγχέφαλον αὐτοῦ σφαῖραν περιετόρνευσεν ὀστεΐνην, ταύτῃ δὲ στενὴν διέξοδον χατελείπετο· χαὶ περὶ τὸν διαυχένιον ἅμα χαὶ νωτιαῖον μυελὸν ἐξ αὐτοῦ σφονδύλους πλάσας ὑπέτεινεν οἷον στρόφιγγας, ἀρξάμενος ἀπὸ τῆς χεφαλῆς, διὰ παντὸς τοῦ χύτους.

XV 14](?) PLATO Rep. l 338 c: εἰ Πουλυδάμας ἡμῶν χρείττων ὁ παγχρατιαστὴς χαὶ αὐτῷ ξυμφέρει τὰ βόεια χρέα πρὸς τὸ σῶμα, τοῦτο τὸ σιτίον εἶναι χαὶ ἡμῖν τοῖς ἥττοσιν ἐχείνου ξυμφέρον ἅμα χαὶ δίχαιον.

XIV 40 K   41 χοιων P   fortasse χυριως P, nisi χυριώτατος fuit nescio
quo pacto truncatum cf. XV 4
XV 14 vel ασπαβοερ P

XV 17 στοιχείων ἐχ[...............]

συνεστηχ[...............]

χοιλ[ε]ιῶν χα[...............]

20 ἐκκειμέν[ων. * διαι[ρῶν δὲ τὸν μυελὸν εἰς]
μέρη τινὰ κα[τὰ ἕκαστον] μέρος [δ]ιά-
φορον σχῆμα ἀπο[δίδωσιν· τὸ] γ(ὰρ) ἐνκεφά-
λου σχῆμα λεγό[μ(εν)όν φησιν] (εἶναι) καὶ περι-
φερὲς καὶ κεχυ[κλωμ(έν)ον, *] τοῦ δὲ λοι-

25 ποῦ μυελοῦ ὁ ν[ωτιαῖος περι]έχουσι
ὀστέοις καταλείπ[εται στέγειν.] αὐτῆς [τε
της] τε τῆς [ψυχῆς γ μέρη] (εἶναι) λέγων
τὸ μ(ὲν) λογιστικὸν [ὡς ὀχυρωτάτωι] τῶι ἐν[κε-]
φάλωι ἀπολείπε[ι, τὸ μ(έν)τοι ἄλογ]ον μέρο[ς]

30 αὐτῆς ἐν τῶι [/////] [ν[ωτιαίωι] μυ]ελῶι. συ[ν-]
εστάναι δέ φ(ησιν) τὰ [ὀστέα μίξει γ]ῆς τε καθ(αρᾶς)
καὶ μυελοῦ, ἐναλ[λαγῆναι δὲ τ]οῦ πυρός
τε αὐτὰ ἐνπήξει [καὶ τετ]ηκότος. * * τὴν]

XV 26] PLATO Tim. p. 69 D E: καὶ διὰ ταῦτα δὴ σεβόμενοι μιαίνειν τὸ θεῖον, ὅ τι μὴ πᾶσα ἦν ἀνάγκη, χωρὶς ἐκείνου κατοικίζουσιν εἰς ἄλλην τοῦ σώματος οἴκησιν τὸ θνητόν, ἰσθμὸν καὶ ὅρον διοικοδομήσαντες τῆς τε κεφαλῆς καὶ τοῦ στήθους, αὐχένα μεταξὺ τιθέντες, ἵνα εἴη χωρίς. ἐν δὴ τοῖς στήθεσι καὶ τῷ καλουμένῳ θώρακι τὸ τῆς ψυχῆς θνητὸν γένος ἐνέδουν. XV 31] PLATO Tim. p. 80 E. 81 A—C: ὃ καλοῦμεν αἷμα, νομὴν σαρκῶν καὶ ξύμπαντος τοῦ σώματος, ὅθεν ὑδρευόμενα ἕκαστα πληροῖ τὴν τοῦ κενουμένου βάσιν· ὁ δὲ τρόπος τῆς πληρώσεως ἀποχωρήσεώς τε γίγνεται, καθάπερ ἐν τῷ παντὶ παντὸς ἡ φορὰ γέγονεν, ἣν τὸ ξυγγενὲς πᾶν φέρεται πρὸς ἑαυτό. τὰ μὲν γὰρ δὴ περιεστῶτα ἐκτὸς ἡμᾶς τήκει τε ἀεὶ καὶ διανέμει πρὸς ἕκαστον εἶδος τὸ ὁμόφυλον ἀποπέμποντα, τὰ δὲ ἔναιμα αὖ, κερματισθέντα ἐντὸς παρ' ἡμῖν καὶ περιειλημμένα ὥσπερ ὑπ' οὐρανοῦ ξυνεστῶτος ἑκάστου τοῦ ζώου, τὴν τοῦ παντὸς ἀναγκάζεται μιμεῖσθαι φοράν· πρὸς τὸ ξυγγενὲς οὖν φερόμενον ἕκαστον τῶν ἐντὸς με- ρισθέντων τὸ κενωθὲν τότε πάλιν ἀνεπλήρωσεν. ὅταν μὲν δὴ πλέον τοῦ ἐπιρρέοντος ἀπίῃ, φθίνει πᾶν, ὅταν δὲ ἔλαττον, αὐξάνεται. νέα μὲν οὖν ξύστασις τοῦ παντὸς ζώου, καινὰ τὰ τρίγωνα οἷον ἐκ δρυόχων ἔτι ἔχουσα τῶν γενῶν, ἰσχυρὰν μὲν τὴν ξύγκλεισιν αὐτῶν πρὸς ἄλληλα κέκτηται, ξυμπέπηγε δὲ ὁ πᾶς ὄγκος αὐτῆς ἁπαλός, ἅτ' ἐκ μυελοῦ μὲν νεωστὶ γεγο- νυίας, τεθραμμένης δὲ ἐν γάλακτι. XV 33] PLATO Tim. p. 74 C D: ταῦτα ἡμῶν διανοηθεὶς ὁ κηροπλάστης, ὕδατι μὲν καὶ πυρὶ

XV 20—37 ex compluribus maioribus minoribusque fragmentis paullatim con- creverunt.   25 quod aegre desideratur τοῖς ante περιέχουσι fortasse superscripserat P. sed verbum praestiterim cf. Herophilus ap. Ruf. de partt. corp. p. 184,15 ed. Dar. μυε- λός ... ὑπὸ ὀστῶν περιεχόμενος   26 στέγειν (ex Platonico στέγασμα 73 D [cf. test. p. 23,8] ductum) dubium   28 incertum supplementum   30 scriptum fuit ante μυελῶι deletum aliquod vocabulum, cuius prima littera extat etsi oblitterata. superscripsit ν[ωτιαιωι] P, quod (ut v. 25) ex Platonis p. 73 D ὃ δ' αὖ τὸ λοιπὸν κτλ. [cf. t. p. 23,5] sumptum est 32 spectat ad Plat. 73 E [cf. t. p. 23,10], sed supplementa non certa

XV 34 δὲ σάρκα συνεστά[να]ι ἔκ τε γῆ[ς καὶ ὕδα]τος
35 καὶ πυρὸς καὶ ζύμης τιν[ὸς ἐχούσης] ὑ-
γρότητα ἁλμυράν τε καὶ δρειμ[εῖαν. * *] παρεσ-
πάρθαι δ᾽ ἐν τῆι σαρκὶ καὶ ὑγροτ[έραν τι]νὰ
θερμότητα πεποιημένην. * τ[ὸ ὑγρὸ]ν
δὲ ἐν ταῖς ὑπερβαλλούσαις ἐν[καύσεσι]
40 τῃ[ι]κόμε[ν]ον ψύχειν [τὴν θερμασίαν, ἐν]
ταῖς δὲ ὑπερβ[αλ]λούσαις ψύξ[εσιν ἐν]αν-
τιοῦσθαι καὶ [θερμ]ὸν παρέχ[εσθαι] τὸ
σῶμα. * τὰς [δὲ] πλείστας [σάρκα]ς (εἶναι)
περὶ τὰ ἀψυχ[ότ]ερα τ(ῶν) ὀστῶν· [περὶ] μηροὺ[ς]
45 γὰρ καὶ κνήμ[ας] καὶ γλουτοὺ[ς πο]λλὰς
σάρκας ὑπάρ[χει]ν, ἐπειδήπ[ερ αὐτ(ῶν)] τὰ
ὀστέα ἀψυχ[ότ]ερά (ἐστιν), * * περ[ὶ δὲ τὴν] κεφα-

XVI λὴν ὀλί[γ]ας, * περὶ [δὲ] γ[λῶσσαν] ποι[εῖ]ται αὐτῆς
ὀστέα τἀψυχότερα [μεστά. *] ἀμέλει ἀρ-

καὶ γῇ ξυμμίξας καὶ ξυναρμόσας, ἐξ ὀξέος καὶ ἁλμυροῦ ξυνθεὶς ζύμωμα ὑπομίξας αὐτοῖς σάρκα
ἔγχυμον καὶ μαλακὴν ξυνέστησε.
XV 36] PLATO Tim. p. 74 B C: τὴν δὲ σάρκα προβολὴν μὲν καυμάτων, πρόβλημα δὲ χειμώ-
νων, ἔτι δὲ πτωμάτων οἷον τὰ πιλητὰ ἔσεσθαι κτήματα, σώμασι μαλακῶς καὶ πρᾴως ὑπείκου-
σαν, θερμὴν δὲ νοτίδα ἐντὸς ἑαυτῆς ἔχουσαν θέρους μὲν ἀνιδίουσαν καὶ νοτιζομένην ἔξωθεν
ψύχος κατὰ πᾶν τὸ σῶμα παρέξειν οἰκεῖον, διὰ χειμῶνος δὲ πάλιν αὖ τούτῳ τῷ πυρὶ τὸν προσ-
φερόμενον ἔξωθεν καὶ περιιστάμενον πάγον ἀμυνεῖσθαι μετρίως.
XV 43] PLATO Tim. 74 E 75 A: ὅσα μὲν οὖν ἐμψυχότατα τῶν ὀστῶν ἦν, ὀλιγίσταις συνέ-
φραττε σαρξίν, ἃ δ᾽ ἀψυχότατα ἐντός, πλείσταις καὶ πυκνοτάταις, καὶ δὴ καὶ κατὰ τὰς ξυμ-
βολὰς τῶν ὀστῶν, ὅπη μήτινα ἀνάγκην ὁ λόγος ἀπέφαινε δεῖν αὐτὰς εἶναι, βραχεῖαν σάρκα
ἔφυσεν, ἵνα μήτε ἐμποδὼν ταῖς καμπαῖσιν οὖσαι δύσφορα τὰ σώματα ἀπεργάζοιντο, ἅτε δυσκί-
νητα γινόμενα, μήτ᾽ αὖ πολλαὶ καὶ πυκναὶ σφόδρα τε ἐν ἀλλήλαις ἐμπεπιλημέναι, διὰ στερεό-
τητα ἀναισθησίαν ἐμποιοῦσαι, δυσμνημονευτότερα καὶ κωφότερα τὰ περὶ τὴν διάνοιαν ποιεῖεν.
διὸ δὴ τό τε τῶν μηρῶν καὶ κνημῶν καὶ τὸ περὶ τὴν τῶν ἰσχίων φύσιν τά τε τῶν βραχιόνων
ὀστᾶ καὶ τὰ τῶν πήχεων, καὶ ὅσα ἄλλα ἡμῶν ἄναρθρα.
XVI 1] PLATO Tim. 75 A — C: ὅσα τε ἐντὸς ὀστᾶ δι᾽ ὀλιγότητα ψυχῆς ἐν μυελῷ κενά ἐστι
φρονήσεως, ταῦτα πάντα συμπεπλήρωται σαρξίν· ὅσα δ᾽ ἔμφρονα, ἧττον, εἰ μὴ πού τινα αὐτὴν καθ᾽
αὑτὴν αἰσθήσεων ἕνεκα σάρκα οὕτω ξυνέστησεν, οἷον τὸ τῆς γλώττης εἶδος. τὰ δὲ πλεῖστα ἐκείνως·
ἡ γὰρ ἐξ ἀνάγκης γιγνομένη καὶ ξυντρεφομένη φύσις οὐδαμῇ προσδέχεται πυκνὸν ὀστοῦν καὶ

XV 39 fortasse μὲν intercidit. post ταῖς εν ante lac. clare P   40 τηιχομε .. [ν]ον
spatio propter papyri pessimam illic condicionem relicto P   41 ἐναντιοῦσθαι K
43 δὲ K   45 κνήμας K   46 ὑπάρχειν K   47 K
XVI 1 γ[λῶσσαν] hasta obliqua extat in P; supplementa incerta   αὐτῆς] sc.
σαρκός   2 ταψυχοτερα P: τὰ ψυχ(ρ)ότερα coni. K

XVI 3 [γεῖν φ(ησιν) τὰ παχέα·] λέγεσθαι γ(άρ)· 'παχεῖα γαστὴρ
        [λεπτὸν] οὐ [τ]ίκτει νόο[ν.' # #] τά τε ὀστέα φ(ησὶν)
     5 [πεπηγέ]ναι [ἀ]ποστηρί[γμα]τ[ο]ς χάριν.
        ἄρθρα δὲ α[ὐ]τοῖς πεποι[ῆ]σθαι π(ρὸς) τὰς συ-
        στολὰς καὶ [κ]άμψεις. # νεῦρα δὲ τούτοις
        ἔξωθεν [..] τὴν σκληρότητα τ(ῶν) ὀστ(ῶν)
        διὰ τὰς κ(ατὰ) πρ[ο]αίρεσιν κειν[ή]σεις. # σάρκας
    10 δὲ διὰ προβολὴν ψύχους τε καὶ θάλ-
        πους. # τά τε νεῦρα συνεστάναι ἐξ
        σαρκὸς ἀζύμου καὶ ὀστέων κ(ατὰ) τινα
        ἰδίαν κρᾶσιν. # # ὧδε καὶ φλέβας· # παρα-

σάρκα πολλὴν ἅμα τε αὐτοῖς ὀξυήκοον αἴσθησιν· μάλιστα γὰρ ἂν αὐτὰ πάντων ἔσχεν ἡ περὶ
τὴν κεφαλὴν ξύστασις, εἴπερ ἅμα ξυμπίπτειν ἠθελησάτην, καὶ τὸ τῶν ἀνθρώπων γένος σαρκώδη
ἔχον ἐφ' ἑαυτῷ καὶ νευρώδη κρατεράν τε κεφαλὴν βίον ἂν διπλοῦν καὶ πολλαπλοῦν καὶ ὑγιεινό-
τερον καὶ ἀλυπότερον τοῦ νῦν κατεκτήσατο· νῦν δὲ τοῖς περὶ τὴν ἡμετέραν γένεσιν δημιουργοῖς
ἀναλογιζομένοις, πότερον πολυχρονιώτερον χεῖρον ἢ βραχυχρονιώτερον βέλτιον ἀπεργάσαιντο γέ-
νος, συνέδοξε τοῦ πλείονος βίου, φαυλοτέρου δέ, τὸν ἐλάττονα ἀμείνονα ὄντα παντὶ πάντως αἱ-
ρετέον· ὅθεν δὴ μανῷ μὲν ὀστῷ, σαρξὶ δὲ καὶ νεύροις κεφαλήν, ἅτε οὐδὲ καμπὰς ἔχουσαν, οὐ
ξυνεστέγασαν. κατὰ πάντα οὖν ταῦτα εὐαισθητοτέρα μὲν καὶ φρονιμωτέρα, πολὺ δὲ ἀσθενεστέρα
παντὸς ἀνδρὸς προσετέθη κεφαλὴ σώματι.

XVI 3] cf. GALENUS Thrasybulus [II 85,6 Helmreich, V 878 K.]: καὶ τοῦτο πρὸς ἁπάντων
σχεδὸν ἀνθρώπων ᾄδεται, διότι πάντων ἐστὶν ἀληθέστατον, ὡς γαστὴρ ἡ παχεῖα τὸν νοῦν οὐ τίκτει
τὸν λεπτόν (sic codd.). versum ipsum dant Gregorius Naz. II p. 213 D alii cf. Leutsch Paroem.
II 337,22 a. Buecheler M. Rhen. 43, 295; Nauck F. T.³ XV; Otto Sprichw. d. Röm. n. 1861.
XVI 4] PLATO Tim. p. 74 AB: καὶ τὸ πᾶν δὴ σπέρμα διασῴζων οὕτω λιθοειδεῖ περιβόλῳ
ξυνέφραξεν, ἐμποιῶν ἄρθρα, τῇ θατέρου προσχρώμενος ἐν αὐτοῖς ὡς μέσῃ ἐνισταμένῃ δυνάμει,
κινήσεως καὶ κάμψεως ἕνεκα. τὴν δ' αὖ τῆς ὀστεΐνης φύσεως ἕξιν ἡγησάμενος τοῦ δέοντος
κραυροτέραν εἶναι καὶ ἀκαμπτοτέραν, διάπυρόν τ' αὖ γιγνομένην καὶ πάλιν ψυχομένην σφακε-
λίσασαν ταχὺ διαφθερεῖν τὸ σπέρμα ἐντὸς αὑτῆς, διὰ ταῦτα οὕτω τὸ τῶν νεύρων καὶ τὸ τῆς
σαρκὸς γένος ἐμηχανᾶτο, ἵνα τῷ μὲν ἅπαντα τὰ μέλη ξυνδήσας ἐπιτεινομένῳ καὶ ἀνιεμένῳ
περὶ τοὺς στρόφιγγας καμπτόμενον τὸ σῶμα καὶ ἐκτεινόμενον παρέχοι, τὴν δὲ σάρκα προβολὴν
μὲν καυμάτων, πρόβλημα δὲ χειμώνων.
XVI 11] PLATO Tim. p. 74 D: τὴν δὲ τῶν νεύρων φύσιν ἐξ ὀστοῦ καὶ σαρκὸς ἀζύμου κρά-
σεως μίαν ἐξ ἀμφοῖν μέσην δυνάμει ξυνεκεράσατο, ξανθῷ χρώματι προσχρώμενος. ὅθεν συν-
τονωτέραν μὲν καὶ γλισχροτέραν σαρκῶν, μαλακωτέραν δὲ ὀστῶν ὑγροτέραν τε ἐκτήσατο δύ-
ναμιν νεῦρα· οἷς ξυμπεριλαβὼν ὁ θεὸς ὀστᾶ καὶ μυελόν, δήσας πρὸς ἄλληλα νεύροις, μετὰ
ταῦτα σαρξὶ πάντα αὐτὰ κατεσκίασεν ἄνωθεν.
XVI 13] PLATO Tim. p. 77 C—E: ταῦτα δὴ τὰ γένη πάντα φυτεύσαντες οἱ κρείττους τοῖς
ἥττοσιν ἡμῖν τροφήν, τὸ σῶμα αὐτὸ ἡμῶν διωχέτευσαν τέμνοντες οἷον ἐν κήποις ὀχετούς, ἵνα

XVI 4 τίκτει K   voo vel voσ P   5 ἀποστηρίγματος K   6 πεποιῆ-
σθαι K   7 κάμψεις K   νευρα, prima littera etiam η, π, altera α, o legi
possunt   τουτοις vel ταυταις P   8 post εξωθεν ⌣. P; δια vel δε K., prior apex
explicari potest (εἶναι) manco sensu. desidero verbum velut κλᾶν, κάμπτειν   11 ἐξ
sic P   9 K   13 φλεβας potius quam φλεβες P

XVI 14 [σκευάζ]ει δύο, τὴν μ(ὲν) εἰς δ[ε]ξιὰ τὴν

15 [δὲ] εἰς εὐώνυμα, ὧν τῆς μ(ὲν) δεξιᾶς

τὰς ἀποσχίδας κ(ατα)πλέκε[ι]ν τὰ εὐώ-

νυμα μέρη, * τῆς δὲ εὐωνύμ[ου] τὰ δεξιά.

κοιλίας τε δύο ὑπάρχειν, ὧν τ[ὴ]ν μ(ὲν) ἄνω,

τὴν δὲ κάτω· καὶ τὴν κάτω ὑποκεῖσθ(αι)

20 πρὸς ὑποδοχὴν τ(ῶν) περιττωμάτ(ων).

περὶ ταύτηι δὲ γενέσθαι μακ[ρ]όν τε

καὶ εἰλιγμένον ἔντερον, ἵνα μὴ ⟨ἡ⟩ λαμβ(ανομένη)

τροφὴ ῥαιδίως κ(ατα)φέρηται, ἀλ(λὰ) ὑπομένῃ

ποσοὺς χρόνους. * ὡς γ(ὰρ) τ(ῶν) κα[τ' ε]ὐθυωρί-

25 αν κειμέν(ων) ποταμῶν τὰ ῥεύματά (ἐστιν)

[οὐκ] ἀνάσχετα, τ(ῶν) δὲ σκολιῶν ἠπιώ-

τερα διὰ τὸ ἐνκόπτεσθαι, ο(ὕτως) εἰ μ(ὲν) βρα-

[χὺ] ἐγένετο τὸ ἔντερον τὸ π(ρὸς) τὴν κάτω

κοιλίαν καὶ εὐθύ, κἂν ἐφέρετο ῥᾳδίως

30 [ἡ] τροφή. * ἐπεὶ δὲ σκολιόν τέ (ἐστιν) καὶ πο-

[λύμ]ηκες, ταύτηι ἐπιμένει πολλοὺς χρόνο(υς).

[κ]αὶ περὶ μ(ὲν) τοῦ σώματος τοσαῦτα.

[λ]έγει δὲ καὶ περὶ τῆς ψυχῆς, ὡς τρι-

[μ]ερής (ἐστιν), καὶ τὸ μ(έν) τι αὐτῆς (ἐστιν) λογικόν,

35 τὸ δὲ θυμικόν, τὸ δὲ ἐπιθυμητι-

ὥσπερ ἐκ νάματος ἐπιόντος ἄρδοιτο. καὶ πρῶτον μὲν ὀχετοὺς κρυφαίους ὑπὸ τὴν ξύμφυσιν τοῦ δέρματος καὶ τῆς σαρκὸς δύο φλέβας ἔτεμον νωτιαίας· διδύμους, ὡς τὸ σῶμα ἐτύγχανε δεξιοῖς τε καὶ ἀριστεροῖς ὄν· ταύτας δὲ καθῆκαν παρὰ τὴν ῥάχιν, καὶ τὸν γόνιμον μεταξὺ λα-βόντες μυελόν, ἵνα οὗτός τε ὅ τι μάλιστα θάλλοι, καὶ ἐπὶ τἆλλα εὔρους ἐντεῦθεν ἅτε ἐπὶ κάτ-αντες ἡ ἐπίχυσις γιγνομένη παρέχοι τὴν ὑδρείαν ὁμαλήν. μετὰ δὲ ταῦτα σχίσαντες περὶ τὴν κεφαλὴν τὰς φλέβας καὶ δι' ἀλλήλων ἐναντίας πλέξαντες διεῖσαν, τὰς μὲν ἐκ τῶν δεξιῶν ἐπὶ τἀριστερὰ τοῦ σώματος, τὰς δ' ἐκ τῶν ἀριστερῶν ἐπὶ τὰ δεξιὰ κλίναντες.

XVI 20] Plato Tim. p. 72 E. 73 A: τὴν ἐσομένην ἐν ἡμῖν ποτῶν καὶ ἐδεστῶν ἀκολασίαν ᾔδεσαν οἱ ξυντιθέντες ἡμῶν τὸ γένος, καὶ ὅτι τοῦ μετρίου καὶ ἀναγκαίου διὰ μαργότητα πολλῷ χρησοίμεθα πλέον· ἵν' οὖν μὴ φθορὰ διὰ νόσους ὀξεῖα γίγνοιτο καὶ ἀτελὲς τὸ γένος εὐθὺς τὸ θνητὸν τελευτῷ, ταῦτα προορώμενοι τῇ τοῦ περιγενησομένου πόματος ἐδέσματός τε ἕξει τὴν ὀνομαζομένην κάτω κοιλίαν ὑποδοχὴν ἔθεσαν, εἱλιξάν τε πέριξ τὴν τῶν ἐντέρων γένεσιν, ὅπως μὴ ταχὺ διεκπερῶσα ἡ τροφὴ ταχὺ πάλιν τροφῆς ἑτέρας δεῖσθαι τὸ σῶμα ἀναγκάζοι, καὶ παρέχουσα ἀπληστίαν διὰ γαστριμαργίαν ἀφιλόσοφον καὶ ἄμουσον πᾶν ἀποτελοῖ τὸ γένος, ἀνυπ-ήκοον τοῦ θειοτάτου τῶν παρ' ἡμῖν.

XVI 14 σκευάζει incertum; ... ρασει P　　　δεξιὰ et cetera usque ad v. 33 K

24 καθ · υθυωρι P

XVI 36 [x]όν. καὶ τὸ μ(ὲν) λογικὸν ἀπολείπει περὶ
[τ]οὺ[ς] κ(ατὰ) τὴν κεφαλὴν τό⌈πους⌉· εὐφυὴς γ(ὰρ)
[αὔ]τη γί(νεται) π(ρὸς) παραδοχὴν τοῦ ἡγεμονικ(οῦ)·
[τὸ] δὲ θυμικὸν ἔταξεν περὶ τὴν καρδ(ίαν),

40 [οὐ] π[ό]ρρω μ(ὲν) τεταγμένον τοῦ λογικοῦ,
[ὑπ]οτεταγμένον δὲ τῶι λογικῶι,
[ἵν]α δὴ καὶ ὑπήκο⟨ον⟩ αὐτῶι γί(νηται). * τὸ μέντοι
[γ] τὸ ἐπιθυμ⟨ητ⟩ικὸν ἔταξεν μεταξὺ δια-
[φρά]γματος καὶ ὀμφαλοῦ. * ἐπέστησεν

45 [δὲ] τὸ ἧπαρ τῆι ἐπιθυμίαι κάτοχον, ἵνα

XVI 36] Plato Tim. p. 45 AB: διὸ πρῶτον μὲν περὶ τὸ τῆς κεφαλῆς κύτος, ὑποθέντες αὐτόσε τὸ πρόσωπον, ὄργανα ἐνέδησαν τούτῳ πάσῃ τῇ τῆς ψυχῆς προνοίᾳ, καὶ διέταξαν τὸ μετέχον ἡγεμονίας τοῦτ᾽ εἶναι, τὸ κατὰ φύσιν πρόσθεν. XVI 39] Plato Tim. p. 69 DE. 70 A: καὶ διὰ ταῦτα δὴ σεβόμενοι μιαίνειν τὸ θεῖον, ὅ τι μὴ πᾶσα ἦν ἀνάγκη, χωρὶς ἐκείνου κατοικίζουσιν εἰς ἄλλην τοῦ σώματος οἴκησιν τὸ θνητόν, ἰσθμὸν καὶ ὅρον διοικοδομήσαντες τῆς τε κεφαλῆς καὶ τοῦ στήθους, αὐχένα μεταξὺ τιθέντες, ἵνα εἴη χωρίς. ἐν δὴ τοῖς στήθεσι καὶ τῷ καλουμένῳ θώρακι τὸ τῆς ψυχῆς θνητὸν γένος ἐνέδουν, καὶ ἐπειδὴ τὸ μὲν ἄμεινον αὐτῆς, τὸ δὲ χεῖρον ἐπεφύκει, διοικοδομοῦσι τὸ τοῦ θώρακος αὖ κύτος, διορίζοντες οἷον γυναικῶν, τὴν δὲ ἀνδρῶν χωρὶς οἴκησιν, τὰς φρένας διάφραγμα εἰς τὸ μέσον αὐτῶν τιθέντες. τὸ μετέχον οὖν τῆς ψυχῆς ἀνδρείας καὶ θυμοῦ, φιλόνεικον ὄν, κατῴκισαν ἐγγυτέρω τῆς κεφαλῆς μεταξὺ τῶν φρενῶν τε καὶ αὐχένος, ἵνα τοῦ λόγου κατήκοον ὂν κοινῇ μετ᾽ ἐκείνου βίᾳ τὸ τῶν ἐπιθυμιῶν κατέχοι γένος, ὁπότ᾽ ἐκ τῆς ἀκροπόλεως τῷ ἐπιτάγματι καὶ λόγῳ μηδαμῇ πείθεσθαι ἑκὸν ἐθέλοι. XVI 42] Plato Tim. p. 70 DE. 71 AB: τὸ δὲ δὴ σίτων τε καὶ ποτῶν ἐπιθυμητικὸν τῆς ψυχῆς καὶ ὅσων ἔνδειαν διὰ τὴν τοῦ σώματος ἴσχει φύσιν, τοῦτο εἰς τὰ μεταξὺ τῶν τε φρενῶν καὶ τοῦ πρὸς τὸν ὀμφαλὸν ὅρου κατῴκισαν, οἷον φάτνην ἐν ἅπαντι τούτῳ τῷ τόπῳ τῇ τοῦ σώματος τροφῇ τεκτηνάμενοι· καὶ κατέδησαν δὴ τὸ τοιοῦτον ἐνταῦθα ὡς θρέμμα ἄγριον, τρέφειν δὲ ξυνημμένον ἀναγκαῖον, εἴπερ τι μέλλοι τὸ θνητὸν ἔσεσθαι γένος. ἵν᾽ οὖν ἀεὶ νεμόμενον πρὸς φάτνῃ καὶ ὅ τι πορρωτάτω τοῦ βουλευομένου κατοικοῦν, θόρυβον καὶ βοὴν ὡς ἐλαχίστην παρέχον, τὸ κράτιστον καθ᾽ ἡσυχίαν περὶ τοῦ πᾶσι κοινῇ ξυμφέροντος ἐῷ βουλεύεσθαι, διὰ ταῦτα ἐνταῦθ᾽ ἔδοσαν αὐτῷ τὴν τάξιν. εἰδότες δὲ αὐτό, ὡς λόγου μὲν οὔτε ξυνήσειν ἔμελλεν, εἴ τέ πῃ καὶ μεταλαμβάνοι τινὸς αὐτῶν αἰσθήσεως, οὐκ ἔμφυτον αὐτῷ τὸ μέλειν τινῶν ἔσοιτο λόγων, ὑπὸ δὲ εἰδώλων καὶ φαντασμάτων νυκτός τε καὶ μεθ᾽ ἡμέραν μάλιστα ψυχαγωγήσοιτο, τούτῳ δὴ θεὸς ἐπιβουλεύσας αὐτῷ τὴν ἥπατος ἰδέαν ξυνέστησε καὶ ἔθηκεν εἰς τὴν ἐκείνου κατοίκησιν, πυκνὸν καὶ λεῖον καὶ λαμπρὸν καὶ γλυκὺ καὶ πικρότητα ἔχον μηχανησάμενος, ἵνα ἐν αὐτῷ τῶν διανοημάτων ἡ ἐκ τοῦ νοῦ φερομένη δύναμις, οἷον ἐν κατόπτρῳ δεχομένῳ τύπους καὶ κατιδεῖν εἴδωλα παρέχοντι, φοβοῖ μὲν αὐτό, ὁπότε μέρει τῆς πικρότητος χρωμένη ξυγγενεῖ, χαλεπὴ προσενεχθεῖσα, ἀπειλῇ κατὰ πᾶν ὑπομιγνῦσα ὀξέως τὸ ἧπαρ, χολώδη χρώματα ἐμφαίνοι ξυνάγουσά τε πᾶν ῥυσὸν καὶ τραχὺ ποιοῖ.

---

36 K   37 εὐφυὴς] η male pinxit, ut facilius σι vel ει legas, P   39 K
40 πωρρω P   41 K   43. 44 K   45 κατεχον vel κατοχον P. librarius haud dubie intellegebat τῇ ἐπιθυμίᾳ κατειλημμένον, quod contrarium sententiae. κάτοπτρον Platonicum restituendum

XVII   1   τὰς ἐπιθυμίας τα[πεινοῖ τοῖς εἰδώλοις,]

         τόν τε πνεύμονα π(ρὸς) τῆι κ[αρδίαι, ἧς ὀξεῖα]

         ἡ φύσις, μαλακὸν τά[σσει σπόγγον, ἵνα]

         ἡ καρδία, φ(ησίν), πυκινοκ[είνητος οὖσα ἁλ-]

      5   λομένη μὴ [ῥηγνύηται. * τὸν δὲ σπλῆνα]

         λέγει ἐγμαγ[εῖ]ο[ν (εἶναι) ἕτοιμον ἀεὶ π(αρα)κείμ(εν)ον,]

         ἐπειδήπερ νοσο[ῦντι μὲν τῶι ἥπατι καὶ]

         αὐτὸς συννο[σεῖ] καὶ [συναύξεται, τῶι δὲ]

         ὑγιαίνοντι συνυγιαίνει, [ἀεὶ ἄγων αὐτὸ]

      10 εἰς τὸ κατὰ φύσιν. καὶ περὶ τῆ[ς ψυχῆς]

         δὲ ταῦτα. * λέγει δὲ γί(νεσθαι) τὰς νό[σους]

         τριχῶς, ἢ παρὰ τὰ στοιχεῖα [ἢ παρὰ τὴν]

XVII 2] PLATO Tim. p. 70 CD: τῇ δὲ δὴ πηδήσει τῆς καρδίας ἐν τῇ τῶν δεινῶν προσδοκίᾳ καὶ τῇ τοῦ θυμοῦ ἐγέρσει, προγιγνώσκοντες ὅτι διὰ πυρὸς ἡ τοιαύτη πᾶσα ἔμελλεν οἴδησις γίγνεσθαι τῶν θυμουμένων, ἐπικουρίαν αὐτῇ μηχανώμενοι τὴν τοῦ πλεύμονος ἰδέαν ἐνεφύτευσαν, πρῶτον μὲν μαλακὴν καὶ ἄναιμον, εἶτα σήραγγας ἐντὸς ἔχουσαν οἷον σπόγγου κατατετρημένας, ἵνα τό τε πνεῦμα καὶ τὸ πόμα δεχομένη, ψύχουσα, ἀναπνοὴν καὶ ῥᾳστώνην ἐν τῷ καύματι παρέχοι· διὸ δὴ τῆς ἀρτηρίας ὀχετοὺς ἐπὶ τὸν πλεύμονα ἔτεμον, καὶ περὶ τὴν καρδίαν αὐτὸν περιέστησαν οἷον μάλαγμα. ·
XVII 4] HIPPOCRATES de articulis· [IV 124, 15L.] ἠνάγκασται γὰρ (ἡ κληΐς) πυκινοκίνητος εἶναι [cf. Galen. ad l. c. XVIII A 415 K.]
XVII 5] PLATO Tim. p. 72 CD: ἡ δ' αὖ τοῦ γείτονος αὐτῷ ξύστασις καὶ ἕδρα σπλάγχνου γέγονεν ἐξ ἀριστερᾶς χάριν ἐκείνου, τοῦ παρέχειν αὐτὸ λαμπρὸν ἀεὶ καὶ καθαρόν, οἷον κατόπτρῳ παρεσκευασμένον καὶ ἔτοιμον ἀεὶ παρακείμενον ἐκμαγεῖον· διὸ δὴ καὶ ὅταν τινὲς ἀκαθαρσίαι γίγνωνται διὰ νόσους σώματος περὶ τὸ ἧπαρ, πάντα ἡ σπληνὸς καθαίρουσα αὐτὰ δέχεται μανότης, ἅτε κοίλου καὶ ἀναίμου ὑφανθέντος· ὅθεν πληρούμενος τῶν ἀποκαθαιρομένων μέγας καὶ ὕπουλος αὐξάνεται, καὶ πάλιν, ὅταν καθαρθῇ τὸ σῶμα, ταπεινούμενος εἰς ταὐτὸν ξυνίζει.
XVII 11] PLATO Tim. p. 81 E. 82 A—E: τὸ δὲ τῶν νόσων ὅθεν ξυνίσταται, δῆλόν που καὶ παντί. τεττάρων γὰρ ὄντων γενῶν, ἐξ ὧν συμπέπηγε τὸ σῶμα, γῆς πυρὸς ὕδατός τε καὶ ἀέρος, τούτων ἡ παρὰ φύσιν πλεονεξία καὶ ἔνδεια καὶ τῆς χώρας μετάστασις ἐξ οἰκείας .ἐπ' ἀλλοτρίαν γιγνομένη, πυρός τε αὖ καὶ τῶν ἑτέρων, ἐπειδὴ γένη πλείονα ἑνὸς ὄντα τυγχάνει, τὸ μὴ προσῆκον ἕκαστον ἑαυτῷ προσλαμβάνειν καὶ πάνθ' ὅσα τοιαῦτα στάσεις καὶ νόσους παρέχει· παρὰ φύσιν γὰρ ἑκάστου γιγνομένου καὶ μεθισταμένου θερμαίνεται μὲν ὅσα ἂν πρότερον ψύχηται, ξηρὰ δὲ ὄντα εἰς ὕστερον γίγνεται νοτερά, καὶ κοῦφα δὴ καὶ βαρέα, καὶ πάσας πάντη μεταβολὰς δέχεται. μόνως γὰρ δή, φαμέν, ταὐτὸν ταὐτῷ κατὰ ταὐτὸ καὶ ὡσαύτως καὶ ἀνὰ λόγον προσγιγνόμενον καὶ ἀπογιγνόμενον ἐάσει ταὐτὸν ὂν αὐτῷ σῶν καὶ ὑγιὲς μένειν· ὃ δ' ἂν πλημμελήσῃ τι τούτων ἐκτὸς ἀπιὸν ἢ προσιόν, ἀλλοιότητας παμποικίλας καὶ νόσους φθοράς τε ἀπείρους παρέξεται. δευτέρων δὴ ξυστάσεων αὖ κατὰ φύσιν ξυνεστηκυιῶν δευτέρα κατανόησις νοσημάτων τῷ βουλομένῳ γίγνεται ξυννοῆσαι. μυελοῦ γὰρ ἐξ ἐκείνων ὀστοῦ τε καὶ σαρκὸς

XVII 4 πυκινοκείνητος umbras litterarum secutus K; cf. test.   5 ῥηγνύηται]
prima littera ρ vel γ, ι, φ, ψ   6 εγμαγηο P; ultima ante lac. littera o, certe
non ν   7 K   8 συννοσεῖ K   10—12 K   11 δὲ] cf. 44

XVII 13 γένεσιν τῶν σωμάτων ἢ παρὰ τ[ὰ τούτ(ων)]
          περισσώματα. καὶ παρὰ μὲν τὰ στ[οιχεῖα]
      15 γίνονται [νόσοι], ὅταν ἢ πλείονα γένη [τὸ]
          εἶδος μεταβάλῃ ἢ ἐν ἀνοικείωι [καθί-]
          σῃ· καὶ γ(ὰρ) πλείονα γενόμενα τα[ῦτα]
          τὰ στοιχεῖα νόσους κ(ατα)σκευάζ[ει διὰ]
          τὸ πλῆθος· * καὶ μὴ[ν] καὶ ἐγβάν[τα τοῦ]
      20 οἰκείου εἴδους πάλι ἐνποιεῖτ[αι ἑτέροι]ς.
          ἀλλὰ γ(ὰρ) ὡς ὁμοίως καὶ ἐν ἀνοικ[είοις τό-]
          ποις ταχθέντα νόσους ἐπιφέ[ρει πολλὰ]ς
          τοῦτο τὸ δὴ ἐν ἀνοικείῳ τόπ[ωι γι(νόμενον) εἶδο]ς.
          καὶ παρὰ μ(ὲν) τὴν τ(ῶν) στοιχείων διά[θεσιν]
      25 οὕτως συνίστανται αἱ νόσοι. * * π[αρὰ δὲ α]ὖ
          τὴν γένεσιν τ(ῶν) σωμάτ(ων) γί(νονται) νόσοι τινὲς τοιούτω(ν),
          οἷον ἡ σὰρξ λαμβάνει τὴν γένεσ[ιν]
          ἐξ αἵματος πεπηγότος καὶ συνες[τα-]
          μένου, τὰ δὲ νεῦρα ἀποτελεῖται ἐκ [τῶν]
      30 [ε]ἰνῶν τοῦ αἵματος. ταύτῃ δὲ ἀναιρ[ε-]
          θεισῶν τ(ῶν) τοῦ αἵματος ἰνῶν ἄπη[κτον]
          διαμένει λοιπὸν τὸ αἷμα, ὃ γί(νεται) ἐν ἐκ[είνηι,]
          ὅτι ἡ μ(ὲν) σὰρξ ἐξ αἵματος λαμβάνει
          τὴν γένεσιν, τὰ δὲ νεῦρα ἐκ τ(ῶν) το[ῦ]

καὶ νεύρου ξυμπαγέντος, ἔτι τε αἵματος ἄλλον μὲν τρόπον, ἐκ δὲ τῶν αὐτῶν γεγονότος, τῶν μὲν ἄλλων τὰ πλεῖστα ᾗπερ τὰ πρόσθεν, τὰ δὲ μέγιστα τῶν νοσημάτων τῇδε χαλεπὰ ξυμπέπτωκεν, ὅταν ἀνάπαλιν ἡ γένεσις τούτων πορεύηται, τότε ταῦτα διαφθείρεται. κατὰ φύσιν γὰρ σάρκες μὲν καὶ νεῦρα ἐξ αἵματος γίγνεται, νεῦρον μὲν ἐξ ἰνῶν διὰ τὴν ξυγγένειαν, σάρκες δὲ ἀπὸ τοῦ παγέντος, ὃ πήγνυται χωριζόμενον ἰνῶν· τὸ δὲ ἀπὸ τῶν νεύρων καὶ σαρκῶν ἀπιὸν αὖ γλίσχρον καὶ λιπαρὸν ἅμα μὲν τὴν σάρκα κολλᾷ πρὸς τὴν τῶν ὀστῶν φύσιν αὐτό τε τὸ περὶ τὸν μυελὸν ὀστοῦν τρέφον αὔξει, τὸ δ' αὖ διὰ τὴν πυκνότητα τῶν ὀστῶν διηθούμενον καθαρώτατον γένος τῶν τριγώνων λειότατόν τε καὶ λιπαρώτατον, λειβόμενον ἀπὸ τῶν ὀστῶν καὶ στάζον, ἄρδει τὸν μυελόν, καὶ κατὰ ταῦτα μὲν γιγνομένων ἑκάστων ὑγίεια ξυμβαίνει τὰ πολλά· νόσοι δέ, ὅταν ἐναντίως.

XVII 14. 15 K   17—19 K   20 ἑτέροις] praelongi versus litteram ultimam servavit margo sin. c. XVIII itemque v. 22. 23. 26. 46   21. 22 K 22 πολλὰς (sive malis τινὰς) ex ς in c. XVIII residua restitui   23 τόπωι K 24. 25 K   25 αὖ addidi cf. ad v. 26   26 τι extrema c. XVII, νεστο in vago fragmento, ιουτ in marg. c. XVIII inveni; super το basta litterae υ (cf. v. 25), cuius pars superior in extr. v. 25 relicta   27—30 K   31 extr. απη vel απυ P   34 K

XVII 35 αἵματος ἰνῶν. 'ταύτηι δὴ συνέχεται,

φησίν, καὶ τρέφεται τὰ σώματα ταῦ[τα]

πρὸς τῆς πειμελῆς, τηκομένης

αὐτῆς καὶ διὰ τ(ῶν) ἀραιοτήτ(ων) τ(ῶν) ὀστέ[ων]

ἐπιχορηγουμένης καὶ τρεφούση[ς]

40 τὰ ὀστέα. ὅταν μ(ὲν) [οὖν] οὕτως γί(νηται) ἡ τ(ῶν) [σω-]

μάτ(ων) γένεσις, κατὰ φύσιν ἔχει τὸ ζῷον·

ὅταν δὲ μὴ οὕτως γί(νηται), ἀλ(λ') ἐνηλ⟨λ⟩αγμέ[νως]

ἡ γένεσις, νόσους ἐπιφέρει.' καὶ π[ερὶ τὴν]

γένεσιν δὲ τ(ῶν) σωμάτων ο(ὕτως). * * παρὰ [δὲ]

45 τὰ περιττώματα συνίστα[νται τριχῶς]

αἱ νόσοι, ἢ π[α]ρ[ὰ τὰς] φύσας [τὰς ἐκ τ(ῶν)] πε-

XVIII ριττωμ[άτ(ων) ἢ παρὰ] χολὴν ἡ φλέγμα· διὰ

γὰρ ταῦ[τα τὰ τρία] καὶ κοινῇ καὶ ἰδίᾳ γί(νονται)

νόσοι. κα[ὶ γ(ὰρ) ἓν μό]νον αὐτ(ῶν) νόσου[ς] ἐπιφέρει

καὶ δύο σ[υνάμφω] συνελθόντα πάλι νό-

5 σους κ(ατα)σ[κευάζ]ει. * ὡς ὁμοίως δὲ καὶ διὰ

τὰ τρία σ[υγκατ]οισθέντα αἱ νόσοι ἀπο-

τελοῦν[ται. κα]ὶ ἡ μ(ὲν) τοῦ Πλάτωνος

δόξα πε[ρὶ νόσω]ν ἐν τούτοις. * * Φιλόλαος

δὲ ὁ Κρ[ο]τωνιάτης συνεστάναι φ(ησὶν) τὰ ἡμέ-

10 τερα σώμ[ατα ἐκ] θερμοῦ. ἀμέτ⟨οχ⟩α γ(ὰρ) αὐτὰ (εἶναι)

ψυχροῦ[, ὑπομι]μνήσκων ἀπό τιν(ων) τοιούτ(ων)·

τὸ σπέρμ[α (εἶναι) θερ]μόν, κατασκευαστικὸν δὲ

τοῦτο τ[οῦ ζώιο]υ· καὶ ὁ τόπος δέ, εἰς ὃν

XVII 44] Plato Tim. p. 84 CD: τρίτον δ' αὖ νοσημάτων εἶδος τριχῇ δεῖ διανοεῖσθαι γιγνόμε-
νον· τὸ μὲν ὑπὸ πνεύματος, τὸ δὲ φλέγματος, τὸ δὲ χολῆς. ὅταν μὲν γὰρ ὁ τῶν πνευμάτων
τῷ σώματι ταμίας πλεύμων μὴ καθαρὰς παρέχῃ τὰς διεξόδους ὑπὸ ῥευμάτων φραχθείς, ἔνθα
μὲν οὐκ ἰόν, ἔνθα δὲ πλεῖον, ἢ τὸ προσῆκον πνεῦμα εἰσιὸν τὰ μὲν οὐ τυγχάνοντα ἀναψυχῆς
σήπει, τὰ δὲ τῶν φλεβῶν διαβιαζόμενον καὶ ξυνεπιστρέφον αὐτὰ τῆχόν τε τὸ σῶμα εἰς τὸ
μέσον αὐτοῦ διάφραγμά τ' ἴσχον ἐναπολαμβάνεται, καὶ μυρία δὴ νοσήματα ἐκ τούτων ἀλγεινὰ
μετὰ πλήθους ἱδρῶτος ἀπείργασται.

XVII 36 K   38—40 K   42—46 K   46 extr. τι in col. XVIII.
XVIII 1—3 K   5—7 K   9 κρωτωνιατης P: suppl. K   10 K
ἀμέτοχα emendavi ex v. 16. 17: αμετα vel αμεγα P; inde ἀμιγῆ K   11. 12 suppl.
Blassius

XVIII   14   ἡ καταβολ[ή — μήτρα] δὲ αὕτη — (ἐστὶν) θερμοτέρα

15   καὶ ἐοι[κυιᾶ ἐκ]είνωι· [τὸ δὲ ἐοικός τινι τὰτὸ δύναται,

ὧι ἔοικεν]· ἐπεὶ δὲ τὸ κατα-

σκευάζ[ον ἀμέ]τοχ[ό]ν (ἐστιν) ψυχροῦ χαὶ ὁ τόπο[ς]

δέ, ἐν ὧ[ι ἡ κ(ατα)βολ]ή, ἀμέτοχός (ἐστιν) ψυχροῦ,

δῆλον [ὅτι καὶ τὸ] κ(ατα)σκευαζόμενον ζῶιον

τοιοῦτο[ν γίνε]ται. ⁕ εἰς δὲ τούτου τὴν

20   κατασκ[ευὴν ὑ]πομνήσει π(ροσ)χρῆται τοιαύ-

τῃ· με[τὰ γ(ὰρ)] τὴν ἕκτεξιν εὐθέως [τὸ]

τὸ ζῶιον ἐπισπᾶται τὸ ἐκτὸς πνεῦμα

ψυχρὸν ὄν· εἶτα πάλιν καθαπερεὶ χρέος

ἐκπέμπει αὐτό. ⁕ διὰ τοῦτο δὴ καὶ ὅρεξις

25   τοῦ ἐκτὸς πνεύματος, ἵνα τῇ[ι]

ἐπ(ε)ισάχτωι τοῦ πνεύματος ὁλκῇ θερμ[ό]-

τερα ὑπάρχοντα τὰ ἡμέτερα σώματα π(ρὸς) αὐτ(οῦ)

καταψύχηται. ⁕ καὶ τὴν μ(ὲν) σύστασιν

τῶν ἡμετέρων σωμάτ(ων) ἐν τούτοις φ(ησίν). ⁕ ⁕

30 λέγει δὲ γί(νεσθαι) τὰς νόσους διά τε χολὴν

καὶ αἷμα καὶ φλέγμα, ἀρχὴν δὲ γί(νεσθαι)

τῶν νόσων ταῦτα· ἀποτελεῖσθαι

δέ φ(ησιν) τὸ μ(ὲν) αἷμα παχὺ μ(ὲν) ἔ[σω] παρα-

θλιβομένης τῆς σαρκός, ⁕ λεπτὸν

35   δὲ γί(νεσθαι) διαιρουμέν(ων) τ(ῶν) ἐν τῆι σαρκὶ ἀγγείων·

τὸ δὲ φλέγμα συνίστασθαι ἀπὸ τῶν ὄμ-

βρων φ(ησίν). λέγει δὲ τὴν χολὴν ἰχῶρα

εἶναι τῆς σαρκός. ⁕ παράδοξόν τε α[ύ]τὸς

ἀνὴρ ἐπὶ τούτου κεινεῖ· λέγει γ(ὰρ) μηδὲ τε-

40   τάχθα[ι] ἐπὶ τ[ῶι] ἥπατι χολήν, ἰχῶρα μέν-

τοι τῆς σαρκὸς (εἶναι) τὴν χολήν. ⁕ τό τ' αὖ

φλέγμα τ(ῶν) πλείστ(ων) [ψυχ(ρ)ὸν] [θερμον] (εἶναι) λεγόν-

των αὐτὸς θερμὸν τῆι φύσει ὑπ[ο]τί-

XVIII 14 cf. VIII 30   15 K   16 partim K   ἀμέτοχον] altera ο
ex η corr. P   ψυγρον P   17 K   ω ex η P   18 K
19 ἐσται suppl. K   20 K   24 post ὅρεξις non desidero γί(νεται)
33 μεσον, addito εν compendio et superscriptis σω (vel σωι), denique deletis σον in
μεν εσω corr. P   38 ατοσ P   42 ψυχον (sic) deletis θερμον super-
scr. P   43 K

XVIII 44 θεται· ἀπὸ γ(ὰρ) τοῦ φλέγειν φλέγμα εἰρῆσθ(αι)·
45 ταύτηι δὲ καὶ τὰ φλεγμαίνον[τα]
μετοχῇ τοῦ φλέγματος φλεγμ[α]ί-
νει. καὶ ταῦτα μ(ὲν) δὴ ἀρχὰς τ(ῶν) νό[σ]ων
ὑπ[ο]τίθεται, * [σ]υνεργὰ δὲ ὑπερβολ[άς]
[τε] θερμασίας, τροφῆς, κ(ατα)ψύ[ξ]εω[ς καὶ]

XIX [ἐ]νδείας ⟨τούτων ἢ⟩ τ(ῶν) τού[το]ι[ς π(αρα)πλησίων. * * ὁ δὲ]
Πόλυβος ἐξ ἑνὸς μ[(ὲν) στοιχείου οὐ· λέγει]
τὰ ἡμέτερα σ[ώματα συνεστάναι, τὴν δὲ]
αὐτὴν φύσιν [ὁμοίως πᾶσιν εἶναι, ἥπερ ἐκ]

XVIII 44] GALENUS de nat. pot. II 11 [II 130 K. III 195, 17 Helmr.]: Πρόδικος δ' ἐν τῷ Περὶ φύσεως ἀνθρώπου γράμματι τὸ συγκεκαυμένον καὶ οἷον ὑπερωπτημένον ἐν τοῖς χυμοῖς ὀνομάζων φλέγμα παρὰ τὸ πεφλέχθαι, τῇ λέξει μὲν ἑτέρως χρῆται, φυλάττει μέντοι τὸ πρᾶγμα κατὰ ταὐτὸ τοῖς ἄλλοις. τὴν δ' ἐν τοῖς ὀνόμασι τἀνδρὸς τούτου καινοτομίαν ἱκανῶς ἐνδείκνυται καὶ Πλάτων. ἀλλὰ τοῦτό γε τὸ πρὸς ἁπάντων ἀνθρώπων ὀνομαζόμενον φλέγμα τὸ λευκὸν τὴν χρόαν, ὃ βλένναν ὀνομάζει Πρόδικος, ὁ ψυχρὸς καὶ ὑγρὸς χυμός ἐστιν οὗτος καὶ πλεῖστος τοῖς τε γέρουσι καὶ τοῖς ὁπωσδήποτε ψυγεῖσιν ἀθροίζεται καὶ οὐδεὶς οὐδὲ μαινόμενος ἂν ἄλλο τι ἢ ψυχρὸν καὶ ὑγρὸν εἴποι ἂν αὐτόν. (cf. Gal. VII 348 K. et Herm. XXVIII 418 sqq.)
XIX 2] HIPPOCRATES de nat. hom. 3 [VI 38, 5 L.]: πῶς εἰκὸς ἀπὸ ἑνός τι γεννηθῆναι ὅτε οὐδ' ἀπὸ τῶν πλειόνων γίνεται, ἢν μὴ τύχῃ καλῶς ἔχοντα τῆς κρήσιος τῆς πρὸς ἄλληλα; ἀνάγκη τοίνυν τῆς φύσιος τοιαύτης ὑπαρχούσης καὶ τῶν ἄλλων πάντων καὶ τῆς τοῦ ἀνθρώπου μὴ ἓν εἶναι τὸν ἄνθρωπον, ἀλλ' ἕκαστον τῶν ξυμβαλλομένων ἐς τὴν γένεσιν ἔχειν τὴν δύναμιν ἐν τῷ σώματι οἵηνπερ συνεβάλετο. καὶ πάλιν γε ἀνάγκη ἀναχωρεῖν ἐς τὴν ἑωυτοῦ φύσιν ἕκαστον τελευτῶντος τοῦ σώματος τοῦ ἀνθρώπου τό τε ὑγρὸν πρὸς τὸ ὑγρὸν καὶ τὸ ξηρὸν πρὸς τὸ ξηρὸν καὶ τὸ θερμὸν πρὸς τὸ θερμὸν καὶ τὸ ψυχρὸν πρὸς τὸ ψυχρόν. τοιαύτη δὲ καὶ τῶν ζῴων ἐστὶν ἡ φύσις καὶ τῶν ἄλλων πάντων· γίνεταί τε ὁμοίως πάντα καὶ τελευτᾷ ὁμοίως πάντα. συνίσταταί τε γὰρ αὐτῶν ἡ φύσις ἀπὸ τούτων τῶν εἰρημένων πάντων καὶ τελευτᾷ κατὰ τὰ εἰρημένα ἐς τὸ αὐτὸ ὅθεν περ συνέστη ἕκαστον, ἐνταῦθα οὖν καὶ ἀπεχώρησεν. Ibid. 2 [VI 34, 8 L.]: τῶν δὲ ἰητρῶν οἱ μέν τινες λέγουσιν, ὡς ἄνθρωπος αἷμά ἐστιν, οἱ δὲ αὐτῶν χολήν φασιν εἶναι τὸν ἄνθρωπον, ἔνιοι δέ τινες φλέγμα· ἐπίλογον δὲ ποιέονται καὶ οὗτοι πάντες τὸν αὐτόν· ἓν γὰρ εἶναί φασιν, ὅ τι ἕκαστος αὐτῶν βούλεται ὀνομάσας καὶ τοῦτο μεταλλάσσειν τὴν ἰδέην καὶ τὴν δύναμιν ἀναγκαζόμενον ὑπό τε τοῦ θερμοῦ καὶ τοῦ ψυχροῦ καὶ γίνεσθαι γλυκὺ καὶ πικρὸν καὶ λευκὸν καὶ μέλαν καὶ παντοῖον. ἐμοὶ δὲ οὐδέν τι δοκεῖ ταῦτα οὕτως ἔχειν· οἱ μὲν οὖν πλεῖστοι τοιαῦτά τινα καὶ ἐγγύτατα τούτων ἀποφαίνονται. ἐγὼ δέ φημι· εἰ ἓν ἦν ὥνθρωπος οὐδέποτ' ἂν ἤλγεεν· οὐδὲ γὰρ ἦν ὑφ' οὗ ἀλγήσειεν ἓν ἐών· εἰ δ' οὖν καὶ ἀλγήσειεν, ἀνάγκη καὶ τὸ ἰώμενον ἓν εἶναι· νῦν δὲ πολλά· πολλὰ γάρ ἐστιν ἐν τῷ σώματι ἐνεόντα, ἃ ὅταν ὑπ' ἀλλήλων παρὰ φύσιν θερμαίνηταί τε καὶ ψύχηται καὶ ξηραίνηταί τε καὶ ὑγραίνηται νόσους τίκτει.

VIII 45—48 K   48 vel υπερβαλ, sed ὑπερβαλλούσας vel propter spatium suppleri nequit   49 τε pallidiore atramento ante versum supplevit P
XIX 1 τούτοις] incertarum litt. apices inferiores fere servavit P   τούτων ἢ omissa a P supplevit M. Fraenkelius   παραπλησίων (cf. XXXII 48. XXXVII 20. XXXIX 30
2 qui hiatus singulas litteras capientes in vv. 2—8 post tertiam quamque litteram apparent, papyri ruga effecti   4 ὁμοίως vestigiis infra relictis aptum

XIX 5 ψυχροῦ τε καὶ θερμ[οῦ, οὐ χωρὶς ὄντ(ων) τ]ούτ(ων),
ἀλλὰ κεκραμέν(ων) αὐ[τ(ῶν), συνέστηκεν· μετα-]
βαλὸν δὲ θάτερον θατ[έρῳ νόσον ἀπο-]
τελεῖν. * δευτέρα[ν δὲ ἀποτελεῖσθαι]
τῶν σωμάτ(ων) μετα[βολὴν ἀπὸ αἵματός τε]

10 καὶ φλέγματος καὶ χ[ολῆς ξανθῆς τε]
καὶ μελαίνης. ἀπὸ δ[υνάμεως γ(ὰρ) πάντ(ων)]
τούτ(ων) ἢ ἑνὸς αὐτ(ῶν) γί(νεσθαι) [ταύτην τὴν]
μεταβολήν, ἢ κ(ατὰ) τὸν α[ὐτὸν τόπον γι(νομένης) τῆς]
συμμίξεως κ(ατὰ) φύσιν [γ(ίνεται)· ἐὰν δ᾽ ἐν τῷ]

15 σώματι [γίνεται] χωρισ[θῇ τι ἀπὸ τ(ῶν) ἄλλ(ων),]
νόσους γί(νεσθαι). νοσεῖν δὲ καὶ ἀ[φ᾽ ὧνπερ ἐχω-]
ρίσθη[σαν] τόπων καὶ εἰς [οὗσπερ ἐχώ-]
ρησεν. Μενεκράτ[η]ς δὲ ὁ Ζε[ὺς ἐπι-]
κληθεὶς ἐν Ἰατρικῆι δ[s]ιξίν [τινα τ(ῶν)]

20 σωμάτ(ων) ἐκτιθέμενος καὶ [μέλλ(ων) αἰτιολ(ογεῖν)]
τὰ πάθη, πρότερον περὶ τ(ῶν) πο[ιοτήτων]
πολυπραγμον(ῶν) τ(ῶν) σωμάτ(ων), συν[εστάναι]
λέγει τὰ σώματα ἐκ τ(ῶν) τεσ[σάρων]
στοιχείων, β̄ μ(ὲν) θερμῶν, [β̄ δὲ ψυχρῶν· καὶ]

25 θερμῶν μ(ὲν) αἵματος ⟨καὶ⟩ χολῆς, [ψυχρῶν]
δὲ πνεύματος καὶ φλέγμα[τος. * καὶ]
τούτ(ων) μ(ὲν) δὴ μὴ στασιαζόντ(ων), ἀ[λλ᾽ εὐκρό-]

XIX 8] Hippocrates de natura hom. 4 [VI 38, 19 L. cf. Galen. de plac. Hipp. et Plat. p. 677,13 ss. M.]: τὸ δὲ σῶμα τοῦ ἀνθρώπου ἔχει ἐν ἑωυτῷ αἷμα καὶ φλέγμα καὶ χολὴν ξανθήν τε καὶ μέλαιναν, καὶ ταῦτά ἐστιν αὐτῷ ἡ φύσις τοῦ σώματος καὶ δι᾽ αὐτά ἀλγεῖ καὶ ὑγιαίνει. ὑγιαίνει μὲν οὖν μάλιστα, ὅταν μετρίως ἔχῃ ταῦτα τῆς πρὸς ἄλληλα δυνάμιος καὶ τοῦ πλήθεος καὶ μάλιστα μεμιγμένα ᾖ. ἀλγεῖ δ᾽ ὅταν τούτων τι ἔλασσον ἢ πλέον χωρισθῇ ἐν τῷ σώματι καὶ μὴ κεκρημένον ᾖ τοῖσι πᾶσιν. ἀνάγκη γάρ, ὅταν τούτων τι χωρισθῇ καὶ ἐφ᾽ ἑωυτοῦ στῇ, οὐ μόνον τοῦτο τὸ χωρίον, ἔνθεν ἐξέστη, ἐπίνοσον γίγνεσθαι, ἀλλὰ καὶ ἔνθα ἂν στῇ καὶ ἐπιχυθῇ ὑπερπιμπλά- μενον ὀδύνην τε καὶ πόνον παρέχειν. καὶ γὰρ ὅταν τι τούτων ἔξω τοῦ σώματος ἐκρυῇ πλέον τοῦ ἐπιπολάζοντος, ὀδύνην παρέχει ἡ κένωσις· ἤν τ᾽ αὖ πάλιν εἴσω ποιήσηται τὴν κένωσιν καὶ τὴν μετάστασιν καὶ τὴν ἀπόκρισιν ἀπὸ τῶν ἄλλων, πολλὴ αὐτῷ ἀνάγκη διπλῆν τὴν ὀδύνην παρέχειν κατὰ τὰ εἰρημένα, ἔνθεν τε ἐξέστη καὶ ἔνθα ὑπερέβαλεν.
XIX 18] cf. Ephippi Peltasta fr. 17 [II 260 Kock. cum not.]. Ael. V. H. XII 51

XIX 5 extr. οὐτ in sinistro marg. col. XX 5 P   7 θάτερον θατέρου] cf. Hip- pocr. q. f. de locis in hom. 1 [VI 276. 278 L.] τὸ ἔτερον τῷ ἑτέρῳ νοῦσον ποιεῖ. compilator unum sed primarium contrariorum par respicit   7. 8 ἀποτελεῖν K   18 K 22—30 K

XIX   28   τως διακειμέν(ων) ὑγιαίνει⟨ν⟩ τ[ὸ σῶμα,]
         δυσκρότως δὲ ἐχόντων νο[σεῖ⟨ν⟩.   τότε]
    30   γ(ὰρ) ἐκθεῖ⟨ν⟩ ἐκ τ(ῶν) ἡμετέρων σω[μάτων φλέ-]
         γματα, δοθίονας κ[αὶ τὰ τούτοις ὅμοια.]
         καὶ κατάρρους δὲ ἐ[κ τῆς ὑπερβολῆς τοῦ]
         φλέγματος διαφόρ[ους γί(νεσθαι). . . . . .]
         ούμενον γ(άρ), φ(ησίν), ἐν τῶι σώματι [. . . . . . . εἰ-]
    35   σιόντι δὲ φλέγματι τὸ κειθα[. . . . . . .]
         νομενεισ [.] αιπο [. .] την κ[. . . . .]
         ἐμμεῖναν δὲ τοῦτο πυρρὰν [χολὴν]
         ἀπογεννᾶι.   ἐμμείνασα δὲ α[ὕτη]
         καὶ παλαιωθεῖσα μέλαιναν ἀπογ[εννᾶι]
    40   χολήν. * ἢν δὲ καὶ παλαιωθεῖσ[αν]
         καὶ ὑπέρχολον γενομένην [δέχηταί τι,]
         ὅπου ἂν τύχῃ, μέρος καὶ κυ[ῇ, οὐδέν φ(ησιν)]
         ἀγαθὸν ἐργάζεσ[θα]ι· οἰσθεῖσα [μ(ὲν) γὰρ]
         ἐπὶ ἰσχία ἰσχιαδ[ι]κὴν ἐμποιεῖ,
    45   ἐπὶ δὲ τὸν πνεύμονα περι[πνευμονίαν,]
         ἐπὶ δὲ τὰς πλευρὰς πλευ[ρεῖτιν,]
         ἐπὶ δὲ τὰ σπλάγχ[να] οἰσθε[ῖσα]
         καῦσον ἀπεργάζεται· τοια[ῦτα δὲ πολ(λὰ)]

XX   καὶ διάφορα γί(νεται) πάθη. * * ὁ δὲ Α[ἰγινήτης]
         Πέτρων συνεστάναι φ(ησὶν) τὰ ἡ[μέτερα]
         σώματα ἐκ δισσῶν στοιχείων, ψ[υχροῦ]
         τε καὶ θερμοῦ, ἐφ᾽ ἑτέρωι δὲ τού[των]
    5   ἀπολείπει τι ἀντίστοιχον, τῶι μ[ὲν]
         θερμῶι τὸ ξηρόν, τῶι δὲ ψυχρῶι [τὸ ὑγρ(όν).]
         καὶ ἐγ μ(ὲν) δὴ τούτ(ων) συνεστάναι τὰ σώ[ματ(α).]
         φησὶν δὲ γί(νεσθαι) τὰς νόσους ἀπ[λῶς]
         [μὲν] διὰ τὰς περιττώσεις τῆς τρ[οφῆς·]
    10   ὅταν, ἃ σύμμετρα, ἡ κοιλία μὴ λ[α-]

XIX 28 υγιαινει et 30 εκθει perperam scripsisse P evincit δοθιονας v. 31: correxi
33. 34 fortasse ἀλλοιούμενον, sed deest sententiae finis   34 super σωματι addidit
velut ιστ, corruptelam simul indicans obliqua ad sinistram lineola P   39. 40 K
42 κυι vel κτι P   43—47 K   47 σπλαγχαν sic P
    XX 2—11 K   10 correcturae super ὅταν (fortasse γάρ vel φησίν) leve vestigium ser-
vare videtur P   ασυμμετρα clare P; fortasse α prius delendum, sed locus dubius
                                                          3*

XX   11   [βοῦσ]α, πλείω δέ, μὴ κατεργάσηται

αὐτά, συμβαίνει νόσους γί(νεσθαι). ἢ ἀπὸ τ(ῶν)

στοιχείων τ(ῶν) προειρημέν(ων), ὅταν ἀνώ-

μαλα ἦι, νόσους ἀπεργάζεται. περὶ

15   δὲ τῆς διαφορᾶς τῆς κατὰ τὰς νό-

σους οὐδὲν διακριβοῖ. περὶ δὲ τῆς

χολῆς ἰδιώτερον παθολογεῖ. φ(ησὶν) γ(ὰρ) αὐ-

τὴν ὑπὸ τ(ῶν) ⌈νόσων⌋ [σωματ(ων)] κ(ατα)σκευάζεσθ(αι).

οἱ μ(ὲν) γ(ὰρ) ἄλλοι ἀπὸ τῆς χολῆς λέγουσι

20   γί(νεσθαι) τὰς νόσους, οὗτος δὲ ἀπὸ τ(ῶν)

νόσων τὴν χολήν. καὶ σχεδὸν [οὗτος ὡ]ς

ὁ Φιλόλαος οἴεται μὴ (εἶναι) ἐν ἡμῖν χολὴ[ν ἦ]

ἀ[χρ]είαν. καὶ κ(ατὰ) μ(ὲν) ταῦτα συνηγόρευ-

σεν τῶι Φιλολάωι, κ(ατὰ) δὲ τἆλλα αυτονει.

25   Φιλιστίων δ᾽ οἴεται ἐκ ‾δ‾ ἰδεῶν συνεστά-

ναι ἡμᾶς, τοῦτ᾽ (ἔστιν) ἐκ ‾δ‾ στοιχείων· πυρός,

ἀέρος, ὕδατος, γῆς. (εἶναι) δὲ καὶ ἑκάστου δυ(νάμεις),

τοῦ μ(ὲν) πυρὸς τὸ θερμόν, τοῦ δὲ ἀέρος

τὸ ψυχρόν, τοῦ δὲ ὕδατος τὸ ὑγρόν,

30   τῆς δὲ γῆς τὸ ξηρόν. * * τὰς δὲ νόσους γί(νεσθαι)

πολυτρόπως κατ᾽ αὐτόν, ὡς δὲ τύπωι

καὶ γενικώτερον εἰπεῖν τριχῶς· ἢ γ(ὰρ) παρὰ

τὰ στοιχεῖα ἢ παρὰ τὴν τ(ῶν) σωμάτ(ων) διά-

θεσιν ἢ παρὰ τὰ ἐκτός. * παρὰ μ(ὲν) οὖν τὰ

35   στοιχεῖα, ἐπειδὰν πλεονάσῃ τὸ θερμὸν

καὶ τὸ ὑγρόν, ἢ ἐπειδὰν μεῖον γένηται

καὶ ἀ[ὑ]μα[υ]ρὸν τὸ θερμόν. * * παρὰ δὲ τὰ

ἐκτὸς ϙ· ἢ γ(ὰρ) ὑπὸ τραυμάτ(ων) καὶ ἑλκῶν

ἢ ⌈ὑπὸ⌋ ὑπερβολῆς θάλπους, ψύχους, τ(ῶν) ὁμοίων,

40   ἢ ὑπὸ μεταβολῆς θερμοῦ εἰς ψυχρὸν

ἢ ψυχροῦ εἰς θερμὸν ἢ τροφῆς εἰς τὸ

ἀνοίκειον καὶ διεφθορός. * παρὰ δὲ τὴν

τῶν σωμάτ(ων) διάθεσιν ο(ὕτως)· ᾽ὅταν γ(άρ), φ(ησίν), εὐ-

XX 11 πλειω ut videtur ex πληω corr. P cf. XXXIII 39   18 σωματ(ων), non

deletis ατ(ων) P   23 ἀχρείαν scripsi cf. XXX 35. XVIII 39 sqq.: α .. ειαν vel

α .. αιον P   24 ταλλααυτονει vel τααλληγνει P; post ea rescissa papyrus, ut tamen

litterae procerae velut τ, ρ non possint suppleri. fortasse αὐτο⟨γνωμο⟩νεῖ vel αὐτον⟨ο⟩εῖ

XX 44 πνοῇ ὅλον τὸ σῶμα καὶ διεξίῃ ἀκω-
45 λύτως τὸ πνεῦμα, ὑγίεια γί(νεται)· οὐ γ(ὰρ) μό(νον) κ(ατὰ)
τὸ στόμα καὶ τοὺς μυκτῆρας ἡ ἀνα-
πνοὴ γί(νεται), ἀλ(λὰ) καὶ καθ᾽ ὅλον τὸ σῶμα. ὅταν
δὲ μὴ εὐπνοῇ τὸ σῶμα, νόσοι γί(νονται), καὶ
διαφόρως· καθ᾽ ὅλον μ(ὲν) γ(ὰρ) τὸ σῶμα
50 τῆς ἀναπνοῆς ἐπεχομένης, νόσος

XXI [. .]αθ[. . . . .]
[. . .]σα[. . . . . τ]ὰς γι(νομένας)
[. . .]λλ[. . . . .] κεινεῖσθαι
[. . .]μὴ [. . . . .]εν τὰ ἠρε-
5 [μοῦ]ντ[α . . . .]τοντα
[. . .]ντ[. . . . .]η ἐν τοῖς
[. .]ασ[. . . . .]ειλοντα
[. . .]εν σ[. . . . .]ως νόσοι γί(νονται)
[. .]εν ταῦτ[α . . . .] * ἡμῖν δὲ
10 [.]ὃηκαιαν [. . . . . ἀνθ]ρώπου ᾱ καὶ
[. . .]οι[. . . . .]ασεως ταυ-
τη[.] δια[. . .]ηναπ[. . . . .] παθῶν αἰτιο-
λογίας [* συ]νέστη[κεν δὲ ὁ] ἄνθρωπος
ἐκ [ψυ]χῆς καὶ σώμ[ατος. ὡ]ς [δ᾽] εἰς τοῦτο ὑπο-
15 [τυπώ]σεως οὐ χρε[ία (ἐστίν), περ]ὶ μ(ὲν) ψυχῆς
[ἄλλοι]ς ἀ[να]βάλλομα[ι· ἡμῖν δὲ] τοῦ σώμα-
[τος μ]ελητέον, ἐπεὶ [μάλιστα] περὶ τοῦτο
[σπου]δάζει ἡ ἰατρικ[ή. * * τοῦ σ]ώματος
μ[(ὲν) ο]ὖν τὰ μ(έν) (ἐστιν) ἁπλᾶ μέρη, τὰ δὲ σύνθετα.
20 ἁπλᾶ δὲ καὶ σύνθετα λαμβάνομ(εν) π(ρὸς) αἴσ-
θησιν, καθὼς καὶ Ἡρόφιλος ἐπισημειοῦ-
ται λέγων ο(ὕτως)· "λεγέσθω δὲ τὰ φαινόμενα
π[ρ]ῶτα, καὶ εἰ μὴ (ἔστιν) πρῶτα." ὁ μ(ὲν) γὰρ Ἐρασί-
[στρατ]ος καὶ π[ό]ρρω τοῦ ἰατρικοῦ κανό-
25 [νος π]ροῆλθε· ὑπέλαβεν γ(ὰρ) τὰ πρῶτα

XX 45 μόνον] μ̣ P; punctum ex o concretum, non liturae signum credo

XXI 10 sensus videtur: ἤδη καὶ ἀνάγκη εἰπεῖν περὶ ἀνθρώπου πρῶτον καὶ ἐν τοῖς ἑξῆς ἀπὸ τῆς συστάσεως ταύτης διασημῆναι τὰς τῶν παθῶν αἰτιολογίας (cf. XXII 5)   13 K
16 prima littera conspicua ant σ aut ε P   17 ελητεον vel ενιτεον vel επιτεον P
24—26 K   24 πωρρω P

XXI 26 [σώμα]τα λόγωι θεωρητὰ (εἶναι), ὥστε τὴν
[αἰσθητ]ὴν φλέβα συνεστάναι ἐγ λόγωι
θ[εωρη]τ(ῶν) σωμάτ(ων), φλεβός, ἀρτηρίας, νεύρο(υ).
ἀλλὰ τοῦ[τ]ον παραιτητέον. * ἡμῖν δὲ

30 λεκτέον, ὡς τῶν σωμάτ(ων) τὰ μ(ὲν) (εἶναι) ἁπλᾶ
τὰ δὲ [σύ]νθετα, π(ρὸς) αἴσθησιν τούτ(ων) λαμ-
βα[νο]μέν(ων). * * ἁπλᾶ μ(ὲν) οὖν (ἐστιν) τὰ ὁμοιο-
μερῆ [τὰ] κ(ατὰ) τὰς τομὰς διαιρούμενα
εἰς ὁμ[οι]α μέρη ὡς ἐγκέφαλός τε καὶ νεῦ-

35 ρον καὶ ἀρτηρία ⟨καὶ⟩ φλὲψ καὶ τὰ ὑγρά.
ἕκασ[το]ν γ(ὰρ) τούτ(ων) καὶ ὁμοιομερές (ἐστιν)
καὶ τ[εμ]νόμενον εἰς ὅμοια χωρίζεται
μέ[ρη. * *] σύνθετα δ' (ἐστὶν) τὰ ἀν⌈ομοιο⌉μερῆ ἢ τὰ
κατὰ [τὰ]ς τομὰς εἰς ἀνόμοια χωριζό-

40 μεν[α] μέρη ὡς χείρ, σκέλος, κεφαλή,
ἧπα[ρ, πν]εύμων, ἕκαστον τ(ῶν) τοιούτ(ων)·
καὶ γὰρ [ἀνο]μοιομερῆ (ἐστιν) καὶ κ(ατὰ) τὰς τομὰς
εἰς ἀ[νόμ]οι[α] χωρ[ίζετ]αι μέρη. * * τ(ῶν) δ' ἁπλ(ῶν)
τὰ μ[(ὲν) (ἐστιν) κεχερματισ]μένα, τὰ δὲ ἡνωμένα.

45 κ[εχερματισμ(έν)α] μ(ὲν) οὖν (ἐστιν) αἷμα, χολή, φλέ-
γμ[α καὶ ὅλ]ως πάντα τὰ ἐν ἡμῖν ὑγρά,
ὁ[μοίως φῦσα], πνεῦμα, τὰ τούτοις ἐοικότα,
[ἡνωμέν]α δὲ τὰ μὴ τοιαῦτα. * * τ(ῶν) δὲ
[ἡνωμέν(ων)] αὐτ(ῶν) τὰ μ(έν) (ἐστιν) διατεταμέ-

50 [να, τὰ δὲ] παχέα τε καὶ διεστηριχότα,
τὰ [δὲ οὔτε διεσ]τηριχότα οὔτε

XXI 28; cf. XXII 51] GALENUS q. d. Isag. 9 [XIV 697 K.]: καὶ Ἐρασίστρατος ὡς ἀρχὰς καὶ στοιχεῖα ὅλου σώματος ὑποτιθέμενος τὴν τριπλοκίαν τῶν ἀγγείων νεῦρα καὶ φλέβας καὶ ἀρτηρίας. GALENUS de nat. pot. II 6 [III 171,1 Helmreich, II 96 K.] φλέβας ἔχειν ἐν ἑαυτῷ καὶ ἀρτηρίας τὸ νεῦρον ὥσπερ τινὰ σειρὰν ἐκ τριῶν ἱμάντων διαφερόντων τῇ φύσει πεπλεγμένην. num λόγῳ θεωρητὰ sint, disputat idem ib. [p. 172,3 sqq. II. 97 sqq. K.]

XXI 27 αἰσθητὴν] ante alterum η vidisse mihi videbar potius φ quam τ. at τ non ex-
cluditur et a sensu non commendatur velut καθ' ἀφὴν   28 K   29 non extat
τοῦτο μ(ὲν)   30 εἶναι claro compendio P. fortasse quod ferri potest, hic scriptor
sibi non permisit. correxit quidem XXIV 32 P   31—34 K   36—44 K
38 ανοιμερη, suprascr. ομοιο P   44 κεχερματισμένα hic et 45 spatiis et vestigiis
ductus dubitanter supplevi, ut particularum in illis flumen Platonica voce significetur
46 K   48 K   50 K

XXI 52 δια[τεταμέ]να. * * διατεταμένα μ(ὲν) οὖν
ν[εῦρον, ἀδή]ν, ἀρτηρία, φλέψ, τὰ τούτοις

XXII ἐγγύς. * * δ[ιεστηρι]χότα δὲ ὀστέα, χόν-
δροι, τὰ ὅμοια. * τὰ μεταξὺ δὲ τούτ(ων) ἐνκέ-
φαλος, μυελός, τὰ ἐοικότα· καὶ ἡ μ(ὲν) τοῦ
ζώιου σύστασις ὡ[ς ἐν κε]φαλαί[οι]ς
5 τοιαύτη (ἐστίν). * * [ἰδ]ίαι [δ]ὲ π[ερὶ τῆς]
οἰκονομίας αὐτῆ[ς νῦν ἀναγκαῖον δοκεῖ]
εἰπεῖν· οὕτως γ(ὰρ) ἂν [εἴη σύμμετρον τῶι λό(γῳ·)]
ἀπὸ πάσης δὴ τοίνυν [τῆς σύστασεως τ(ῶν)]
σωμάτ(ων) συνεχεῖς [μ(ὲν)] ἀπ[οφοραὶ γίνοντα]ι,
10 καὶ ἀπὸ τῆς ἐμψύχου μᾶλλ[ον ἢ ἀ]πὸ τῆς
[ἀ]ψύχου διά τε τὴν θερμασί[αν κ]αὶ
διὰ τὴν κείνησιν, * ὅτ[ι κ(ατὰ) τὴν διαφο]ρὰν
τῶν εἰρημέν(ων) ἀπὸ τῆς [ἐν ἡμῖν θερμα]σίας
μᾶλλον ἀποφοραὶ [τ(ῶν) σωμ]άτ[(ων) γί(νονται) ἢ] ἀπὸ
15 τῶν ἐκτός· τὰ γ(ὰρ) ἐψόμενα [καὶ ἁπλῶς θερ-]
μαινόμενα τ(ῶν) ὑδάτ(ων) μιχρότερα γί(νεται) [παρ]ὰ
τὴν θερμασίαν. [. . . .] τῶι ἄνω π[νέο]υ-
σαν αὐτὴν φύσει συναποφέρειν [ἑαυτῆι]
ἀτμοειδῶς πολλὴν ὑγρότη[τα καὶ ἅμα]
20 λεπτυνόμενον ὑπ' αὐτῆς τὸ [ὑγρ]ὸν
ἀτμοειδῶς ἀποφέρεσ[θαι. καὶ οὕτως μ(ὲν)]
ἐπὶ τ(ῶν) ἐκτός. διὰ ταὐτὰ [δὲ δοκεῖ γί(νεσθαι) ἡ]
ἀποφορὰ π(ρὸς) τῆς θερμασί[ας ἐπὶ τῶν]
ἡμετέρων σωμάτ(ων). * ἡτ[μισμ(έν)α γ(ὰρ) . .]
25 δύναται ἀποφέρειν ταυτ[.]τ(ων). καὶ τὰ μ(ὲν) [βαρ]έα
καὶ παχέα δυσκόλως διαφορεῖται[, τὰ δὲ]
κοῦφα καὶ ἐλαφρὰ εὐχερῶς, ὡς ἂν δὴ
. τῆς κεινήσεως αἰ(τίας) ὑ(παρχούσης) τῆς ἀποφορᾶς.
καὶ γ(ὰρ) τὸ μ(ὲν) κατεραμμένον ἔδαφος

XXI 53 νεῦρον K   ἀδήν] ultimum hastam servat P
XXII 4 K   6 αυτου legerat K   7 exemplum supplementi   10 K
11 K   ἐμψύχου P. minus placet καὶ ἀπὸ τῆς ἐμψύχου ut dittographiam delere
17 αι (vel οι vel δι) ον (vel αν vel εν vel ατι) P; non sufficiant αἰ(τία) ἐν. fortasse διὰ τί;
cf. XXXI 12 n.   18. 19 extremorum umbras servat P   24 extr. αὕτη com-
pendiose?   25 ταῦτα ⟨ἀπ' αὐ⟩τῶν vestigiis aptum, non τὰ ὑγρὰ κτλ., cf. v. 35 al.
26 K   28 an ⟨παρ⟩αιτίας ut v. 34?   29 κατεραμμενον P, cf. ad XXVI 41

XXII 30 οὐ πάνυ πολλὴν ἀποφορὰν ποιεῖται

διὰ τὸ βάρος, τὸ δὲ κ(ατά)ξηρον πλείστην

διὰ τὴν κουφότητα, ἧι καὶ κονιορτὸς

ἀποφέρεται πολύς, ἅτε δὴ τῆς κειν[ή]σεω(ς)

παραιτίας τούτ(ων) ὑ(παρχούσης). διὰ τὴν κείνη[σι]ν

35 οὖν ὡς ὁμοίως ἀποφορὰ ἀπὸ τ(ῶν) σωμάτων

γίνεται συνεχής. * τούτων δὴ ο(ὕτως) ἐχόντ(ων)

καὶ ἀποφορᾶς συνεχοῦς γινομένης

ἀπὸ τῶν ἡμετέρων σωμάτ(ων), εἴπ[ερ] ἀν-

τὶ τ(ῶν) ἀποφερομέν(ων) μὴ ἐγείνετο εἰς τὰ

40 σώματα π(ρόσ)θεσις, κἄν διεφθείρετο ῥαιδίως

τὰ σώματα. * ὅθεν ἡ φύσις ἐμηχα[νήσα]το

ὀρέξεις τε τοῖς ζώιοις καὶ ὕλην καὶ δυνά-

μεις, * ὀρέξεις μὲν εἰς τὸ τὴν ὕλην α[ἱ-]

ρεῖσθαι, * ὕλην δὲ εἰς ἀναπλήρωσιν τ(ῶν) ἀπο-

45 φερομέν(ων), * δυνάμεις μέντοι γε εἰς διοί-

κησιν τῆς ὕλης· καὶ γ(ὰρ) οὐδὲν ὄφελος ἦν

ὀρέξεως, εἰ μὴ ὕλη παρῆ[ν]. οὐδὲ μὴν

ὕλης ὄφελος ἦν, εἰ μὴ δυνάμεις παρῆ-

σαν αἱ διοικονομοῦ(σαι). * * ἀλλὰ γ(ὰρ) ὕλ[η]ν

50 ὑπεβάλετο τροφήν τε καὶ πνεῦμα·

δύο γ(ὰρ) πρῶτα καὶ κυριώτατά (ἐστιν), οἷς δ[ιοι-]

κεῖται τὸ ζῶιον, ὥς φ(ησιν) ὁ Ἐρασίστρατος.

$\overline{}$ ἔνιοι δὲ ἐνκαλοῦσιν αὐτῶι καὶ λ[έ-]

γουσιν ἐκεῖνο ἅ · οὐ [μ]όνον δύο εἶ[ναι]

XXII 51] Aliter GALENUS q. d. Isag. XIV 697 (post l. ad XXI 28 cit.): παραλείπει τά τε ὑγρὰ καὶ τὰ πνεύματα. δυσὶ γὰρ ὕλαις ταῦτα [ταύταις?] διοικεῖσθαι λέγει τὸ ζῷον τῷ μὲν αἵματι ὡς τροφῇ, τῷ δὲ πνεύματι ὡς συνεργῷ εἰς τὰς φυσικὰς ἐνεργείας· οὐ παραλαμβάνει δὲ αὐτὰς ὡς ἀρχάς; cf. infra XXV 28.

XXII 33. 34 K   38 K   43 K   47 παρηι sic P   49 ὕλην K
50 ὑπεβάλετο] scil. ἡ φύσις cf. v. 41 aliter XXIII 8   51. 52 διοικεῖται incertum supplementum. ἀεὶ δεῖται K. primae litterae initium vel δ vel α vel ε, prima littera v. 52 aut δ aut κ (cursiva forma) aut μ (?). διοικονομεῖται (cf. XXIII 4) longius videtur, nisi forte medium vocis more suo transiluit P. de διοικεῖν cf. XXIII 10. XXIV 18. 19 Galen. II 111. 134 XIV 697 K. cf. test. ad XXII 51   53. 54 K

XXIII   1 [. . . . .]

         [. . . . . κυρι]ώτατα· ὑπερβολὴν γ(ὰρ) οὐ-

         [δετέρου ἡμῖν (εἶναι) ἀνα]γκαίαν. γ· οὐδὲ τού-

         το[ις πρώτοις διοικο]νομεῖται τὸ ζῶιον, ἀλ(λὰ) αὐτά (ἐστιν)

    5 δ[ιοικονομούμε]να ὑπὸ τῶν δυνάμεων.

         [καὶ ταῦτα μ(ὲν) λέγου]σι π(ρὸς) τὸν Ἐρασίστρατον,

         [ἃ ὕστερον ἐν οἰκ]είωι τόπωι πρὸς ἡμῶν δια-

         πο[ρηθήσεται. * *] ἐπεὶ δὲ ὕλην ὑποβέβληται

         [τ]οι[α]ό[τ]η[ν αἴ(τια) τιθε]ὶς τροφήν τε καὶ πνεῦμα

   10 ἁπάντ[ων, περὶ] τῆς ἑκατέρου διοικήσεως

         λαλήσ[ομ(εν), καὶ π]ρό[τε]ρον περὶ τῆς τοῦ πνεύματο(ς)·

         ἕλκετα[ι τ]οιγ(ὰρ)[τ]οι τὸ πνεῦμα ἔξωθεν

         ὑπὸ [τοῦ] στό[μα]τος καὶ τ(ῶν) μυκτήρων

         καὶ δι[ὰ τῆ]ς τρ[αχ]είας ἀρτηρίας φέρεται εἰς

   15 πν[εύμ]ον[α κ]αὶ καρδίαν, ἔτι δὲ θώρακα·

         διηθ[εῖται] δὲ καὶ εἰς κοιλίαν ὀλίγον διὰ τοῦ

         [στομά]χου καθ' ἡμᾶς, * οὐ μὴν δὲ κατὰ

         τὸν Ἐρ[α]σίστρατον. * * ἀπὸ τούτ(ων) δὴ τ(ῶν) τόπων

         φέρετα[ι εἰ]ς τὰς κ(ατὰ) μέρος ἀρτηρίας. φέρεται

   20 δὲ κ[α]ὶ εἰς τὰ κοιλώματα· ὡς ὁμοίως δὲ

         καὶ ε[ἰς] τὰ καθ' ὅλον τὸ σῶμα ἀραιώματα,

         εἶτα διεκθεῖ διὰ τ(ῶν) ἐν τῆν σαρκὶ φυσικῶν ἀραι-

         ωμάτων εἰς τὸ ἐκτός. τὸ δὲ πλεῖον ἐκ-

         πνεῖται διά τε τοῦ στόματος καὶ τ(ῶν) μυκτή-

   25 ρων. * * καὶ δὴ τοῦ εἰσπν[εο]μένου πλεῖον

         ἐκπνεῖται διὰ τούτ(ων) τ(ῶν) τόπων, λέγω δὲ διὰ

         στόματος καὶ μυκτήρων, ὅπερ (ἐστὶν) ἴσως παρά-

         δοξον. πῶς γ(ὰρ) οἷόν τ' (ἐστὶν) πλεῖον ἐκπνεῖσθ(αι),

         καίτοι γε ἀπὸ τοῦ εἰσπνεομένου ἀναλου-

XXIII 11] cf. GALENUS de causis respir. [IV 466 K. fortasse Erasistrati memor]: ἀρχὴ μὲν
οὖν διὰ τοῦ στόματος καὶ τῶν ῥινῶν ἑλκόμενος ἀὴρ ὕλη τυγχάνων τῆς κατὰ τὴν ἀναπνοὴν
χρείας ... διὰ τῆς τραχείας ἀρτηρίας εἰς τὸν πνεύμονα κομιζόμενος.

XXIII 1. 2 sensus τὰ πρῶτα, ἀλλὰ πλείω. β· οὐδὲ ταῦτα εἶναι | τοῖς σώμασι κυριώ-
τατα κτλ.   7 ὕστερον] locus non servatur   15 πνεύμονα] prima littera similis τε,
sed, nisi π omisit P, non fuit τε πνεύμονα; etiam extremae litterae dubiae, sed aliud vo-
cabulum fingi nequit cf. testim.   17—21 K   25 εισπνοιμενου P

XXIII   30   μένου τινὸς εἰς τὰ σώματα; ἀλλ' οὐκ (ἔστιν) πα-
ράδοξον· ὃν γ(ὰρ) τρόπον κατατάσσεταί τι εἰς
τὰ σώματα ἀπὸ τοῦ εἰσπνεομένου, τὸν
αὐτὸν τρόπον καὶ τῶι πνεύματί τινα π(ροσ)τί-
θεται ἀπὸ τ(ῶν) σωμάτ(ων) καὶ πλείονά γε, ἅτινα
  35   καὶ πλεῖον ἀποτελεῖ τὸ ἐκπεμπόμενον
πνεῦμα. * * ψυχρόν τε ὑπάρχον τὸ πνεῦμ(α)
θερμὸν ἐκπέμπεται, ἅτε δὴ φερόμενον
διὰ σωμάτ(ων) θερμῶν. ἀμέλει γ(ὰρ) τὴν
εἰσπνοὴν γί(νεσθαί) φησιν εἰς τὸ τὸ πλεῖον θερμὸν
  40   τ[ὸ] περὶ τὴν καρδίαν κ(ατα)ζβέννυσθαι καὶ
μὴ σωματούμενον κ(ατα)φλέγειν τὰ σώ-
ματα. * * τούς τε ὕπνους, ὥς φησιν ὁ Ἀρισ(το)τέλης,
ἀποτελεῖσθαι τοῦτον τὸν τρόπον· τῆς
γὰρ καρδίας φύσει θερμῆς ὑπαρχούσης
  45   καὶ ἐξ αὐτῆς ἀνηρτημένου τοῦ θερμοῦ,
τοῦ δ' ἐνκεφάλου ψυχροῦ, συμβέβηκεν
περὶ τῶι ἐνκεφάλωι συνίστασθαι
ὑγρότητα τὴν ἀναφερομένην ὑπὸ
[τ]ῆς θερμότητος ἀπὸ καρδίας,
  50   [ἣ]ν δὴ συνισταμένην κ(ατα)ψύχεσθαι

XXIII 39 φησιν] vix Erasistratus cf. GALENUS l. c. [IV 471] ἢ τῆς ἐμφύτου θερμασίας ἀνά-
ψυξίς τις, ὡς Φιλιστίων τε καὶ Διοκλῆς ἔλεγον, ... ἢ τούτων μὲν οὐδέν, ἐπιπληρώσεως δὲ
ἕνεκεν ἀρτηριῶν ἀναπνέομεν, ὡς Ἐρασίστρατος οἴεται.
XXIII 42] ARISTOTELES de somno et vigilia 3 [p. 456ᵃ30—32]: ἐχόμενον δὲ τῶν εἰρη-
μένων ἐστὶν ἐπελθεῖν, τίνων γινομένων καὶ πόθεν ἡ ἀρχὴ τοῦ πάθους γίγνεται, τοῦ τ' ἐγρη-
γορέναι καὶ τοῦ καθεύδειν. Ibidem [456ᵇ17—24]: οὐκ ἔστιν ὁ ὕπνος ἀδυναμία πᾶσα τοῦ αἰσθη-
τικοῦ, ἀλλ' ἐκ τῆς περὶ τὴν τροφὴν ἀναθυμιάσεως γίνεται τὸ πάθος τοῦτο· ἀναγκαῖον γὰρ τὸ
ἀναθυμιώμενον μέχρι του ὠθεῖσθαι, εἶτ' ἀντιστρέφειν καὶ μεταβάλλειν καθάπερ εὔριπον, τὸ δὲ
θερμὸν ἑκάστου τῶν ζῴων πρὸς τὸ ἄνω πέφυκε φέρεσθαι· ὅταν δ' ἐν τοῖς ἄνω τόποις γένηται,
ἀθρόον πάλιν ἀντιστρέφει καὶ καταφέρεται. Ibid. [456ᵇ26—28]: ὅταν δὲ ῥέψῃ κάτω καὶ ἀντι-
στρέψαν ἀπώσῃ τὸ θερμόν, τότε γίνεται ὁ ὕπνος καὶ τὸ ζῷον καθεύδει. Ibid. [457ᵇ29. 30]:
πάντων δ' ἐστὶ τῶν ἐν τῷ σώματι ψυχρότατον ὁ ἐγκέφαλος, τοῖς δὲ μὴ ἔχουσι τὸ ἀνάλογον
τούτῳ μόριον. Ibid. [458ᵃ1—5]: οὕτως ἐν τῇ ἀναφορᾷ τοῦ θερμοῦ τῇ πρὸς τὸν ἐγκέφαλον
ἡ μὲν περιττωματικὴ ἀναθυμίασις εἰς φλέγμα συνέρχεται (διὸ καὶ οἱ κατάρροι φαίνονται γιγνό-
μενοι ἐκ τῆς κεφαλῆς), ἡ δὲ τρόφιμος καὶ μὴ νοσώδης καταφέρεται συνισταμένη καὶ κατα-
ψύχει τὸ θερμόν. Ibid. [458ᵃ8—12]: τῆς μὲν οὖν καταψύξεως τοῦτ' ἐστὶν αἴτιον, καίπερ
τῆς ἀναθυμιάσεως ὑπερβαλλούσης τῇ θερμότητι, ἐγείρεται δ', ὅταν πεφθῇ καὶ κρατήσῃ ἡ συνεωσ-
μένη θερμότης ἐν ὀλίγῳ πολλὴ ἐκ τοῦ περιεστῶτος.

XXIII 34 γε vel τε P   49 K

XXIII   51   [x]αὶ ἐκ τοῦ [. . . . . . .] πάλιν κ(ατα)φέρεσθαι,

          [μὴ] δυναμένην διὰ [τὸ ψῦχος διαμέ-]

          [νειν] ἐν τοῖς τόποις, ἐπὶ τὴν καρδίαν

XXIV   [. . . . .]

      καὶ τῆι μίξει τὸ θερμόν. [＊ ὦ]δε τὸ[ν] ὕπν[ον γί(νεσθαι)],

      τὴν δὲ ἐγρήγορσιν ἀποτελεῖσθαι ἀν[α]λουμέν[ης]

      τῆς ὑγρότητος ἁπάσης τῆς περὶ τῶι ἐγκεφ[άλωι],

    5 ἔπειτα τοῦ θερμοῦ πάνυ πλεονάζοντ[ος]. κ[αί-]

      τοι γε ἑαυτὸν ἐπ[αι]νεῖ ὁ Ἀριστοτέλης, ὅτι παρὰ [τοὺς]

      ἄλλους καὶ τὸν ὕπνον καὶ τὴν ἐγρήγορσιν αἰτι[ο-]

      λογεῖ ἐκείνων αὐτὸν [μό]νον τὸν ὕπνον αἰ[τιο-]

      λογούντ(ων), μηκέτι δὲ καὶ τὴν ἐγρήγορσιν.

   10 πλὴν περὶ οὗ ὁ λό(γος), τὸ πνεῦμα ψυχρὸν εἰσπνε[ῖται],

      θερμὸν μ(έν)τοι γε ἐκπνεῖται, ὡς δὴ διὰ θερμῶν

      χωρίων φερόμενον. ＊ καὶ μὴν ξηρὸν μὲν εἰσ-

      πνεῖται, ὑγρὸν δὲ ἐκπνεῖται· καὶ δῆλον· ＊

      εἰ γ(άρ) τις περὶ τοῦ στόμ[ατ]ος καὶ τοῦ μυκτῆρος

   15 τὴν χεῖρα ἢ μέρος τοῦ ἱματίου προθείη,

      συνόψεται ἔνικμον [τ]οῦτο, [ὡς] δὴ σὺν

      τῶι πνεύματι καὶ ὑγρότητος συνεκπεμπο-

      μένης. καὶ περὶ μ(ὲν) τῆς το[ῦ π]νεύματος διοι-

      κήσεως ταῦτα. ＊ ＊ περὶ δὲ τῆς τροφῆς ἀναγ-

   20 καῖον ὑπομιμνήσκειν [μετὰ [ταῦτα]· αὐ]τη προσενε[χθε]ῖσα

      πρώτης κατεργασίας τυγ[χά]νει ἐν στόματι

      τεμνομένη μ(ὲν) πρὸς τῶν προσθίων ὀδόν-

      των — τομεῖς καλοῦνται —, καταλεαινομέ-

      νη δὲ πρὸς τ(ῶν) μυλῶν, λοιπὸν κ(ατα)πείνεται

   25 διὰ στομάχου καὶ φέρεται εἰς κοιλίαν.

      κἂν ταύτηι δὲ μεταβάλλει τε καὶ ἀποικεῖ[οῦ]ται

XXIV 6] ARISTOTELES in servatis libris nihil eiusmodi dixit.

XXIII 51 post τοῦ dispiciebat κατα K, fortasse κατάρρου (cf. Arist. l. c. p. 458 ᵃ3)
vel ⟨ἐν⟩κεφάλου.

XXIV 1 margo superior plane oblitteratus, conici tamen potest versum deesse
4. 5 K   10 K   14 περι clare P: emenda πρὸ   στόματος K   16 ὡς ἂν
δὴ quod ex more scriptoris est, spatium non capit cf. v. 11   18 K

XXIV 27 χυλουμένη ἐπὶ τὸ οἰκεῖον. καὶ γὰρ ἀρέσκει

ἡμεῖν τὴν τροφὴν ἐν κοιλίαι μεταβάλ⌈λ⌉ειν

τε ἐπὶ τὸ οἰκεῖον κἂν ταύτηι δευτέρας κ(ατ)⟨ερ-⟩

30 γασίας τυγχάνειν [x]αὶ οὐχ ὥσπερ ὁ Ἀσ[x]-

ληπιάδης ὁ οἰνοδώτης καὶ Ἀλέξανδρος

ὁ Φιλαλήθειος διέλαβον, ⌈ὥς⌋ τέμνε⌈τ⌋αι μόνον

καὶ χυλοῦται ἡ τροφὴ ἐν κοιλίᾳ καὶ προδιάθε-

σίς τις αὐτῆι γί(νεται), [συμην] οὐ μὴν ἀποικείωσις

35 ἐπὶ τὸ οἰκεῖ⟨ο⟩ν. * * ἡμ(ε)ῖς γ(ὰρ) λέγομεν καὶ χυλοῦσθ(αι)

τὴν τροφὴν ἐν κοιλίᾳ καὶ κ(ατ)εργασίας τυγχ(άνειν) ⌈καὶ ·

μεταβολῆς τῆς⌋

ἐπὶ τὸ οἰκεῖον, ὡς ⌈ἂν⌋ δὴ διὰ τούτ(ων) καὶ θερ-

μοτέρων παραφερομένην χωρίων· καὶ

δεόντως ὥσπερ κἀπὶ τ(ῶν) ὑδάτ(ων)· ταῦτα

40 γὰρ ῥέοντα διά τινων τόπων μετα-

λα⟨μ⟩βάνει τῆς ἀπ' ἐκείν(ων) δυνάμεως

καὶ τὴν αὐτὴν κείνοις ἴσχει δύναμιν.

ἐὰν γὰρ ὦσιν οἱ τόποι ἀσφαλτώδεις, καὶ

τὸ ὕδωρ ἀσφαλτῶδες γί(νεται) κ(ατὰ) τὴν δύναμ(ιν),

45 ἐὰν ⟨δὲ⟩ θειώδεις, θειώδη μεταβάλλον-

XXIV 30] Plinius Hist. nat. XXIII 38: *Asclepiades utilitatem vini aequari vix deorum po-
tentia posse pronuntiavit.* Idem XXVI 14: *trahebat* [Asclepiades] *praeterea mentis artificio ani-
mos iam vinum promittendo aegris dandoque tempestive, iam frigidam aquam. et quoniam cau-
sas morborum scrutari prius Herophilus instituerat, vini rationem inlustraverat Cleophantus
apud priscos, ipse cognominari se frigida danda praeferens, ut auctor est M. Varro, alia
quoque blandimenta exogitabat.* Idem VII 124: *Asclepiadi Prusiensi condita nova secta spre-
tis legatis et pollicitationibus Mithridatis regis reperta ratione qua vinum aegris mederetur,
relato e funere homine et conservato* etc. Apuleius Florida 19 p. 32, 14 Krüger: *Asclepiades ille
inter praecipuos medicorum, si unum Hippocratem excipias, ceteris princeps primus etiam vino
repperit aegris opitulari, sed dando scilicet in tempore.* Caelius Aurelius acut. morb. II 39
(ed. Amman 1722) p. 175: *iubet etiam dari vinum noctibus diurnis atque iugiter, sed id vinum
cui salem admiscuerimus et quod appellarit τεθαλασσωμένον . . . probat autem vinum dan-
dum post cibum, siquidem solum facile penetret ac pertranseat corpora non aliter quam si
sine ulla faece per liquatoria fundatur . . . iubet etiam meracum, non mixtum dari. hac enim
ratione, inquit, exustae viae tanquam ex igni conductae sudorem retinendo constringunt.*
Sumpta haec et alia ex nobili Asclepiadis libro περὶ οἴνου δόσεως (Sext. Math. VII 91 cf.
libri citati a Susemihlio *Alex. Litteratur* II 440 [132]).

XXIV 29. 30 K   31 οινοδωτης P. οἰνοδότης K probabiliter (cf. Eur. Herc. 680),
cum neque analogia (ἐπιδώτης) illud satis excuset et frequenter confundat ο et ω P
32 τεμνεσθαι, superscr. τ P   35 K   41 απ vel επ P   45 K

XXIV 46 τα γί(νεται) καὶ τὰ ὕδα(τα). ὡς οὖν ταῦτα μετα-
βάλλει τὰς δυνάμεις παρὰ τὰς τ(ῶν) τόπ(ων)
διαφοράς, ο(ὕτως) [τῶς] κἀπὶ τῆς τροφῆς· αὕ-
τη γ(ὰρ) [.....................] θερ-
50 μοτέρων τόπ[ων....................] νη[ν]
ἐν κοιλίαι καὶ [................]χυς τό-
ποι μὲν ἢ τ[....................]εται
τῶι [..........................]ροι πο
λωνον και [....................] κα[τ]ερ-

XXV [γασί]ας τυγχάνει. * ἀναλαμβ[α]νομένη δὲ
πρὸς τ(ῶν) ἀγγείων τ(ῶν) ἀπὸ τοῦ με[σ]εντερίου μ(ὲν)
ἐκφυόντ(ων), ἐνφυόντων δὲ εἰ[ς] τὴν κοιλίαν
[προστίθεται τῶι ὅλωι σώματ[ι] * καὶ μὴν] [τητησκατεργασιας-
τυγχανει //////////////]
5 [καὶ ἀ]τμοειδῶς διὰ τῶν ἀρ[αιω]μάτ(ων)
[τῶν] ἐν τῆι κοιλίᾳ ἀναλαμβάνεται ἡ τροφὴ
[κ]αὶ ἐξ ὡμῶν γί(νεται) ἡ π(ρόσ)θεσις τῶι ὅλωι σώματι,
ὡς ἂν δὴ καὶ ἐξ ὡμῶν γινομένης τῆς
ἀναδόσεως. καὶ ἐν τῶι στόματι δὲ ληφθεί-
10 σης τῆς τροφῆς παρὰ ταῦτα ἀνάδοσ(ις) γί(νεται) ἀπ᾽ αὐ-
τῆς, ὡς ἂν δὴ πάλιν ⟨καὶ⟩ ἐξ ὡμῶν γινομέν(ης)
τῆς ἀναδόσεως. ταύτῃ δὴ κα[ὶ] οἱ κ(ατά)ξηρα
ἴσχοντες τὰ στόματα διαχ[λυσ]άμενοι
μαλακώτερα φέρονται, ὡς [ἂν δ]ὴ ἀναδόσ(εως)
15 παραυτὰ γινομένης. * ἀμέ[λει] δὲ τούτῳ
τῶι λό(γῳ) καὶ δυσώδη προσφερόμε[νοι δ]ιωθούμεθ(α)
αὐτὰ κατὰ τὴν παραυτὰ γεν[ομ]ένην
γεῦσιν, καὶ ἐκδ ὧν ἀντιλαμβα[νό]μεθα [καὶ αὐτὰ δῆ(λα)].
ἐξ ὧν φανερόν, ὡς καὶ ἐξ ὡμῶν γί(νεται) ἡ ἀνάδ(οσις).
20 ἀλλὰ γ(ὰρ) [καὶ] κατὰ τὴν κ(ατά)ποσιν τὴν διὰ στομάχου
τῆς τροφῆς ἀνάδοσις γί(νεται) καὶ π(ρόσ)θεσις τῶι ὅλ[ῳ].
ἐξ ὧν φανερόν, ὡς καὶ πέψις γίνεται καὶ ἐν κοιλίαι,
καὶ ἐξ ὡμῶν δὲ ἡ ἀνάδοσις. [τ]αύτῃ δὴ

XXV 1—7 K   4 versum deleto pleno versiculo, qui incipit ab τητησ et in
lituram desinit, inter versus supplevit P   10 K   παραυτὰ H. Schoeneus cf.
v. 15. 17. XXXII 43   12 K   17 K   18 εκδ sic clare P, quod explico
ἐξ (δ = σ cf. Buresch Philolog. LI 97)   δῆλα] δῆ P   23—27 K

XXV 24 καὶ τοῦ Ἀσκληπιάδου διοίσομ[(εν)· οὗ]τος γ(ὰρ)

25 ἐξ ὡμῶν αὐτὸ μόνον λέγει γί[(νεσθαι) τὴ]ν ἀνάδ(οσιν),

ἡμ⟨ε⟩ῖς δὲ καὶ ἐξ ὡμῶν μ(ὲν) καὶ ἐκ π(έψε]ως

τῆς ἐν κοιλίᾳ γι(νομένης). * καὶ τοῦ Ἐρασι[στρά]του δὲ

διοίσομ(εν), καθ' ὅσ[ον] κεῖνος [μ(ὲν)] τὸ [μ(ὲν)] αἷ[μα] εἶπεν

μόνον (εἶναι) τροφήν, ἡμ⟨ε⟩ῖς δὲ καὶ [τὸ αἷ]μα μ(ὲν)

30 εἶναι τροφήν, μὴ μόνον δέ, ἀλ(λὰ) [καὶ τὴ]ν ὡμὴν

δὲ τροφήν. * * εἶτα τῆς τροφῆς ἡ μ(ὲν) [εὔχ]υμ(ος)

καὶ λεπτομερεστέρα αὐτόθεν ἀνα[δίδο]ται τῶι

ὅλωι σώματι [διαχωροῦ[σα]], ἡ δὲ στερεὰ καὶ τρα[χεῖα] πέσσ[ε]ται

ἐν κοιλίαι· πέψις γάρ (ἐστιν) μεταβολὴ κ[......]ις [ἐπὶ τοι . . ι]

35 σαι· διαίρεσις γ(άρ). * καὶ οὐ μόνον ἐ[ν κοιλίαι]

36a γί(νεται) ἀνάδοσις, ἀλ(λὰ) [πάσης τῆς τροφῆς ἄ[πεπτόν τι λε]ίπε-

36b ται καὶ φέρετ(αι) εἰς τὰ ἔντερα καὶ ἐν τούτ(οις)

36c ἀναδ(ίδοται)], καὶ ἐν τοῖς ἐντέροι[ς οὐκ αὐ]τοῖς —

ἡ γ(ὰρ) μερισθεῖσα εἰς ταῦτα τροφὴ ἀν[αδίδ]οται

ἡ διὰ τ(ῶν) περὶ αὐτὰ ἀραιωμάτ(ων) ἢ διὰ [τ(ῶν) ἀγγ]είων

τ(ῶν) ἐμφυόντ(ων) εἰς αὐτά — καὶ οὐ πᾶσ[α, ἐλά]χιστον

40 δ[ὲ] ταύτης ἀπολείπεται, ὃ δὴ π(ρὸς) [τῆς ἐ]ν τ[ῷ]

κ[ό]λωι ἰδιότητος ἀποκοπροῦτα[ι. γί(νεται) δὲ] καί τι τοῦ

σ[π]έρματος. καὶ γ(ὰρ) τοῦτ[ο] κατασκευά[ζε]ται

π[ρὸ]ς τῆς ἰδιότητος τῆς ἐν τοῖς σ[περμ]ατικ(οῖς)

πόροις μεταβαλλούσης τὴν φε[ρομέ]ν(ην)

45 ὡς αὐτοὺς τροφήν. ο(ὕτως) δὴ καὶ τὸ [διαλλ]άττον

XXV 25] GALENUS q. d. Defin. med. 99 [XIX 373]: οἱ δὲ ἐξ ὡμῶν ἔφασαν τὰς ἀναδόσεις γίγνεσθαι, ὥσπερ καὶ Ἀσκληπιάδης ὁ Βιθυνός. CAELIUS AURELIANUS ac. morb. I 14 [p. 44 Amm.]: neque ullam digestionem in nobis esse, sed solutionem ciborum in in ventre fieri crudam et per singulas particulas corporis ire, ut per omnes termis visa penetrare videatur quod appellavit λεπτομερές [cf. Gal. IV 706 sq.], sed nos intelligimus spiritum.
XXV 27] GALENUS de nat. pot. II 8 [II 112 K., III 182,13 Helmr.]: ἐπὶ δὲ τῆς τοῦ αἵματος γενέσεως οὐδὲν ἀτιμοτέρας οὔσης τῆς ἐν τῇ γαστρὶ χυλώσεως τῶν σιτίων οὔτ' ἀντειπεῖν τινι τῶν πρεσβυτέρων ἠξίωσεν οὔτ' αὐτὸς εἰσηγήσασθαί τινα ἑτέραν γνώμην ἐτόλμησεν [Erasistratus].

XXV 28 αἷμα K   29. 30 K   31 extr. υλ, suprascr. μ (vel ω) P; fortasse voluit εὐχυλο(τέρα), o in ω vitiato   32 K   33 τραχεῖα πέσσεται K
34 suppleverim καὶ λείωσις ἐπὶ τὸ ἐψῆσαι cf. [Gal.] def. 99 (XIX 372 K.)   35 K init. σαι vel και P   36a—c πάσης — ἀναδίδοται et inter versus et in margine supplevit P   37 ἀναδίδοται K   38 K   40 in. K   42 K   43 πρὸς K
45 extr. αττον vel αυτον P

XXV 46 πρὸς τῆς ἐν ἑκάστῳ ἰδιότη⟨το⟩ς γί(νεται [. . . . .] [[. .] τροφή

(ἐστιν) ἐν τοῖς ἐντέροις ἐξ^ω μεγίσ-]

θ

των οὕτως ἐχόντων ἕτερον κατ[. . . .]ν

κ[αὶ] ἀπὸ τ(ῶν) ἐντέρων ἀνάληψις γ[ίνετ]αι

τῆς τροφῆς. τὸ μ(ὲν) γ(ὰρ) ἐν τῶι λεπτῶι [ἐν]τέρ[ῳ]

50 παραχείμενον λεπτότερόν τ' ἐστ[ὶν] καὶ

ὑγρότερον, τὸ δὲ ἐν τῶι ἀπευθυ[σμέ]νωι

ξηρότερον καὶ παχύτερον, ὡς ἂν δὴ

π[(ρὸς)] τούτ(ων) ἀναδόσεως γεγεν[ημ]ένης.

[αὐ]τὰ [δὲ] τὰ ἀποχρινόμενα περισσώ[ματα] τροφὴ

XXVI [ἄ]λλ[ων γί(νεται),] τροφὴ δὲ τ(ῶν) ἀλόγων ζώων. * πρὸς τοῦ-

το τ[ὰ μ(ὲν) πε]ρισσώματα τροφή (ἐστιν) τ(ῶν) ἀλόγων

ζώ[ιων, α]ὕτη δὲ πρὸς αὐτ(ῶν) λαμβανομένη

με[ταβάλ]λει εἰς τὴν σάρκα. * οὕτω καὶ αὐτ(ῶν)

5 [γί(νεται) τροφή], εἰς μ(έν)τοι γε τὰς τ(ῶ)ν ἀλόγων ζώιων

σάρκ[ας π]ροσφερόμενα οἷον [ὀρ]νείθων καὶ τ(ῶν)

παρα[πλησ]ίων, καὶ πρὸς τούτ(ων) τρεφόμεθά τε

καὶ [αὐξαν]όμεθα. [τῶι δὲ] αὐτῶι λόγωι τρο(φή)

ἐστιν [αὖ] τ(ῶν) ἀνθρώπων τὰ περισσώματα. *

10 εἰ δεῖ οὖ[ν τ]ροφὴν (εἶναι) τ(ῶν) ἀνθρώπων τὰ περισσώ(ματα),

ἐπειδ[ὴ τὰ] ἄλογα τ(ῶν) ζώιων τρέφεται πρὸς

τ(ῶν) περι[σσ]ωμάτ(ων) καὶ αὔξεται, ἡμ(ε)ῖς δὲ

πρὸς τ[(ῶν) ἀλ]όγων ζώιων, τούτωι τῶι λό(γωι)

φησ[ὶν κ]αὶ τὸ ξύλον καὶ τὸν λίθον καὶ

15 τὰ ⟨παρα⟩πλ[ήσια] τροφὴν (εἶναι), ἐπειδὴ πάντα εἰς πάν-

τα με[ταβάλ]λει. ἄλογον δὲ τοῦτο. * [[διὰ]] τί γὰρ τὰ θαν(άσιμα)

τῶν [. . . .]ν κα[. .]ευου[. .]επι[.] [τροφή], εἴπερ οἱ οἰσυ-

---

XXV 46 a. b supplementum margini adpinxit P   46 b cum ἐξ^ω vel ἔξωθεν vel ἐξ
ὡμῶν vel ἐξ ὧν, μεγις vel potius αλεγισ (vel αληχ), ἕτερον etiam πορον vel παρον legi
possint, incertae sunt coniecturae. fortasse [μία γ(ὰρ) ἡ] τροφή (ἐστιν) ἐν τοῖς ἐντέροις;
cetera despero   48 αναληψισ, η ex α correcto P   49—51 K   53 K
XXVI 1 ἄλλων] ω litterae dimidium servavit P   2. 3 K   4 αὐτῶν]
ipsorum hominum P. stilus hau scio librarii an scriptoris culpa maxime hoc loco la-
borat   6. 7 K   8 αὐξανόμεθα K   9 αὖ τὰ περισσώματα collatis
v. 17. 18 (v. not.) suppleverim τῶν ἀλόγων ζώων   12. 13 K   16 extr.
θαῦ P   17 desperandus locus   κα vel μα, ευου[σ]ι vel ερου[σ]ι P
17. 18 οἴσυπος] cf. Aretaeus p. 194,10 Sp. Gal. XII 309 δ γε μὴν ἐπιτρεφόμενος τοῖς τῶν

XXVI 18 πος [. .]ουν[. . .]οι τὸ κώνειον τρέφουσι
τοὺς ἀνθρώπους; * πλὴν ταῦτα μ(ὲν) ο(ὕτως).

20 ἐκεῖνο δὲ ῥητέον, ὅτι γί(νεται) καὶ ἐν κοιλίᾳ πέψις
καὶ εὐ[χύμω]ν δὲ ἀνά[δοσ]ις, [*] ἡ πλε[ί]ω(ν)
δὲ ἀνάδοσις ἀπό τε κοιλίας καὶ στομάχου
καὶ ἀπὸ τῶν ἐντέρων καὶ τοῦ κόλου — καὶ
γί(νεται) ἡ ἀν[ά]δ[ο]σ[ις] διὰ τ(ῶν) ἀραιωμάτ(ων) τ(ῶν) ἀμφ'
αὐτά —

25 καὶ ἀπὸ [τοῦ] στόματος. καὶ οὐ μόνον ἀπὸ
τούτ(ων) ἀνάδοσις γί(νεται) καὶ πρόσθεσις, ἀλ(λὰ) καὶ
ἀπὸ τ(ῶν) ἐν τοῖς ἀγ[γ]ε[ί]οις παρακειμέν(ων)
καὶ ἀπὸ τῆς ἐν ταῖς φλεψὶν παρακει-
μένης τροφῆς· καὶ ἀπὸ τῆς ἐν ταῖς ἀρ-

30 τηρίαις ἀνάδο[σ(ις)] γί(νεται) καὶ πρόσθεσις τῷ ὅλῳ
σώματι καὶ ἀτμοειδῶς. * ὁ μ(έν)τοι γε Ἐρασίστρα-
τος οὐκ οἴεται ἀνάδοσιν γί(νεσθαι) ἀπὸ τ(ῶν) ἀρτηριῶ(ν).
μὴ γ(ὰρ) εἶναι κ(ατὰ) φύσιν ἐν αὐταῖς αἷμα — τοῦτό (ἐστιν)
τροφή —, ἀλ(λὰ) πνεῦμα, οὐχ ὑγιῶς ἱστάμενο(ς) [λό(γον)],

35 ὡς ἀποδείξομ(εν). εἰς μ(ὲν) [γ(άρ)]· εἴπερ μὴ παρέκει-
το ἐν [ἀ]ρτηρίαις κατὰ φύσιν αἷμα, ἐχρῆν
διαι[ρ]ουμέν[(ων)] ἀρτηριῶν αἷμα μὴ ἀποχρίνε(σθαι)·

XXVI 31] GALENUS de usu part. VII 17 [III 492 K.]: ὅσοι ταῖς ἀρτηρίαις οὐδ' ὅλως αἵμα-
τος μεταδιδόασιν ὥσπερ καὶ ὁ Ἐρασίστρατος. IDEM de nat. pot. II 6 [II 104 K., III 177, 4
Helmr.]: εἰ δὲ τὴν διὰ τῶν φλεβῶν φορὰν τῆς τροφῆς ἀνάδοσιν καλεῖ [Erasistratus], τὴν δ' εἰς
ἕκαστον τῶν ἁπλῶν καὶ ἀοράτων ἐκείνων νεύρων καὶ ἀρτηριῶν μετάληψιν οὐκ ἀνάδοσιν ἀλλὰ
διάδοσιν, ὥς τινες ὀνομάζειν ἠξίωσαν. Ibid. [p. 95 K. 170, 12 H.]: εἰ δ' ἐπισκοποῖτό τις ἐπιμελῶς,
οὐδ' ὁ περὶ θρέψεως αὐτοῦ λόγος, ὅν ἐν τῷ δευτέρῳ τῶν καθόλου λόγων διεξέρχεται [Era-
sistratus], τὰς αὐτὰς ἀπορίας ἐκφεύγει. τῇ γὰρ πρὸς τὸ κενούμενον ἀκολουθίᾳ συγχωρηθέν-
τος ἑνὸς λήμματος, ὡς πρόσθεν ἐδείκνυμεν, ἐπέραινέ τι περὶ φλεβῶν μόνων καὶ τοῦ κατ'
αὐτὰς αἵματος. ἐκρέοντος γάρ τινος κατὰ τὰ στόματ' αὐτῶν καὶ διαφορουμένου καὶ μηθ'
ἀθρόου τόπου κενοῦ δυναμένου γενέσθαι μήτε τῶν φλεβῶν συμπεσεῖν ... ἀναγκαῖον ἦν ἔπε-
σθαι τὸ συνεχὲς ἀναπληροῦν τοῦ κενουμένου τὴν βάσιν. [cf. Sitzungsber. d. Berl. Akad.
1893, 105³.]

προβάτων ἐρίοις ῥύπος, ἐξ οὗ τὸν καλούμενον οἴσυπον ποιοῦσιν, πεπτικῆς ἐστι δυνάμεως
παραπλησίως τῷ βουτύρῳ, βραχύ τι δὲ καὶ διαφορητικὸν ἔχει. ergo sensus esse videtur:
si omnia mutentur alia ex aliis, nos omnia eodem modo nutriant τὸ πεπτικὸν οἴσυπος

ὁμοίως καὶ τὸ θανάσιμον κώνειον   21 εὐχύμων] cf. XXV 31 cum nota   ηπλε. vel ᵚ

ηπλα P   24 αναδωσισ scripsisse videtur P   25 K   27 K   29 ταῖς] τ ex
α corr. P   30 K   35 εἷς] scil. λόγος cf. v. 39   36 K

XXVI 38 ἀποκρίνεται [μ](έν)τοι, [ὥστε γί(νεται)] τροφὴ ἐν ταύταις.

πρ[ὸς ὃν λόγον] ἀπολογοῦνται [οἱ] Ἐρασιστρά-
40 τειοι [λέγοντ]ες, διότι διαιρέσεως γεν(ομένης)
κατὰ [τὰς ἀρτη]ρίας κενοῦται τὸ αἷμα κἀπορ(εῖ)
τῶν [ἐκεῖ φλεβ]ῶν, οὐ μὴν ἐκ τ(ῶν) ἀρτηριῶν.

διαφ[έρει δὲ τ]ὸ διά τινος κενοῦσθαι ἢ τὸ
ἐκ τού[του καὶ ἐ]πὶ τ(ῶν) ἐκτός. καὶ γ(ὰρ) διὰ τ(ῶν)
45 κρου[νῶν ῥεῖν φ(αμεν)] ὕδωρ, οὐ μὴν ἐκ τ(ῶν) [ε] κρουν(ῶν)·
οὕτ[ω δὲ καὶ τ(ῶν)] ἀρτηριῶν διαιρεθεισῶν
δι᾽ αὐτ[(ῶν) μ(ὲν) κενο]ῦται τὸ αἷμα, οὐ μὴν ἐξ αὐ-
48a τῶν· [οὐ γ(ὰρ) (εἶναι) λέγο]υσιν ἐν ταύταις αἷμα. [τότε [γ(ὰρ)
48b σ]υν[ε]στομῶσθαί [τε] τὰς φλέβας εἰς [τὰς] ἀρτηρία(ς) καὶ
48c τὸ ἐνὸν [οὕ]τω[ι] μὴ δύνασθαι κενὸν ἀθροῦν ἀπολ(ε)ίπεσθαι
48d [τ]όπον μετὰ τὴν π[νεύ]ματος [κέ]νω(σιν). παρεμπείπτειν
48e γὰρ τὸ αἷ[μ]α ἐκ τ(ῶν) φλεβῶν [εἰς] τὰ[ς] ἀρ[τ]ηρία(ς)·
.48f διὰ μ[(έν)τοι τ(ῶν)] ἀρτη[ρι]ῶν [ἀ]πορεῖν ἐκ τούτ[(ων) ὡς
48g δι]ὰ κ[αλ]άμ(ων) ἔ[ξ]ω].

49 νωθρ[ὸν δέ] (ἐστιν) λείαν τοῦτο * ᾱ μὲν [γ(ὰρ)] τὰ ἡμέ-

XXVI 48] Galenus de ven. sec. contra Erasistr. 3 [XI 152 K.]: ἄριστα οὖν μοι δοκῶ δια-
θέσθαι τὸν λόγον, εἰ τἆλλα παραλιπὼν δπ᾽ αὐτῶν ἀρξαίμην τῶν Ἐρασιστράτῳ δοκούντων ...
ἀρέσκει δ᾽ αὐτῷ πνεύματος μὲν ἀγγεῖον εἶναι τὴν ἀρτηρίαν, αἵματος δὲ τὴν φλέβα· σχιζόμενα
δ᾽ ἀεὶ τὰ μείζω τῶν ἀγγείων εἰς ἐλάττονα μὲν τὸ μέγεθος, ἀριθμὸν δὲ πλείω καὶ πάντῃ τοῦ
σώματος ἐνεχθέντα (μηδένα γὰρ εἶναι τόπον, ἔνθα μὴ πέρας ἀγγείου κείμενον ὑπάρχει) εἰς οὕτω
σμικρὰ πέρατα τελευτᾶν, ὥστε τῇ μύσει τῶν ἐσχάτων στομάτων κρατούμενον ἐντὸς αὐτῶν
ἴσχεσθαι τὸ αἷμα· καὶ διὰ τοῦτο καίτοι παρακειμένων ἀλλήλοις τοῦ στόματος τοῦ τε τῆς φλε-
βὸς καὶ τῆς ἀρτηρίας, ἐν τοῖς ἰδίοις ὅροις μένειν τὸ αἷμα μηδαμόθι τοῖς τοῦ πνεύματος ἐπεμ-
βαῖνον ἀγγείοις. μέχρι μὲν δὴ τοῦδε νόμῳ φύσεως διοικεῖσθαι τὸ ζῷον· ἐπεὶ δέ τις αἰτία
βίαιος ἐκ τῶν φλεβῶν εἰς τὰς ἀρτηρίας τὸ αἷμα μεταχθῆναι, αὐτὸ νοσεῖν ἀναγκαῖον ἤδη. Idem
de sanguine in art. 2 [IV 709]: καὶ διὰ τοῦτ᾽ ἐξ ἀνάγκης ἕπεται τὸ διὰ τῶν συναναστομώ-
σεων, ὡς αὐτός φησιν, αἷμα τῇ πρὸς τὸ κενούμενον ἀκολουθίᾳ, καὶ τοῦθ᾽ ὥσπερ προδεδεμένον
τῷ κατὰ τὰ πέρατα τῶν ὑστάτων ἀρτηριῶν πνεύματι, πρῶτον μὲν ἅπαντος τοῦ ἄλλου αἵματος,
ὕστατον δὲ παντὸς τοῦ κατὰ τὰς ἀρτηρίας πνεύματος κενωθήσεται. ·
XXVI 48f (cf. 51)] Galenus de nat. pot. II 1 [II 75 K. III 155,25 Helmr., ubi contra
Asclepiadem et Erasistratum pugnat]: ἐπὶ μὲν γὰρ τῶν καλάμων καὶ τῶν αὐλίσκων τῶν
εἰς τὸ ὕδωρ καθιεμένων ἀληθὲς εἰπεῖν, ὅτι κενούμενοι τοῦ περιεχομένου κατὰ τὴν εὐρυχωρίαν
αὐτῶν ἀέρος ἢ κενὸς ἀθρόος [codd. ut vid. ἀθρόως] ἔσται τόπος ἢ ἀκολουθήσει τὸ συνεχές,
ἐπὶ δὲ τῶν φλεβῶν οὐκέτ᾽ ἐγχωρεῖ δυναμένου δὴ τοῦ χιτῶνος αὐτῶν εἰς ἑαυτὸν συνιζάνειν
καὶ διὰ τοῦτο καταπίπτειν εἰς τὴν ἐντὸς εὐρυχωρίαν. οὕτω μὲν δὴ ψευδὴς ἡ περὶ τῆς πρὸς
τὸ κενούμενον ἀκολουθίας οὐκ ἀπόδειξις μὰ Δί᾽ εἴποιμ᾽ ἄν, ἀλλ᾽ ὑπόθεσις Ἐρασιστράτειος.

XXVI 40. 41 K   41 καπορ P cf. v. 48 f.   XXII 29   48 supplementum
primum (usque ad κενὸν c) ad dextram paginae, tum infra adscripsit litteris minutis-
simis P   48 b συνανεστομῶσθαι usui aptius scripsisset

XXVI 50 τερα σώμα[τα] τοῖς ἀσυμπτώτοις ἔοι-
χε [[σ]ώμα[σιν]] ὡς σίφωσί τε καὶ καλάμοις· ὡς
γὰρ ο[ὗ]τοι κ(ατα)χθέντες [ἢ τρυπηθέντ[ε]ς] οὐκ ἀποκρίνου-

XXVII   σι τὸ ἐν αὐ[τ]οῖς περιεχόμενον πνεῦμα
οὐδὲ κενοὶ γί(νονται) τούτου, ἀλλ' ἐμμένον ἔχουσιν
ἐν αὐτοῖς. ο(ὕτως) καὶ ἐπὶ τ(ῶν) ἀρτηριῶν διαιρεθεισ(ῶν)
οὐ πάντως κενωθήσεται τὰ [ἐντὸς] τοῦ πνεύμ(ατος),
5   ἀλλ' ἐμμενεῖ ἐν ταῖς ἀρτηρίαις [καὶ] μετὰ τὴν
διαίρεσιν, ὥσπερ κἀπὶ τ(ῶν) ἐκτός· ✳ ✳ β̄· εἴπερ ὁ κενὸ(ς)
ἁθροῦς αἴ(τιος) γί(νεται) τῆς παρεμπτώσεως τοῦ αἵματος
ἐκ τῶν φλεβῶν εἰς τὰς ἀρτηρίας, [ἀν]ά[γκη τὸν]
9a αὐτὸν αἴτιον γί(νεσθαι) τῆς κ(ατ)[ο]χῆς τοῦ πνεύματος, [οὕτως τὸ
                                                                              θ
9b   αἴτιον [. . . . .]ω]
10   ἀλ(λὰ) [γὰρ] οὐ γί(νεται)· [ὥστε ⟨τὸ⟩ αἴτιον π[αρ]ορᾶν δεῖ. ✳ ✳ ναί,
                    φασὶν οἱ Ἐρασιστράτειοι, οὐκ ἔοικε]
τὰ ἡμέτερα σώματα τοῖς ἀσυμπ[τώ]τοις
σώμασιν, ἃ [κυρίως] κατωνόμασται, [ἀλ(λὰ)] ἀσκῶι
ἐνπεπληρωμένωι ὑγροῦ καὶ ἐμπεπνευμα-
τωμένωι ωσο[.]νον, ὃς τρωθεὶς ἀποκρεί[νει]
15   δι' αὐτοῦ τό τε πνεῦμα καὶ ὑγρόν, ἅ[μα δὲ καὶ]
ἐξ [ἐ]αυτοῦ· οὕτως καὶ αἱ ἀρτηρίαι διαιρε[θε]ῖσαι
αἷμα, οὐκ ἐξ αὐτ[(ῶν)] δέ· ✳ πρὸς δὲ καὶ τοῦτ' εἴ-
ποιμ(εν), διότι οὐ [το]ῖς οὖσ[ι] συμπτώτοις ἔοικεν
τὰ ἡμέτερ[α] σώματα, [ὥ]ς [φ(ασιν) πταίοντ]ες,
20   ἀλλὰ τοῖς ὑ(πάρχουσιν) ἀσυμπτώτοις[, ὡς ταῦ]τα
δῆλα ἐπὶ τ(ῶν) [τ]ελευτ(ῶν)· κατὰ γ(ὰρ) τὰ ὑμέ[νια]

XXVI 51 καλάμοις] prima littera ut cursiva et mutilata difficilis lectu, cetera vesti-
giis satis apta.

XXVII 1 K   2 vel εμμονον P   4 ἐντὸς incertius   9a κατοχῆς]
ρ̣
χχησ (si oculis fides) P cf. Galen. VI 172 καὶ ἡ τοῦ πνεύματος κατοχὴ καὶ κατάληψις οὐ
σμικρὸν μέρος ἀποθεραπείας ἐστίν   9b supplementum marginis perdifficile lectu;
sensus: argumentum se ipsum tollat; fortasse αὐτῷ ἂν ἐναντιωθ(είη)   10 ωστε
vel ωστο P   παρορᾶν δεῖ] ποιορινδει (ult. litt. etiam σ) ut videtur P
14 non expedivi. simile experimentum commemorat Pseudohipp. de natura pueri 25
[VII 522 L.]   16 K   18 οὖσι recte legisse videtur K; certe nec εὐ-
συμπτώτοις nec φύσει συμπτώτοις exhibet P   19 τα aut το P   ἡμέτερα K
21 τελευτῶν K; fortasse τετελευτ⟨ηκό⟩των, cf. XXXI 33

XXVII 22 εὑρίσκοντα[ι] αἱ ἀρτηρίαι ἀσύμπτωτ[οι], [ἀλλ’ ο[ὕ]τοι σύμπτω[τοι]].

[εἰ τοι]γ(άρ)τοι ταῦτα τοῦτον ἔχει τὸν τρ[όπον],

μοχθηροὶ φαίνονται καὶ κ(ατὰ) ταῦτα οἱ [Ἐρασ]ι[στρ(άτειοι)].

25 εἶτα φέρε δὲ καὶ οἰκει[οῦν]τες μὴ τοῖς

ἀσυμπτώτοις, [ἀλ(λὰ) τοῖς] εὐσυμπτώτοις

ὡς ἀσκοῖς, ἵνα [κα]ὶ αὐτοῖς συναγο[ρε]ύ[ω-]

μεν, λέγωμεν, ὡς ἐπὶ τοῦ ἀσκ[[οῦ το]ῦ] ἐνόγ⟨τος⟩ κενω(θέντος)

ἐπισ[ύμ]πτωσις γί(νεται), [καὶ οὐχὶ κενὸς ἀθροῦς τόπο[ς]]. ἀλ(λὰ)

ἐχρῆν καὶ ἐπὶ τῆς [δι]αιρέ-

30 σεως τ(ῶν) ἀρτηριῶν μετὰ τὴν κέ[ν]ωσιν

τοῦ πνεύματος ἐπισυμπείπτειν ταύτας.

ἐπισυμπειπτουσῶν [δὲ] αὐτ(ῶν) οὐκ ἂν ἐγίνετο

κενὸς ἀθροῦς [ο]ὐ[δὲ παρέμπ]τωσις [α]ἵματος

οὐδὲ ἀπόκρισις τού[του οὐ]δέ γε κένωσ[ις]·

35 ὥστε καὶ κατὰ ταῦτα αγαν[. . .]ις. * * φέρε

δὲ μετὰ τὴν [δι]αίρεσι[ν ε]ὐθὺς ἀποκρινο(μένου)

τοῦ πνεύμ[ατος εἴπω(μεν) εἰσ]κρίνεσθαι

τὸ αἷμα τῶι μ[ὴ τόπον κε]νὸν ἀθροῦν

ἀπολ⟨ε⟩ιφθῆναι[. ἀλ(λὰ) μὴν οὐκ ἐ]χρῆν αἷμα

40 κενοῦσθαι τούτ[ωι τῶι λό(γῳ)], ἀλ(λὰ) τὸ πν[εῦ-]

μα τὸ ἐν τῆ[ι ἡμετέραι] παρακείμενον

συγκρίσει [λε[ίως]] συνα[φίεσθαι] τῶι πνεύματι

τῶι ἀποκριθέντι. οὐκ ἀποκρίνεται δέ

γε τοῦτο καὶ συνπλη[ρ]οῖ τὸν τοῦ κεν[ωθέντος]

45 πνεύματος τόπον [. . . . . [. . . . .]]

εἶτα κατὰ τοὺς Ἐρασιστρατείους τούς[δε δ-]

[τε] κενοῦ[ται] μενον καὶ λ[. . . . .] αἵμ[α . . . . .]

Ἐρασιστράτειοι [. .]ει [. . . . .]αι διαδ[ο]ῦν[αι]

τῶν ἐπι[. . . . .] τοῦ

50 πνεύματος [. . .] πολ[. . . . .] του[. . .]

[παραδηγις] τοτ[. . . . .]σδε τω[. .]

XXVII 22 suppleta aegre dignoscuntur 24 extr. οι . . . . ι P; non οὗτοι
25 δὲ non δὴ P cf. 36 . 28 lectio incerta 30 K 34 K
35 αγαν . . ισ (ult. litt. etiam α) P. sensus: ἄγαν νωθ(ε)ὶς 36 εὐθύς] . τους P
37 πνεύματος K 38 μὴ] prioris litterae dimidium servat P 45 nec versus
exitus nec nota marginis legi possunt 47 τε vel το ante versum supplevit P
super κενουμενον supplevit ται, non deletis μενον P

4*

XXVII 52 πρώ[τη] [θη] κενώσεται [. . . . .]

κα[τα]τοῦ μεταιονᾶι οσ[. . . . . x]ε-

XXVIII νωθῆναι τὸ ἐν ταῖς ἀρτηρίαις τῶι πο-

λὺ κεχωρίσθαι ταύτας τῆς καρδίας.

καὶ πάλι πρώτη πληρωθήσεται αἵματος [πρὸς [τ(ῶν) φλ(εβῶν)]],

οὕτως τε πολὺς χρόνος γενήσεται,

5 ὥστε μετὰ τὴν κένωσιν τοῦ πνεύματος

ῥυῆναι [τού]τ(ων) τὸ αἷμα. ⁎ ⁎ καὶ ἐπὶ πᾶσιν, εἴ-

περ ἡ καρδία πρώτη κενουμένη τοῦ πνεύμ(ατος)

πρώτη καὶ πληροῦται κ(ατὰ) τὴν παρέμπτωσιν

αἵματος, [λέγω] ἀναιρεθήσεται τὸ ζῶιον τῶι ἐν ἀνοι-

10 κείωι γί(νεσθαι) τόπωι τὸ αἷμα [καὶ δεσπόζοντι τοῦ ζώιου μ[έρει]].

οὐκ ἔχει δὲ ταῦτα

τοῦτον τὸν τρόπον. [πολλῶν γ(ὰρ) διαιρουμέν(ων) ἀρτηριῶν οὐδ[ὲν

ἀπέθανεν]]· οὐκ ἄρα ὑγιής (ἐστιν) ἡ τ[(ῶν)]δε τ(ῶν)

Ἐρασιστρατείων κεκομψ[ευ]μένη δόξα. ⁎ ⁎ [τούτ](ων)

οὕτως ἐκκειμέν(ων), ὅτι μ[(ὲν)] [καὶ] δ[ιὰ τὰς] [τοτ] ἀρτηρίας (ἐστὶν)]

ἀνάδοσις, ὑπεμνήσαμ(εν)· ὅτι δὲ καὶ κ(ατὰ) [τὰς] [αρ]

15 [ἀρτηρίας] [τηριων] προαπεδείξαμ(εν). καὶ πλείων γε

ἡ [ἐν ταῖς] [αποτ(ων)] φλε[ψὶ] [βων] ἀνάδοσις ἤπερ [ἐν ταῖς]

[αποτ(ων)] ἀρ-

τηρί[αις] [ων], ὡς ἀποδ(ε)ίξομ(εν). ᾶ μ(ὲν) γ(ὰρ) ἀξιολογώ-

τεραί εἰσιν αἱ φλέβες τ(ῶν) ἀρτηριῶν· πιθανὸν δὲ

ἐν τῶι ἀξ(ι)ολογωτέρωι πλείονα γί(νεσθαι) τὴν

20 ἀνάδοσι[ν] παρὰ τὰ ἐλ[άχισ]τα τ[αῦτα].

ἀξιολογώτεραι δέ (εἰσιν) [τ(ῶν) ἀ]ρτηριῶν αἱ φλέβ(ες),

ἐν αἷς [εἰκότως πλ]είων γενήσεται ἡ ἀνάδο-

[σις]. β̄· καὶ [εἰ ἴσαι] (εἰσὶν) κ(ατὰ) τὸ μέγεθος αἱ ἀρτηρίαι

ταῖς φλε[ψ]ίν — φέρε γ(ὰρ) ο(ὕτως) ἔχειν — εἰ δ᾽ οὖν ἴσ[αι],

τη
XXVII 52 πρωθη P   53 an ἔνε]κα τἀτοῦ?   μεταιονᾶι (αἰονᾶν ex Hippo-
crate medicis notum) clare P

XXVIII 6 τούτων] scil. τῶν φλεβῶν   9 λεγω exhibere videtur P. conicio
λόγῳ, opp. ἔργῳ δὲ οὐκ ἀναιρεῖται cf. v. 10   11 ητδετ P   12 K
κεκομψομενη P   15 προαπεδείξαμεν] XXVI 29   16 scripserat primo ἡ ἀπὸ τῶν
φλεβῶν ἀνάδοσις ἤπερ ἀπὸ τῶν ἀρτηριῶν P   20 ἐλάχιστα ταῦτα K, vestigiis, vix sensui
apta   21 K   24 εἰ δ᾽ οὖν] ειλουν P, i. e. εἰ δ᾽ οὖν vel εἰ γοῦν   ἴσαι incertius

XXVIII 25 αἱ μ(ὲν) ἀρτηρίαι μ⟨ε⟩ίζονες οὖσαι κ(ατὰ) τὴν περιο-
χὴν αὐτὸ μόνον φανήσονται τῶι τε
τετραχίτωνες (εἶναι) καὶ συνεστ⟨άν⟩αι ἐξ εὐρώσ-
των τ(ῶν) χιτώνων. * αἱ δὲ φλέβες ἀσθενέσ-
τεραι ὑ(πάρχουσαι) κατὰ τὴν περιοχὴν τῶι μονοχί-
30 τωνες εἶναι ὅμως εὐρυκοιλιώτεραί
εἰσιν τ(ῶν) ἀρτηριῶν, εὐρυκοιλιώτεραι δὲ
οὖσ[αι] πλείονα ἕξουσιν καὶ τὴν ἀνάδο-
σιν τὴν εἰς αὐτὰς γι(νομένην). * * τὸ δὲ ζ̄· αἱ μ(ὲν) ἀρτη-
ρίαι πλεῖον ἔχουσι τὸ παρακείμενον [ἐν αὐτ(αῖς)] πνεῦμα,
35 [ἐλάχιστον δὲ] τὸ αἷμα, * αἱ δὲ φλέβες πλεῖον
[ἔχουσι] τὸ αἷμα, ἐλάχιστον δὲ τὸ πνεῦμ(α).
ἀρέ[σκει] γ(ὰρ) ἡμῖν καὶ ἐν ἀρτηρίᾳ καὶ [ἐν] φλεβὶ
κατὰ φύσιν παρακεῖσθαι καὶ αἷμα καὶ πν[εῦμα],
[οὕτ]ως δὲ ταῦτα παρακεῖσθαι, κα-
40 [θὼς] πρόκειται. * πλὴν ἐπεὶ ἐν μ(ὲν) ἀρτηρίᾳ
[πλειον] πλεῖον τὸ πνεῦμα, ἐν δὲ φλεβὶ
[ἐναντί]ον τοῦτο, πιθανώτερον πλείονα
γί(νεσθαι) ἐν φλεβὶ τὴν ἀνάδοσιν ἤπερ ἐν ἀρτ(ηρίᾳ).
καὶ διὰ μ(ὲν) τούτ(ων) συνακτέον, ὡς πλείων
45 [γί(νεται)] ἡ ἀνάδοσις ἐκ τ(ῶν) φλεβῶ(ν) ἤπερ ἐξ ἀρτηριῶ(ν).
ὁ μέντοι γε Ἡρόφιλος ἐναντίως διείλη-
φεν· οἴεται γὰρ πλείονα μ(ὲν) γί(νεσθαι) ἀνάδοσιν
ἐν ταῖς ἀρτηρίαις, * ἧσσ[ον]α δὲ ἐν
ταῖς φλεψὶ διὰ δύο ταῦτ[α]· ᾱ μ(έν), ἐπει-
50 δήπερ ἀμφότεραι μ(ὲν) ὀρεκτικ[ῶ]ς ἔχουσι
τῆς τροφῆς, ἥ τε φλὲψ κ[α]ὶ ἡ ἀρτη-

XXIX ρία, ἐπεὶ δὲ κατ' ἴσον ὀρέγονται τῆς τροφῆς,
κατ' ἴσον καὶ ἡ ἀνάδοσις ε[ἰς] [ἐξ] αὐτ[ὰς] [(ων)] γενήσεται.
δεύτερον δὲ αἱ μ(ὲν) ἀρτηρίαι, φ(ησίν), συστέλ⟨λ⟩ον-

XXIX 3] GALENUS de diff. puls. IV [VIII 702 K.]: ἔτι δὲ μείζων ἄλλη διαφορὰ τοῖς ἰατροῖς ἐκ
παλαιοῦ περὶ τῶν ἀρτηριῶν ἐγένετο τινῶν μὲν ἡγουμένων αὐτὰς ἐξ ἑαυτῶν σφύζειν..., ἐνίων

XXVIII 28 τῶν deleverim   35 K   40 vestigia secutus K   42 ἐναντίον]
umbram servat P   45 γίνεται sensui et vestigiis aptius quam ἐστὶν   48—51 K
XXIX 2 ex ἐξ αὐτῶν corr. εἰς αὐτὰς P

XXIX 4 ταί τε καὶ διαστέλλονται τόν τε σφυγμὸν
5 ἀποδιδόασιν, αἱ δὲ φλέβες οὔτε συστέλ[λ]ον-
ται οὔτε διαστέλλονται οὐδὲ σφυγμωδῶς
χεινοῦνται. * ἐπεὶ τοιγ(άρ)τοι αἱ μὲν ἀρτηρί(αι)
σφυγμωδῶς χεινοῦνται, αἱ δὲ φλέβες
οὐ χεινοῦνται [σ]φυγμωδῶς, ταύτῃ ἐπὶ τ(ῶν)
10 ἀρτηριῶν [διὰ [τ]ὴν ὦσ[ιν ἐ]χ[εί]ν[η]ν] εὔ[λο]γον πλείονα γί(νε-
σθαι) τὴν
ἀνάδοσιν ἥπερ ἐπὶ τ(ῶν) φλεβῶν διὰ τὴν
εἰρημένην α(ἰτίαν). * * οὐχ ὀρθ[ῶ]ς δὲ ὁ προχεί-
μενος ἀνὴρ ἐποίησεν. οὐ γ(ὰρ) ἐνόησεν, ὡς
εὐρυχοιλιώτεραί (εἰσιν) αἱ φλέβες παρὰ τὰς
15 ἀρτηρίας, εὐρυχοιλιώτεραι δὲ οὖσαι
πλείονα δεόντως ἕξουσι καὶ τὴν ἐν αὐ-
ταῖ[ς] γινομένην ἀνάδοσιν. καὶ π(ρὸς) μ(ὲν) τὸ ā
τούτου χεφάλαιον τοῦτο χαθήξει λέγειν,
πρὸς δὲ τὸ δεύτερον ἐροῦμ(εν), διότι [ὥσπερ]
20 αἱ ἀρτηρίαι σφυγμωδῶς χεινοῦνται συστε[λ]-
⟨λ⟩όμεναι καὶ διαστελλόμεναι, ο(ὕτως) δὲ χεινού-
μεναι ἐχθλείψουσιν εἰς τὸ ἐχτὸς τὴν τρο-
[φήν]. εἰ δὲ ταῦτα ο(ὕτως) ἔχει, ὁμολογουμένως
ἐ[πι]συνάγεται, ὅτι πλείων ἀνάδοσις γί(νεται) τρο-
25 [φῆ]ς εἰς τὰς φλέβας [ἥπερ] εἰς τὰς ἀρτηρίας. * ἀλ(λὰ)
[⟨ὁμο⟩λογου]μένως χ[ά]χεῖνο δεῖ ὑπονοῆσαι, ὡς
[τροφὴ] παράχειται ἐν ταῖς ἀραιότησι τ(ῶν) φλεβῶν
χαὶ [τ(ῶν)] ἀρτηριῶν. χαὶ χοινῶς ἐν πάσῃ ἀραιό-
τητι τετμημένῃ χατὰ τὸ ἡμέτερον σῶμα
30 [πα]ράχειται τροφή, χαὶ ἀνάδοσις γί(νεται) εἰς αὐτὴν

δὲ σφύζειν μὲν αὐτὰς [αὐτοῦ vulg., corr. Susemihl] τοῦ χιτῶνος αὐτῶν διαστελλομένου
τε χαὶ συστελλομένου, χαθάπερ ἡ χαρδία, τὴν δύναμιν δ' οὐχ ἐχουσῶν σύμφυτον ᾗ τοῦτο
δρῶσιν, ἀλλὰ παρὰ χαρδίας [χαρδίαν vulg., corr. H. Schöne] λαμβανουσῶν· ἧς γνώμης ἔχεται
χαὶ 'Ηρόφιλος. Ibid. [VIII 717]: φαίνεται γὰρ ὁ ἀνὴρ οὗτος [Herophilus] ἅπασαν ἀρτη-
ριῶν χίνησιν ... ὀνομάζων σφυγμόν.

XXIX 9 K   16 εν ex εισ P   23 K   25 K   26 λ^ϛ.. με-
νωσ P; ⟨ὁμο⟩λογουμένως supplevi conl. v. 23. 31   χάχεῖνο K   28 K
29 τετμημένῃ] media difficilia lectu, sed certa cf. Plato Tim. p. 70 D, Galen. de nat. pot.
III 15 [II 210 K. III 254,1 Helmr.]   30 K

XXIX 31 ὁμο[λογ]ου[μ(έν)]ως τῶι ὅλωι σώματι, ὥστε καὶ
κ(ατὰ) τὰς κοιλότητας τ(ῶν) ἀρτηριῶν καὶ τ(ῶν)
φλεβῶν παράκειται τροφὴ καὶ ἀνάδοσις
[γί(νεται)] αὐτῆς εἰς αὐτάς. * * καὶ μὴν κἀ[κε]ῖνο
35 δεῖ ὑπολαβ[εῖ]ν, ὡς ἡ τροφὴ π[ᾶσ]α οὐ προσ-
[τίθε]ται ἀναδιδομένη τῶι ὅλωι σώματι,
[ἀ]λλὰ τὸ μ(ὲν) νόστιμον τὸ ἀπ' αὐτῆς ἀνα-
[δ]ίδοται καὶ π(ροσ)τίθεται τῶι σώματι, τὸ
δὲ ἀλλότ[ρ]ιον καὶ σκυβα[λ]ῶδ[ε]ς χωριζό-
40 [μ]ενον εἰς ἔντερα διὰ τ(ῶν) ἀποπάτ(ων) ἀπο-
[κ]ρίν[εται. εἰ] γάρ τοι πᾶσα ἡ λαμβανομέν(η) [τροφ(ὴ)]
ἀναλαμβαν[ομέν]η π(ροσ)ε[τ]ίθετο, εἶτα
[μη]δεμ[ία] ἀπ' αὐτῆς ἐγίνετο ἀπόκρι-
[σις, κ]ἂν ἡ[μεῖ]ς ὑ[περ]φυεῖς κ[ατά] τε τὰ μεγέθ(η)
45 [καὶ] τὰς [ῥώ]μας ἐγινόμεθα, ἐπ(ε)ὶ
[ἀεὶ ἡμῖν] π(ροσ)τίθεται· ἀλλ' [ἐπ(ε)ί]περ ἡ νόσ(τιμος)
[ἀεὶ τρ]οφὴ [τῆς] ἀλλοτρίας ἀποκρίνεται
[. . . . .], μέτριοι κατὰ σώματά
[ἐσμεν] οὕτ[ω]. * τῶν δὲ ὑποδεδειγμέν(ων)
50 [πρῶτόν] (ἐστιν) τ[ὸ περὶ] τοῦ διὰ τῆς κύστεως
[ἀποκρ]ινο[μ(έν)ου, πε]ρὶ οὗ [ἰ]δία στάσις γεγένηται
[καὶ π]αρὰ τοῖς [ἀρ]χαίοις τ(ῶν) φιλοσόφων.
[οἱ] μ(ὲν) γὰρ εἶπ[ον] ἐν τῶι προσφερομέν[ῳ]

XXX   ὑγρῶι ἐνυπάρχειν φ[ύσιν διπλῆν τοιάν-]
δε· καὶ νόστιμον καὶ [φαῦλον ἐν(εῖναι), ὧν τὸ μ](ὲν)
νόστιμον ἀναλαμ[βάνεσθαι διὰ τῶν ἀραιω-]
μάτ(ων) καὶ π(ροσ)τίθεσθαι το[ῖς σώμασιν,] τὸ
5 δὲ φαῦλον φέρεσθαι ε[ἰς τὸ κάτω καὶ] διὰ
τὰς ἀπουρήσεις ἀποκρ[ίνεσθαι εἰς τὸ] ἐκτ(ός).

XXIX 35 ὑπολαβεῖν K   41 τρο̅φ̅ atramento pallidiore ad marginem supple-
vit P   46 νο̅σ̅ P   47 ἀεὶ τροφὴ τῆς incerta lectio; . . . . . οιησ . . aegre
agnoscas in P   48 fortasse ὡς εἴρηται; cf. v. 38 sqq.   fortasse post κατὰ inter-
cidit τὰ ut XXX 32   49 ἐσμεν non sine vestigiis scripsi   ὑποδεδειγμένων]
dicit caput incobatum de secretionibus
XXX 2 ἐνεῖναι non sufficit   μὲν] compendium in sinistro margine c. XXXI
servat P; item v. 4. 5. 6. 17

XXX   7 οἱ δὲ ἔφασαν πᾶν μ(ὲν) ὑγρ[ὸν ὁμοειδὲς αὐτὸ]
         ἑαυτῶι (εἶναι), ἤδη δὲ κατὰ [τὴν ἀνάληψιν]
         αὐτοῦ τὸ μ(ὲν) ἀναδιδ[όμενον προστίθεσθαι]
  10 τοῖς σώμασιν, τὸ δὲ μ[ὴ ἀναδιδόμενον εἰς]
         τοὺς κατὰ τὴν κύστιν [τόπους φέρεσθαι, ὅθεν διὰ]
         τῆς ἐν τούτοις [ἐνυπα[ρχούσης]] δυνά[μεως μεταβαλλόμ(εν)ον]
         ἀποκρίνεται δριμύ τε [καὶ ἁλμυρὸν γενόμενον].
         ταύτῃ γ(ὰρ) τὸ οὖρον ἑλκούσ[ης, δῆλον]
  15 ὅτι (ἐστὶν) δριμύ τε καὶ ἁλμυρόν. [∗ π(ρὸς) δὲ ἐκεῖ-]
         νο ῥητέον, ὅτι ἐπὶ τοῦ πρώτ[ου ἐκκει-]
         μένου γίνονται οἱ πλείου[ς τ(ῶν) ἀρχαίω]ν.
         καὶ εἰς τοῦ[το ὁ]ποδείγματι χρῶν[ται τῇ θα-]
         λάσσῃ καὶ τῶι ἡλίωι· ∗ οὗτος [γ(ὰρ) τῶι ἄναμ-]
  20 μα νοερὸν ἐκ θαλάσ[σης εἶναι ἀπὸ]
         τοῦ νοστίμου τοῦ κ(ατὰ) τὴν θ[άλασσαν]
         τρέ[φ]εται, ἀναλαμβάνων μ[ὲν τὸ λεπτόν, τὸ δὲ]
         ἀργότερον καὶ παχύτερον κ[αὶ ἁλμυρὸν κ(ατα)λεί-]
         πων ἐν τῇι θαλάσσῃ. ∗ ἀποφ[έρεται δὲ ὁμοίως]
  25 τοῦ π(ροσ)φερομένου ὑγροῦ τὰ τ[ρέφοντα ἡμᾶς]·
         ἀπὸ γ(ὰρ) τούτου τὸ μ(ὲν) νόστιμον [καὶ λεπτὸν]
         ἀναδίδοται εἰς τὰ σώμα[τα ἡμῶν, τὸ δὲ]
         φαυλότερον καὶ ἀργότερον σκ[ὼρ γι(νόμενον) διὰ]
         τὴν κύστιν εἰς τὸ ἐκτὸς ἀποκρ[ίνεται].
  30 τούτων οὕτως ἐκκειμέν(ων) ἀ[πορούμ(εν)οι μ(ὲν)]
         οὐκ ἔχομεν παγίως εἰπεῖν πε[ρὶ τοῦ ὑγροῦ]
         τοῦ ἀποκρινομένου κ(ατὰ) [τὰ] ἀπου[ρήματα, πό-]
         τερον τὸ ἀλλότριόν (ἐστιν) τὸ ἀποκρ[ινόμ(εν)ον, ὃ ἐν-]
         υ[πῆ]ρχεν τῶι ὑγ[ρ]ῶι καὶ [ὃ φύσει δοκεῖ]

XXX 18] cf. Aëtius de placitis II 20,16 [Doxogr. 351ᵇ9]: Ἡράκλειτος καὶ Ἑκαταῖος
[cf. E. Schwartz Mus. Rhen. XL 242] ἄναμμα νοερὸν τὸ ἐκ θαλάττης εἶναι τὸν ἥλιον. Ibid.
II 20,4 [349ᵇ4] Κλεάνθης ἄναμμα νοερὸν τὸ ἐκ θαλάττης τὸν ἥλιον. Arius Didymus fr.
34 ap. Stob. Ecl. I 26 [Doxogr. 467,17]: Χρύσιππος τὸ ἀθροισθὲν ἔξαμμα μετὰ τὸν ἥλιον
νοερὸν ἐκ τοῦ ἀπὸ τῶν ποτίμων ὑδάτων ἀναθυμιάματος· διὸ καὶ τούτοις τρέφεσθαι.

XXX 9 ἀναδιδόμενον K   12 μεταβαλλόμενον] cf. v. 36   28 σκὼρ] σκ
perspicue P; tamen supplementum non certum   31 περὶ] πε, fortasse πα P
32 ἀπουρήματα] sic quod clare exhibet απου P supplevi etsi sine exemplo vocabulum;
etiam ἀπουρεῖν, ἀπούρησις (XXX 6) rara

XXX 35 ἐνυπάρχειν ἀχρ(ε)ῖον ὑγρόν, [ἢ δ γι(νόμενον) ἐν τῆι]
κύστει μεταβάλλεται [πρὸς τὸ φαῦλον. * ἐ-]
κεῖνο δὲ λέγομεν, ὅτι ἀπὸ τοῦ [π(ροσ)φερομ(έν)ου]
ὑγροῦ ἀποκρίνεται κατὰ τὰ σ[ώματα]
ὑγρὸν δριμύ τε καὶ ἁλμυρόν. * [καὶ ταῦτα μ(ὲν)]
40 περὶ τῆς διοικήσεως τῆς κ(ατὰ) τὴν [κύστιν. * πει-]
ρῶνται δὲ κ(ατα)σκευάζειν, ὅτι ἀπὸ πα[ντὸς τοῦ]
σώματος συνεχεῖς γί(νονται) ἀποφοραί, λο[γιζόμενοι]
ἀπό τιν(ων) τοιούτ(ων)· καὶ πρῶτον ἀπὸ τ(ῶν) ἀ[ρωμάτων].
ἀρώματα γ(άρ), φασίν, εἰ π[ό]ρρω κέοιτο, [ὀσφραινό-]
45 μεθα τῶι σώμα(τα) φέρεσθαι ἀπ' αὐτ[(ῶν) π(ρὸς) ἡμᾶς.]
τάχα δὲ πρὸς ταῦτ' ἐροῦσι ἀπὸ μ(ὲν) τ(ῶν) [ἀρωμάτ(ων)]
μὴ γί(νεσθαι) ἀποφορὰν σωμάτ(ων), [δ]ια[τίθεσθ(αι)]
δὲ τὸν ἀέρα π(ρὸς) τ(ῶ᷎) ἀρωμάτ(ων), τρό[πον]
δὲ τοῦτον κατὰ τὰς εἰσπνοὰς [αἴσθησιν γί(νεσθαι)]
50 ἡμῖν τ[(ῶν)] ἀπὸ τ(ῶν) ἀρωμάτ(ων) δια[πνοῶν καὶ μὴ]
εἶναι ἀποφοράν. * * νωθρὸν δὲ λία[ν φαίνεται]
τοῦτο· σώματα γ(άρ) (ἐστιν) κατὰ τὸ λόγωι θε[ωρητὸν]

XXXI τὰ ἀποσπώμενα ἀπὸ τ(ῶν) ἀρωμάτ(ων). καὶ τοῦτο
δῆλον ἐπὶ τ(ῶν) πεπαλαιωμένων ἀρ[αι]ωμάτων·
ταῦτα γ(ὰρ) ἀσθενῆ καὶ οὐκ ἐνεργοῦ[σ]αν ἴσχει
τὴν δύναμιν διὰ τὸ πολλὴν γεγενῆσθαι ἀπ' αὐ-
5 τῶν διὰ τὸν χρόνον ἀποφοράν, ἐξ ὦ[ν] συνάγεται
τὸ λεγόμενον. * * καὶ ἀπὸ τ(ῶν) κρεῶν δὲ ταὐτὸ ὑπο-
μιμνήσκουσι λέγοντες τὰ μ(ὲν) ἕωλα κουφότερα (εἶναι)
καὶ ὀλιγοτροφώτερα, τὰ δὲ πρόσφατα βα(ρύ)τερα
καὶ πολυτροφώτερα. καὶ τοῦτο δῆλον ἐπὶ τῆς
10 αὐτοψίας· σταθὲν γ(ὰρ) τὸ ἕωλον κρέας κατα-
λήψῃ κουφότερον, τὸ δὲ π(ρόσ)φατον βαρύτερον.
τίνος αἰ(τίας) γι(νομένης); δῆλον ὅτι τῶι ἀπὸ μ(ὲν) τ(ῶν) ἑώλων
πολλὴν γεγονέναι ἀποφοράν, ἀπὸ δὲ τ(ῶν) π(ροσ)φάτ(ων)
ὀλίγον, καὶ μὴ διαφέρειν ἢ κατὰ τὸ αἰσθητὸν
15 ἀπὸ τοῦ ὑποκειμένου ποιεῖσθαι ἀφαίρεσιν ἢ κ(ατὰ)

XXX 36 πρὸς] umbram servat P   42. 43 K   44 πωρρω ut solet P   52 K
XXXI 5 K   12 τίνος αἰτίας γινομένης] cf. XXII 17. XXXII 38. XXXVII 2
14 an ὀλίγην?   αἰσθητὸν] o ex η? P

XXXI 16 τὸ λόγωι θεωρητόν. * * καὶ μὴν καὶ ἀπὸ τ(ῶν) ἄρτ(ων)
τᾰτὸ κ(ατα)σκευάζουσιν· οἱ γ(ὰρ) θερμότεροι βαρύτεροί
τε καὶ πολυτροφ[ώ]τεροι, οἱ δὲ ψυχρότεροι
κουφότεροι καὶ ὀλιγοτροφώτεροι διὰ τὴν αὐτὴν
20 αἰτίαν. καὶ ταὐτὰ πιστοῦσιν οἱ ἀλ⟨ε⟩ῖπται· οὐκ ἄν
ποτε γὰρ π(ροσ)έφερον τοῖς ἀθληταῖς θερμούς τε
ἄρτους καὶ πρόσφατα κρέα, εἰ μὴ βαρύτερα ἦ⟨ν⟩
καὶ πολυτροφώτερα, τοὺς δὲ ψυχροτέρους
ἄρτους καὶ τὰ ἕωλα τ(ῶν) κρεῶν ἐξέκλεινον,
25 εἰ μὴ ὀλιγότροφα καὶ κοῦφα ὑ(πῆρχεν). * * π(ρὸς) τούτους τοὺς
λόγους ἀντιφέρονται οἱ Ἐμ(πειρικοὶ) λέγοντες· ‘οὐκ εἴ
τι ἀπό τινος ἀφαιρεῖται, ἐκεῖνο ὀφείλει κοῦ-
φον γί(νεσθαι), οὐδ’ εἴ τί τινι προστίθεται, ἐκεῖνο βαρύ-
τερον γί(νεται), ἀλλ’ (ἔστιν⟩ ὅτε π(ροσ)θέσεως γινομένης τὸ
30 ὑποκείμενον κ(ατα)σκευάζεται κουφό⟨τερο⟩ν, (ἔστιν) δ’ ὅτε
καὶ ἀφαιρέσεως γενομένης τὸ ὑποκείμεν(ον)
γί(νεται) βαρύτερον ὡς ἐπὶ τῶν ἀσκῶν καὶ ἐπὶ τ(ῶν)
τετελευτηκότ(ων) ζώιων καὶ ἀνθέων.’ * * καὶ ᾱ
[μ(ὲν) τ]οῦ ἀσκοῦ ὑπομιμνήσκουσιν· ‘ὁ ἀσκὸς
35 [γενόμ(εν)]ος χωρὶς πνεύματος βαρύτερός (ἐστιν), πληρω(θεὶς)
[δὲ πνε]ύματος κουφότερος γί(νεται). καὶ τὰ ζῶια
[ἐκ β̄ τ]ούτ(ων) συνέστηκεν, ψυχῆς τε καὶ σώματο(ς),
[καὶ ὅτε] μ(ὲν) ἀμφότερα ταῦτα πάρ(εστιν), κουφότ(ερό)ν (ἐστιν)
[τὸ ζῶ]ιον, ὅτε δὲ ἀφανίζεται ἀπὸ τοῦ σώματο(ς)
40 [ἡ ψυχή,] βαρύτερον γί(νεται) τὸ σῶμα.’ * ‘καὶ μήν, φ(ασίν),
[ὅτι] (ἔστιν) σῶμα ἡ ψυχή, οἱ πλείους τ(ῶν) φιλοσόφων
[λέγ]ουσι. καὶ ἀσώματον δὲ αὐτὴν ἀπολεί-

XXXI 33] Simplicius ad Ar. de caelo p. 313ᵇ44 K.: τὸ δὲ τὸν ἀέρα ἐν τῇ ὁλότητι τῇ
ἑαυτοῦ μὴ ἔχειν βάρος καὶ ὁ Πτολεμαῖος (in libro περὶ ῥοπῶν quem citat antea Simpl.) ἐκ
τοῦ αὐτοῦ τεκμηρίου τοῦ κατὰ τὸν ἀσκὸν δείκνυσιν οὐ μόνον πρὸς τὸ βαρύτερον εἶναι τὸν
πεφυσημένον ἀσκὸν τοῦ ἀφυσήτου, ὅπερ ἐδόκει Ἀριστοτέλει, ἀντιλέγων, ἀλλὰ καὶ κουφότερον
αὐτὸν γενέσθαι φυσηθέντα βουλόμενος. ἐγὼ δὲ πειραθεὶς μετὰ τῆς δυνατῆς ἀκριβείας τὸν
αὐτὸν εὗρον σταθμὸν ἀφυσήτου τε ὄντος καὶ φυσηθέντος τοῦ ἀσκοῦ.

XXXI 18 πολυτροφότεροι P   25 ante spatium vacuum crasso puncto distinxit P
29 fortasse γενομένης ut v. 31   33 ανθεων prave exaravit P, sed dubio vacat conl.
XXXII 45 sqq.   35 vix praestat [γ(ὰρ) μόν]ος   36 K   38 ὅτε K
39. 40 K   42 [λεγ]ουσι primae litterae speciem exhibet P

XXXI 43a [πον]τες οὐσίαν ἢ τινα αὐτὴν ἔχειν ἔφ(ασαν), [ὡς ἡ θυρὶς ἀφαι-
43b ρέσει μ⟨ε⟩ίζ(ων) γί(νεται), προσθέσει δὲ μικροτέρα].

[φα]νερὸν οὖν τοιγ(άρ)τοι ἐκ τ[ού]τ(ων), ὡς κ(ατὰ) ἀφαίρεσι⟨ν⟩
45 [γί(νεται)] βαρύτης καὶ κ(ατὰ) π(ρόσ)θεσιν κουφότης, ὡς ὑπε-
[δε]ίξαμ(εν).' * * λείαν δ' (ἐστὶν) οὗτος ὁ λό(γος) μ[ωρ]ός τε
[καὶ ἀπατ]ητικός, ὡς ἀποδείξομεν. [α̅] μ(ὲν) ἀπο-
[δείξομ(εν) οὗτ]ως· τινὸς γ(ὰρ) ἀφαιρέσ[ει] λέγομ(έν) τινι
[π(ρόσ)θεσιν γί(νεσθαι), ἀλ(λὰ)] οὐχὶ τούτου τῆς π(ροσ)θέσεως
50 [ὁ αὐτὸς λόγ]ος· π(ροσ)τίθεμεν γ(ὰρ) τῆι θυρίδι,
[ἀφαιροῦμ(εν)] δὲ τοῦ τοίχου. * * εἶτα καὶ [ἐπὶ] τῆς
[ψ]υχ[ῆς διὰ βραχ]έων λέγομεν, ὡς ἡ ψυ[χ]ὴ αἰ(τία) (ἐστὶν)
[γι(νομένη) τῆς κουφό]τητος καὶ [. .]τικυιασε [. . . .]
[. . . . .] τῆς κουφότητος· [* *] δι' ἣν αἰτίαν παρού-

XXXII σης μ(ὲν) τῆς ψυχῆς [κο]ῦφ[ό]ν (ἐστιν) τὸ ζῶιον, ὅτι καὶ πνεῦμ(α)
ἡ ψυχή, τὸ δὲ πνεῦμα κοῦφον τὴν φύσιν
[τοπνευμα]. πνευματικὴ δὲ καὶ ἡ ψυχή· τοιαύ-
τη[ι] δὲ ὑ(πάρχουσα) [εὐλόγως] παροῦσ[α] μ(ὲν) [κο]ῦφον παρ-
έχει τὸ ζῶιον,
5 ἀποῦσα δὲ βαρύτερον· * ο[ὕτως] γ(ὰρ) ὑπὸ τῆς ψυχ(ῆς)
βαστάζεται τὸ ὅλον [σῶμ[α]]. γί(νεται) [δὲ . . .] λεγειν τοῦτο μ(ὲν)
[αποτ(ων)αλ(ων)] ἀπὸ τ(ῶν) ἄλλω[ν δυ(νάμεων), α]ὖτα[ι δὲ]
ἀπὸ τ(ῶν) κει-
νήσεων. * κεινεῖται γ(ὰρ) τὸ ὅλον σῶμα τῆς
ψυχῆς διὰ τοῦ γεώδους [καὶ ἀερώδο]υς καὶ
10 διαβασταζούσης αὐτά· οὕ[τως ἐκεῖνο τείνεται]

XXXI 43 ἢ] η clare P; non intellego. an δύ(ναμίν)? aut plura interciderunt post
ἔφασαν. conexus utique talis fuisse videtur: animam etiam ei qui corpoream non esse
credebant negativa quadam potentia afficiebant, ut addita corporis pondus levaret dempta
augeret, quemadmodum porta diminuendo (sc. muro) maior, augendo minor fieret
45 K   45. 46 ὑπεδείξαμεν K   46 λειανδ P ([π]λειονα K) cf. XXVI 49.
XXX 51   47 ητικοσ vel ηγικοσ P   50 fortasse post προστίθεμεν intercidit μὲν
52 K

XXXII 1 K   6 λεγειν vel λευειν vel λευσιν P; vix verum κ(ατὰ) κέλευσιν
7 inclusi priorem lectionem (ubi ολων legi potest), quam emendavit sed non delevit P;
porro inter κεινήσεων et κεινεῖται aliquid velut κείνης i. e. τῆς ψυχῆς videtur omisisse P
9 ἀερώδους potius quam πυρώδους P   καὶ otiosum indicio esse videtur plura elementa
intercidisse, quo fortasse etiam δια (init. v. 10) pertinet cf. v. 17; Stoicorum stoechiologia
(Galen. IV 783 K. II 45,4 Müller) procul habenda

XXXII 11 ἄνω· γινομένη[ς] γ(ὰρ) αὐτῆς τῆς ψυχῆς γί(νεται)·
διὸ δὴ καὶ ῥη[τ]έον, ὅτι ⟨οὐχ⟩ ὅταν τ[ινὸς γένη]ται π(ρόσ)-
θεσις, ἐκεῖνο γί(νεται) βαρύτερον, ἀλ(λὰ) [ἐὰν] βαρέος τινός
τινι γένηται π(ρόσ)θεσις, ἐκεῖ[νο γί(νεται) βαρύτερο]ν.

15 ἡ δὲ ψυχὴ τοσοῦτον [ἀπ]έχε[ι τοῦ (εἶναι)] βαρεῖα,
ὥστε καὶ τὸ φύσει κ(ατα)ρρέπον κ[ου]φίζειν καὶ
βαστάζειν. ταύτης οὖν πα[ρ]ούσης δεόν-
τως κοῦφόν (ἐστιν) τὸ ζῷιον. ὅταν μέντοι γε [ἀ̅ψ̅]
ἀφανισθῇ ἡ ψυχή, τῶι μηκέτι παρεῖναι

20 τὸ κουφίζον μηδὲ αἰωροῦν λοιπὸν βαρέ[ι]α
φαίνεται εὐλόγως τὰ νεκρὰ τ[αύτης] αἰ(τίᾳ).
καὶ ἐπὶ τ(ῶν) ἀσκῶν δὲ πεπληρωμέν(ων) [τοῦ πνεύμ(ατος)]
                                                            κουφότης
καταλαμβάνεται τῶι τοῦτο κ[οῦφον] ὂν κου-
φίζειν τὸν ἀσκόν. ὅταν δὲ μὴ [παρῇ] τὸ πνεῦμ(α),

25 βαρὺς γί(νεται) ὁ ἀσκὸς τῶι ἐστερῆσ[θαι] τοῦ κου-
φίζοντος αἰ(τίου). * ἀ[λ(λὰ)] γὰρ δι[ὰ] ταὐτὸ [γί(νεται) καὶ]
                                                            τὰ τ(ῶν)
θερμῶν ἄρτ(ων)· καὶ ψυχρότεροι μ(ὲν) ⟨κουφότεροι⟩, [θερ]-
                                            μότεροι ⟨δὲ⟩
βαρύτεροί (εἰσιν)· καὶ [βαρύτεροι μ(ὲν) οὗτοι τῶ]ι μηδέ-
πω πολλὴν ἀποφορὰν γεγενῆ[σθαι] ἀπ᾽ αὐτ(ῶν),

30 οἱ δὲ ψυχροὶ κοῦφοί (εἰσιν) τῶι ὅλης [τῆς ὕλης]
ἱκανὴν ἀποφορὰν γεγενῆσθαι. * ἔτι [δὲ] καὶ
ἀπὸ τούτ(ων) διδάσκουσιν, ὡς γί(νονται) [ὄν]τως ἀπο-
φοραὶ κ(ατὰ) τὸ λόγωι θεωρητὸν κ[αὶ] α[. . .] αἰ(τίων)
                                                            ὑ(παρχόντων)·
τὰ γὰρ ὑγρὰ τὰ ἐν ἀγγείοις τισὶν [ὑπομε]ίναν-

35 τα ποσοὺς χρόνους ἐλάττω[ι] καταισθάνεται.
καὶ ἀπὸ τ(ῶν) χυλῶν ταὐτὸ γί(νεται)· ἐνίοτε γ(ὰρ) ὑπὸ ἡλίου
ἢ ἄλλων τιν(ῶν) συνεξηρανθέντες ἐπί τινος
φαίνονται. τίνος γι(νομένου); τῶι δηλον(ό)τι λε[πτὴν ἀπο-]
φορὰν γεγενῆσθαι ἀπ᾽ αὐτ(ῶν) τοῦ λεπτομ[ερεστέ]ρου,

_____

XXXII 11 γί(νεται) ultima vox videtur esse   13 ἐάν] ὅταν spatium non capit
14—17 K   16 το vel τα P   20 fortasse corrigendum αἰωρεῖν   21 K
23—25 K   27 θερμότεροι K   29 K   30 et 33 extrema dubia, αἰτίων
explicat v. 36 sqq.   35 καταισθάνεται omnibus litteris praeter θ perspicuis paene
certum   38 cf. XXXVII 2   τῷ] cf. ad XXXI 12

XXXII   40 ὑπομονὴν δὲ τοῦ γεωδεστέρου, [ἃ] δὴ [αὐ]τὰ [γί(νεται)]
        χαὶ ἐπὶ τ(ῶν) ἀναπλασσομέν(ων) κολλυρίων. * χαὶ
        ἐπὶ τὰ φυτὰ δὲ μεταβαίνουσιν χαὶ λέγουσιν
        τὰ μ(ὲν) παραυτὰ ἀποτμηθέντα βαρύτερα (εἶναι),
        τὰ δὲ ποσοὺς ὑπομείναντα χρόνους [χο]υφότερ(α)
  45 ὡς ἐπὶ τῆ[ς] θριδαχείνης, ἐπὶ τ(ῶν) ἀνθέων·
        ταῦ[τ]α γ(ὰρ) πάντα διὰ τὴν ἀποφορὰν ῥυ[σόκ]αρ(φα)
        κατασκευάζεται. ἐγ δὴ τούτ(ων) χαὶ τ(ῶν) τού[τοι]ς
        παραπλησίων πιστωῦσιν, ὡς ἀποφορὰ γί(νεται) ἀπὸ τοῦ
        σώματος. * * πρὸς τοῦτον τὸν λό(γον) λέγουσιν·
  50 εἰ ἡ ἀποφορὰ αἰ(τία) (ἐστὶν) τῆς ῥυσότητος, ἐχρῆν μὴ
        μόνον κ(ατὰ) τὴν ἀπότμηξιν ῥυσοῦσθαι
        τὰ προχείμενα, ἀλ(λά) τι χαὶ ἐπὶ τ(ῶν) δενδρ(ῶν)·
        χαὶ γ(ὰρ) χαὶ ἀπὸ τοῦ δένδρους ἀπουσία γί(νεται)·
        [οὐ] γί(νεται) δὲ τοῦτο· οὐκ ἄρα ἡ ἀποφορὰ αἰ(τία) ἐστὶ
  55 τῆς ῥυσότητος. * * συλλέγουσι δὲ οὗτοι

XXXIII   τὸ ἀνὰ λόγον· γίν(εται) μ(ὲν) γ(ὰρ) χαὶ ἐπὶ τῶν δενδρῶν ἀπο-
        φορὰ τ(ῶν) ἀνθέων [οὐ] π[λ]είων, [ἀλλαδενδρων] ἐ[πὶ]
        δὲ τ(ῶν) ἀφειρημέν(ων) [οὐ] πλείων. * χαὶ ἐπὶ μ(ὲν) [τ[(ων)]
                                             ἐπὶ] τῶι
        δένδρει χαὶ ἡ χείνησις αὐτὴ ἀναλοῖ πλείω χαὶ
  5 ἔτι ἡ θερμασί[α] ἀναλοῖ ἱκανά, * ἐπὶ δὲ τῶν ἀποτετμη-
        μέν(ων) χαὶ μὴ ὑπὸ φύσεως διοικουμέν(ων) ἐλάσσω
        τῶι μήτε χείνησιν μήτε θερμότητά τι(να) (εἶναι) ἐπ' αὐτ(ῶν).
        τίς οὖν ἡ αἰ(τία), παρ' ἣν τὰ μ(ὲν) ἀποτμηθέντα ξηραί-
        νεται, τὰ δὲ ἐπὶ τῶι δένδρει οὐ ξηραίνεται; * σα-
  10 φὴς δὲ αὕτη χαὶ φαινομένη· τὰ μ(ὲν) [γ(ὰρ)] ἐπὶ [τῶι] δέν-
        δρει οὐ ξηραίνεται τῶι π(ρὸς) λόγον τῆς ἀποφορᾶς
        γί(νεσθαι) χαὶ τὴν πρόσθεσιν. * * τὰ δὲ ἀποτμηθέντα ξηραί-
        νεται τῶι μηχέτι γί(νεσθαι) ὡς αὐτὰ π(ρόσ)θεσιν, ἐξ ὧν [σαφ]ὲς
        ὡς χαὶ ἀπὸ τ(ῶν) φυτ(ῶν) γί(νεται) ἀποφορά. * χαὶ ἐπὶ τ[ὰ]
  15 ἄλογα δὲ τ(ῶν) ζώιων [κ]αταβαίνουσι]. λαμβάνουσιν γ(ὰρ)
                                          τοὺς [θηρευ-]
        τὰς χύνας, ὡς οὗτοι τῆι ῥινηλασίᾳ συν[θ]η-

XXXII 46 ρυ...αρ̄ P: supplevi ex Dioscoridis I 13 p. 26, 12 ῥυσσόκαρφον (sic libri)
i. e. siccatione rugosum   47 K
XXXIII 3 ἀφειρημένων] cf. ad III 30   10 K   13 ὡσαυτά M. Fraenkelius

XXXIII 17 ρέουσι τὰ θηρία τρόπωι τούτωι· παραγίνον-
ται ἐπὶ τὰς ἀτραπούς, δι' ὧν κεχώρη[κεν]
τὰ θηρία, καὶ τ(ῶν) ἀτραπῶν ὀδμωμέν[(ων)]

20 χωροῦσιν ἐπὶ τὴν θήραν. τίνος αἰ(τίας) γι(νομένης); δῆ-
λον ὅτι τῆς ἀπὸ τ(ῶν) θηρίων ἀποφορᾶς προσ-
καθιζούσης π(ρὸς) τὰς ἀτραπούς. ταύτηι δὴ
καὶ ἐν τοῖς καταξήροις τόποις θῆραι οὐ γί(νονται),
ἐν μέντοι γε τοῖς χαυνοτέροις. καὶ ἡ αἰ(τία) π[ρό-]

25 κειται, ἐπειδήπερ τὰ ἀπὸ τ(ῶν) θηρίων σώματα
ἀποσχιδνάμενα π(ροσ)πείπτοντα μὲν γῇ ἀπο-
κρότωι καὶ [μὴ] καταξήρωι [τῇ] κατασχ[ίδν]αται,
χαυνοτέρᾳ δὲ π(ροσ)πεσόντα καὶ παραδεχομένῃ
φυλάσσεται καὶ διαμένει. ταύτη δὴ καὶ οἱ θηρ[ευ-]

30 ταὶ κύνες χωροῦντες καὶ ὀσφρώμενοι τῆς
ἀποφορᾶς τῆς ἀπὸ τ(ῶν) θηρίων τῶι περισώζεσθ(αι)
αὐτήν, εἶτα χωρήσαντες καταλαμβάνου-
σι τὸ θηρίον καὶ αἱροῦσι. * ταύτηι δὴ καὶ ἐπὶ τ(ῶν)
ὑετ(ῶν) οὐ γί(νονται) ῥινηλασίαι κατὰ λόγον· ἐξαφανίζων γ(ὰρ)
                                                [ὁ ὄμ[βρος]]

35 τὰ ἀπὸ τ(ῶν) θηρίων σκιδνάμενα σώματα κω-
λυτήριος γί(νεται) τῆς θήρας. καὶ τούτωι μ(ὲν) τῶι
τρόπωι γί(νονται) αἱ θῆραι. * * μάλιστα δὲ γί(νονται) καὶ
                                         ἐὰν σκύλ[ακες]

[κες] ἕπωνται τοῖς θηρίοις καὶ ἐὰν νέα ᾖ· ἁπα-
λώτερα γ(ὰρ) ὄντα πλ[εί]ονα τὴν ἀποφορὰν ποιεῖ·

40 οὕτως γε ἡ γῆ πλείονα δεχομένη τὴν
ἀποφορὰν ῥᾳδίως σημαίνει τοῖς κυσὶ τὰ θηρία.
εἰ δὲ ταῦτα, φανερὸν ὡς γίνονταί τινες
ἀποφοραὶ καὶ ἀπὸ τ(ῶν) ἀλόγ(ων) ζώιων. * * π(ρὸς) [δὲ] τούτοις
καὶ Ἐρασίστρατο[ς] πειρᾶται κ(ατα)σκευάζειν τὸ προ[τε]θέν.

45 εἰ γ(ὰρ) λάβοι τις ζῶιον οἷον ὄρνιθα ἤ τι τῶν παρα-

XXXIII 19 ὀδμωμέν[(ων)] non ὀδμώμενοι supplevi propter XXXIV 48   24 K
25. 26 an transponendum ἀποσχιδνάμενα σώματα ut v. 35?   26 γη vel τη P; hoc
etsi commendatur iterato τη v. 27, si modo recte valde oblitteratas litteras legi (assentiente
K), tamen reicitur omisso articulo ante χαυνοτέρᾳ   27 κατασχνιδαται sic P
29 θηροται P; θηρωτής iuxta θηρευτής non analogia caret (cf. λεσχηνωτής ionica vox
in Laertii codd. quater tradita, Lobeckii Rhem. p. 204), at exemplo; nam Hesychii θηρότις
perdubium   30 noli ὀσφρόμενοι   39 πληονα P

XXXIII 46 πλησίων, καταθοῖτο δὲ τοῦτο ἐν λέβητι

ἐπί τινας χ[ρόνου]ς μὴ δοὺς τροφήν, ἔπ⟨ε⟩ιτα

[σταθμ]ή[σαιτο] σὺν [τ]οῖς σκυβάλοις τοῖς αἰσθη(τῶς)

[κεκ]ενωμένοις, εὑρήσει παρὰ πολὺ ἔλασ-

50 σον τοῦτο τῶι σταθμῶι τῶι δηλον(ότι) πολλὴν ἀπο-

φορὰν γεγενῆσθαι κ(ατὰ) τὸ λόγωι θεωρητόν. * *

ἀλλὰ γ(ὰρ) [καὶ] ἐπὶ τὸν ἄνθρωπον μεταβαίνοντες

[ποιοῦ]νται τὸν λό(γον)· οἵ τε γ(ὰρ) πιόντες ἀρώματα

[κ]αὶ οἱ σκορ[δ]οφαγήσαντες ὅμοιον ἔχουσι

55 [τ]ὸ διὰ τ(ῶν) ἱδρώτ(ων) κενούμ[ε]νον τοῖς π(ροσ)ενη-

XXXIV νεγμένοις, ὡς ἂν δὴ ἀποφορᾶς γεγενημέν(ης)

κατὰ τὸ λόγωι θεωρητὸν ἀπὸ τ(ῶν) π(ροσ)ενηνεγμέν(ων)·

εἰ δὲ ταῦτα ἐν τῆι ἡμετέραι συγκρίσει ὄντα

ἀποφέρεται κ(ατὰ) τὸ λόγωι θεωρητὸν καὶ κατὰ τὸ αἰσθ(ητόν),

5 καὶ ἐκτὸς ὄντα ἡμῶν ἕξει σώματά τινα ἀπορ-

ρέοντα ἀπ᾽ αὐτ(ῶν). * * ὁ δὲ Ἀσκληπιάδης πειρᾶται

κατὰ τὸν τόπον καινολογεῖν· τὰ γ[(ὰρ)] ἀρώματά φ(ησιν)

καὶ τὰ σκόροδα τὴν ἰδίαν ποιότητα ἀποβάλλειν

ἐν τῆι ἡ[με⟨τέ⟩]ραι συγκρίσει γενόμενα. εἰ γ(ὰρ) συνέσω-

10 [ζε]ν ἐν ταῖς ἡμετέραις συγκρίσεσι τὰς ποιότητας,

[ἐν]ῆν καὶ ἡμᾶς καὶ αἰσθάνεσθαι καὶ συναντιλαμβ(άνεσθαι)

[. . . . .]υ γ(ὰρ) [ἐπὶ] λ[ε]λυμένης 'καθ᾽ ὅλον

[. . . . .] τὰ ληφθέντα καὶ ἐξαιματω-

[θέντα . . . .]θεν μόριον τοῦ σώματος

15 [. . . . .]ρας εἰ τοῦτο

[. . . . .] καὶ τοῖς μυκτῆρσι

[. . . . .] γί(νεται) ανεν[. . . . .] ἡμῶν, ἐπειδήπερ

[. . . . . .] ἡ ποιότης [ἐν τοῖς] ἡμετέροις σώμασίν (ἐστιν)

[. . . . .] αἰσθανόμεθα γ(ὰρ)

20 [. . . . .] ὅτι δὲ αἱ ποιότη-

[τες . . . .] τῶι σώματι δὲ γενη[θ(. . . . .)]]

[. . . . . ἀποφε]ρομένας αἱ(τι . . .) ὑπο

[. . . . .]ει * ἴσως δέ τις ἐρεῖ

[. . .] συνδια [. . . . . .]ες τ(ῶν) λαμβανομέν(ων)

XXXIV 5. 6 απορρεοντα etsi male scriptum liquido exhibet P   7 K   9 ημερα
errore scripsisse puto P: ἡμῶν vel ἰδίᾳ (K) minus apta vestigiis

XXXIV 25 [. . . . . τῆ]ς ποιότητος

[. . . . .] τῆς ἐν τοῖς σώμασιν

ο[. . . . .]μ(έν)αις φ[λεψί]ν ἀναλύεται καὶ ἀπόλ-

[λυται . . . .] ἐπὶ φανε[ρ]ὰ γένη

[.]οι τα[.]λ[.]ι σωμ[. . . .]ται καὶ περισώζεται

30 [. .]λα. * * πρ[ὸς μ(έν)τοι] τοῦτον πειρῶνταί τινες

[ἀντι]λέγειν, φ[έρεσθαι] μ(ὲν) καὶ ἐπὶ τοὺς μυ-

κτῆρας τὸ ἀ[ναθυμια]τὸν καὶ ἐπὶ τὰ λοιπὰ μέρη

[το]ῦ σώματος, [μηδὲν] δὲ ἐπὶ πλεῖον κακοῦν

τὴν αἴσθη[σ]ιν καὶ κωλυτήριον γί(νεσθαι) τῆς

35 ἀντι[λήψεω]ς τ(ῶν) ἐδεσθέντ(ων). * * ὃν τρόπον

καὶ οἱ βυρσοδέψαι· οὗτοι γ(ὰρ) κεκακωμένην ἴσ-

χοντες τὴν αἴσθησιν οὐδὲν παραποδίζονται

κατὰ τὴν ὀδμήν· * τὸν αὐτὸν καὶ ἀ[πὸ] τ(ῶν) ἐδεσ-

τῶν κακουμένη αἴσθησις [συκαντιλαμβ]

40 οὐκ ἀντιλαμβάνεται τῆς δυ(νάμεως) τῆς ἀπ' αὐτ(ῶν).

οὐ πιθανῶς δὲ οὐδ' οὗτοι ἐπιχειροῦσιν [π(ρος)αυτ(ον)]·

ἡμ(ε)ῖς δέ φ(αμεν) πρὸς τὸν Ἀσκληπιάδη, διότι ἡ αἴσθη-

σις τ(ῶν) ἐν ἡμῖν οὐκ ἀντιλαμβάνεται δι[ὰ] τὸ μὴ

ὑποπείπτειν αὐτῇ[ι] αὐτά. ὃν γ(ὰρ) τρόπ[ον] τὸ πεσ(σ)ό-

45 μ[εν]ον ἐν οἰκείωι τό[πωι] δεῖ (εἶναι), ἵνα πέψῃ,

καὶ [ὃν] τρόπον τὸ ἐξαιματούμενον δεῖ ἐν οἰκείῳ

τόπωι γενέσθαι εἰς τὸ ἐξαιματωθῆναι, ο(ὕτω) καὶ

τὸ ὀδ[μ]ώμενον ἐν οἰ[κείω]ι τόπωι δεῖ (εἶναι)

εἰς τὸ [ὀσ]φρηθῆναι. τὰ δὲ ἐν ἡμῖν ὑ(πάρχοντα) μὴ ὑπο-

50 πεί[πτ]ον⟨τα⟩ τῆι αἰσθήσει εἰκότως ἐγλανθάνει

αὐτήν· δι' ἣν αἰ(τίαν) τ(ῶν) εὐωδῶν λαμβανομέν(ων)

[ἡ αἴσθ]ησις οὐ καταλαμβάνει τὰς τούτ(ων) ποιότητας.

καὶ π(ρὸς) μ(ὲν) τὸν Ἀσκληπιάδη ταῦτα. * * λέγουσι

XXXIV 28 K   29 fortasse σωματοῦται   32 ἀναθυμιατὸν sensui ac vestigiis respondens, at singulari forma   33 μηδὲν] cf. v. 37   34. 35 K 35 post τρόπον non extitit ἔχουσιν, at audiendum, utique ὃν τρόπον — ὀδμήν per ana-colutbian est pro protasi, cuius apodosis sequitur v. 38 sqq. τὸν αὐτὸν κτλ.   38 K 41 ουτοι vel αυτοι P   πρὸς αὐτόν, quod ultro addiderat, illico digito abstergens atramentum delevit P   45 πεψη non πεφθη exhibere videtur P; scil. ὁ τόπος 48—50 K

XXXV 1 δὲ καὶ ἀποφέρεσθαι ἀπὸ [τ(ῶν)] ἡμ[ετέρων] σωμάτων
          θερμότητα καὶ ὑγρότ[ητα. καὶ] ὡς [ἡ μὲν] θερμ[ό]της
          ἀποφέρεται, ὑπομιμν[ήσκο]υσι [διὰ] τούτ(ων)· τὰ
          ἱμάτια ψυ(χρό)τερα περιβ[αλόμ]εν[οι θ]ερμότερ(α)
       5 εὑρίσκομεν, ὡς ἂν δὴ τῆ[ς ἀφ' ἡμῶν] ἀποφερο-
          μένης θερμότητος [ἐγκα]θιζούσης τοῖς
          περιβολαίοις. * * καὶ [μὴν ὅτι] καὶ ὑγρό[τ]ης ἀποφέρ[(εται)]
          πιστοῦσι[ν] ἀπὸ τ(ῶν) ἱματίων· ξηρὰ γ(ὰρ) περ[ιβαλόμ(εν)οι]
          ταῦτα καταλαμβάνομ(εν) ἔνικμα [γενόμ(εν)α διὰ]
      10 τὸ ὑγρόν, ὡς καὶ ὑγρότη[ς ἐγκ]αθ[ίζουσα ἡμῖν ἀπο-]
          φέρεται ἀπὸ τ(ῶν) ἡμετέρ(ων) σωμ[άτ(ων). οἱ γὰρ . . . . . .]
          κοι π(ρὸς) ὄρθρον διαναστάντες [. . . . .]
          βαρυνόμενοι τῆς γι(νομένης) [. .]σ[. . .]τυ[. . . . . .]
          ορευγομενοι ταυ[. . . . .]
      15 μετὰ τὸ περιπάτωι [. . . . .]
          τροφῆς τινος γενηθεν[. . .] δι[. . . . .]
          πολλῶν διαπεφορημ[(έν).]ι[. . . . .]
          λόγωι θεωρητοὺς ἀπὸ τ(ῶν) ὁ[. . . . .]
          καὶ οὐ μόν(ον) δὲ τοῦτο κ(ατα)σκ[ευάζουσ]ιν, [ἀλ(λὰ) ὅτι]
      20 καὶ διάφοροι ἀποφοραὶ γί(νονται) ἀπὸ [τ(ῶν) σωμάτ(ων)].
          καὶ τοῦτο ὑπομιμνήσκου[σιν οἱ] περὶ ['Ασκληπιάδη]
          καὶ 'Αλέξανδρον τὸν Φιλαλήθη, [ὅτι τὰ αἰσθη-]
          τῶς κενούμενα διάφορά (ἐστιν) [καὶ τὰ κ(ατὰ) τὸ λό(γωι)]
          θεωρητὸν ἀποφερόμενα οἷα [. . . . .].
      25 ὅτι δὲ τὰ αἰσθητῶς κενού[μ(εν)α διάφορά]
          τέ (ἐστιν) καὶ ποικίλα, [ὡς ἀπ](ε)δεί[ξ]αμεν, [δῆλον· (ἔστι) γ(ὰρ)
          ξη]ρὰ
          καὶ ὑγρά. * * καὶ [ἄλλη] (ἐστὶν) [διαφορὰ κ(ατὰ) τοὺς τό]πους·
          ἃ μ(ὲν) γ(ὰρ) διὰ σιάλων [κενοῦται,] ἃ δ[ὲ διὰ ἀποπάτ](ων),
          ἃ δὲ διὰ μηνιαί[ων . . . .]

XXXV 2. 3 K   5 ὡς] ω ex τ corr. P   10 τὸ ὑγρόν] primo obtutu
ψοτερον P, quae species efficitur hasta superioris τ imminente, υ et γ ambigue exaratis
11 extr. supplendumne velut ὑδρωπικοί an ἀγροῖκοι?   14 ορευγομενοι sic clare (nisi
quod o alterum etiam α) P; voluitne ἐρευγόμενοι an ὀρεγόμενοι?   18 υ ultima littera
etiam τ legi potest   19 μονον K   21 nominis tenuia vestigia pellucent
                                                                ωσαπ
23 λόγωι K   25 κενούμενα K   26 ποικιλαπδει.αμεν sic P

XXXV 30 ον, ἃ δὲ ⌈δι'⌋ ἱδρώτων, πάντα δὲ ἀπ[ὸ δ]ιαφόρων [τόπων].

καὶ ἐφ' ἑνὸς δὲ τούτ(ων) κατ' ἰδίαν τα[ὐτὸ ὑπ]ολ[άβο]ις [ἄν].

ἐπὶ γ(ὰρ) τ(ῶν) οὔρ(ων) ἃ μ(έν) (ἐστιν) παχέ[ι]α, ἃ δὲ λ[επτὰ]

μᾶλ[λον],

ἃ δὲ χολώδη καὶ ἃ μ(ὲν) προσδ[εχόμ(εν)α το]ιάσδ[ε ὑποστ]άσ[εις],

ἃ δὲ τοιάσδε, ἃ δὲ οὐδ' ὅλως ὑφισ[τάμ(εν)α, κ]αὶ ἃ μ(ὲν) [ἐπι-]

35 νέφελά (ἐστιν), ἃ δ' οὔ. * ὡς ὁμοίως δὲ [καὶ ἐπ]ὶ τ[(ῶν) ἐ]ηρῶν.

τῶν κενουμ(έν)ων γὰρ αμ[. . . . . . .] γ(ὰρ) [α]ὐτ(ῶν)

αἰσθ(ητῶς)

κενούμενα διαφέρον[τά] (ἐστιν) δι[. . . . . κ(ατά)] τὸ

λόγωι θεωρητὸν ἀπενεχθήσε[ται . . . .]

ἀπενεχθήσεται. * * ἑπομένως [δὲ τούτοι]ς φ[(ασὶν) καὶ τὰ] αἴ(τια)

40 διαφέροντα. καὶ τοῦτο σαφὲς ἐ[πὶ τ(ῶν) τε ὑγρῶν]

καὶ ξηρῶν· τοῦτο δ' ἐπὶ τ(ῶν) ὑγρ[ῶν . . . .]

καὶ ποικίλα αὐτῶν, ὅτι καὶ δια[. . . . .]ασ-

ται καὶ ποικίλα. * * κ[αὶ] μὴν ἀπὸ [. . .]τ[. . .]ν

ἀποφορὰ γί(νεται) καὶ ἀπὸ γυ[.]ρ[. .]υ ἀποφέ[ρεται, δι]α[φερόντω]ς

45 δὲ καὶ ἀπὸ νεύρ(ων), ὀστῶν, π(ροσ)αι[. . . . .]ένω[ν].

εἴπερ δὲ καισ[.]αι ἀπ' αὐτ(ῶν) [ἀποφο[ραὶ]] οὐκ [. . . . .]

γί(νονται), α[ἴπερ]

ἡ τροφὴ [αἷμα] . εἰ δὲ τοῦτο [οὕτως ἔ]χει, [καὶ ἀπὸ]

μέρους δι[αφέρουσαν] ἀπο[φορὰν . . . .]ειν. [* ἀπ]ὸ

παντὸς δὲ μ[έρους γι(νόμεναι)] ἀποφ[ορα]ὶ α[. . .]ισ[. . . .],

50 ὅπερ (ἐστὶν) ἀδύνατον [.]τον [. . . . .]

ἂν γένοιντο. [. . . . .] γ(ὰρ) δυναμ[. . . .](ων) τ(. . . . .)

τοῦτο κ(ατὰ) τὴν φαντασίαν. * * [. . . . .]

περὶ τὸ αἷμα τοι καὶ γενήσονται [.]ωσ[. .]αι αυ[. .] αυ-

των τῶι καὶ [κ(ατ')] 'Αλέξανδρ[ον λό(γωι) ἐλέγ]χει [τοῦ]το

XXXVI ὁπωσοῦν. ο[ἷον] γ(άρ), φ(ησίν), ἔστι τὸ αἷμα κ(ατὰ) τὴν φαντασίαν,

τοιοῦτο καὶ κ(ατὰ) τὴν δύ(ναμίν) (ἐστιν), ἁπλοῦν τι καὶ μονοειδές.

XXXV 32 extr. μαλ . . υσ P   33 ὑποστάσεις] cf. Hippocr. Progn. 12 [II 138 L. Gal.
V 141], Coac. praen. 34, 564 [V 712 L.]   34. 35 ἐπινέφελα] cf. Hipp. Coac. l. c.
38 K   39 versus longior, vestigiis tamen aptus   44 γυ . ρ . . υ vel κι . φ . . ου vel
simile P   46 καισ . αι vel καιθ . ει P   48 velut ἔ(στιν) (vel ἦν) εὑρεῖν. disputatio
non perspicua. obloqui videntur adversarii, qui diversitatem secretionum ex nutrimento
i. e. sanguinis simplicitate refutant (cf. XXXVI 1). sed papyrus hoc loco pessima est
condicione
XXXVI 1 K   φησίν vel φασίν

XXXVI 3 νωθρὸν δ' (ἐστίν) [. .]υτα γ(ὰρ) ὀρθῶς ἔχει· καὶ γ(ὰρ) παρὰ
τ[ὰς] δυνάμ[εις] (ἐστὶν) διάφορον τὸ αἷμα καὶ παρὰ
5 τὴν κ[(ατ)εργασίαν τῆς] τροφῆς. * ταύτῃ δὴ διάφορον
[τὸ ἐπὶ τ(ῶν)] ἀθλ[ητῶν πα]ρὰ τὸ ἐπὶ τ(ῶν) ἰδιωτ(ῶν)· τὸ
μ(ὲν) γὰρ
λεπτότερόν [(ἐστιν), τὸ δὲ] τῶν ἐναντί[ων] παχύτερον.
ἐπεὶ δ' οὖν διά[φορόν] (ἐστιν) τῶν ἐν ἡμῖν τὸ προχείμενον,
διάφοροι γένοιντ' ἂν καὶ ἀπ' αὐτοῦ αἱ ἀποφοραί. * *
10 ὅτι δὲ καὶ παρὰ τὴν τῆς τροφῆς κ(ατ)εργασίαν διά-
φορον ἂν γένοιτο τὸ αἷμα ⌈καὶ⌉ ἑτεροῖον κατ[ὰ] τὰς δυ(νάμεις),
οὐ χρεία
πολυλογίας· ἡ γ(ὰρ) τροφὴ ληφθεῖσα πρ[ώ]τ[η]ς κατεργασίας
τυ[γχ]άνει ἐν στόματι καὶ διαφόρου γε [ταύτη]ς. εἰ μ(ὲν) γὰρ
μ[. . . .] λεαι[. . . .]ηεισδησει μᾶλλ[ον . . . .]ψιν τε
$$\overset{\chi}{}$$
15 καὶ [. .]ψιν [. . . .]επι[. . . .]ν ἀπολεαιν[. . . .] κακο
αν κατασκευα[.]ει [. . . .] αἷμα καὶ τοὺς χυμοὺς
[. . . . .] αιμ δι[. .] τοῦ φλέγματος [. . πε]ριέχειν
[. . . τοῖς δ]ὲ Ἐρασιστρ(ατείοις) τἄνπαλιν δοκεῖ [ἄλ]λην ἐκεῖ
[γί(νεσθαι) εἰκότ]ως παρὰ τὴν ἐν τῶι στόματι κα[τερ]γασίαν. * *
20 διαφ[όρου γ(ὰρ)] ὑ(παρχούσης) διάφορον κατασκευάζεται τὸ αἷμα
κ(ατά) τε δύ(ναμιν)
κ[αὶ χρῶμα * ἐ]πεὶ τοιγάρτοι διάφορόν (ἐστιν) [τὸ] αἷμα,
διάφοροι
καὶ [κατὰ τὸ] λόγωι θεωρητὸν ἀποφοραὶ ἀπ' αὐτοῦ
[γίνοντ]αι. * * κ]αὶ παρὰ τὴν ⟨ἐν⟩ τῆι κοιλίαι δὲ κατερ-
[γασίαν διά]φορ[ον ἂ]ν γένοιτο τὸ αἷμα· διὰ δὴ τοῦτο καὶ
25 δ[ιὰ κοιλ]ίαν [κ]ένω[σι]ν ποιῆσαι [ἔ(στιν). * καὶ] ἐπὶ τ(ῶν) ἄλλων
[. . . .]μάτων τοῦτ' ἄ[ν] τις εἴποι· καὶ γ(ὰρ) παρὰ τὰς δια-
[γωγὰς] καὶ παρὰ τὰς [φο]ρὰς καὶ κεινήσεις διαφορὰς
[τ(ῶν)] ἀποφορ[(ῶν)] γί(νεσθαι)]. * καὶ [ἐπὶ] δὲ τ(ῶν) ἄλλων σω-
μάτ(ων), ἀρτηριῶ(ν)

XXXVI 3 fortasse τοῦτο ⟨οὐ⟩ γὰρ   4 τὴν δύναμιν K, quod non minus facile reliquiis
accommodatur; at cf. v. 11   8 fortasse ἐστιν ⟨παρὰ τὴν διαφοράν⟩   13 ταύτης H.
Schoeneus   14 δ vel χ P   sensus fortasse talis: εἰ μὲν γὰρ μὴ ἀπολεαίνεται,
ἐκεῖ (cf. v. 18) σχήσει (cf. IX 24) μᾶλλον τὴν ἕψιν [vel τρῖψιν] τε καὶ πέψιν, εἰ δὲ ἐπὶ πλεῖον
ἀπολεαίνεται, κακοχυμίαν ἂν κατασκευάζοι κ(ατά) τὸ αἷμα καὶ τοὺς χυμοὺς λυμαίνοιτο διὰ τοῦ
φλέγματος τῶι περίεχειν αὐτό   19 κατεργασίαν K   26 [διαιτη]μάτων suppleas an
conl. 28 [δὲ σω]μάτων ordine turbato (cf. v. 30) dubium

5*

XXXVI 29 καὶ φλεβ[ῶν καὶ ὁμέν]ων κοινότερον εἰπεῖν διαφορ(ὰν)

⌈καταλ(είπουσιν)⌋,

30 [ἢ αἰ(τία) τῆς τού]τ(ων) διαφορᾶς γενήσεται. ⁕ ὅτι δὲ

[καὶ κατὰ τὰς κ]ει[νήσ]εις διάφο[ρα] γί(νεται) τὰ σώματα,

[φανερόν. οἱ] γ(ὰρ) κ[ινη]τικώτερον βιοῦντες

[θερμ]ότερα ἔχουσιν τὰ σώματα καὶ διὰ τοῦτο

πλείονα τὴ[ν] ἀποφοράν, οἱ δὲ ἰδιῶται τοὐναν-

35 τίον. ταῦτα γ(ὰρ) παρὰ τὰς ὥρας τἀτὸ κ(ατα)σκευάζο(υσιν)

[. . . .]τι[. . .]ι[.]ερεια δι[ὰ] τὴν ὑπέρμετρον θερμασ(ίαν)

[. . . .]μεν [. . . . .]ροι πλεῖον κενοις τῶι

[λεπτ]υνόμενα τὰ παρακείμενα καὶ ῥευστικ(ὰ)

[γιν]όμενα κενοῦσθαι κατά τε τὸ αἰσθητὸ(ν)

40 κ[αὶ κ(ατὰ) τὸ λό(γῳ) θ]εωρ[ητό]ν· ⁕ ⁕ κ(ατὰ) μ(έν)τοι γε

τὸν χ(ε)ιμῶ-

[να ἧσσον. ⁕ ἐκ τούτ](ων) τοιγάρτοι φανερόν, ὡς

[. . . . . . .] μ(ὲν) αἱ ἀποφοραὶ κ(ατὰ) τὸ λόγωι θεωρητόν

[. . . . . . .] οὖται. [ὥσ]περ δὲ κ(ατὰ) τὸ λόγω[ι θε]ωρ(ητὸν)

κ[αὶ κ(ατὰ) τὸ αἰσθητ]ὸν διάφορα καὶ ποι(κί)λα ἀπο[κρίνετα]ι

45 [ἀφ' ἡμῶν], οὕτ]ως καὶ κατὰ τὸ αἰσθητὸν εἰσκ[ρίνε]ται

[διάφορα εἰς ἡμᾶς] καὶ κατὰ τὸ λόγωι θεωρητόν,

ἅ[περ] τ[ε]τό[π]ασται καὶ πρ(ότερον), καὶ Ἀσκληπιάδης

δι[ά τ]ινος ὑ[π]ομνήσεως τοιαύτης· ἡ φύσις, φ(ησίν),

τ[ηρ]η[τι]κὴ κ[α]θέστηκεν τοῦ τε δικαίου καὶ

50 τοῦ ἀ[κο][υ]λούθου. ἐπεὶ γ(ὰρ) ἀπεκρίνετό τινα κ(ατὰ) τὸ

αἰσθητόν, ὡς ἐδείχθη, καὶ κατὰ [τὸ] λόγωι θεωρητὸν

δέ[δοκ]ται [καλῶς], ὡς καὶ τοῦτ[ο] κ(ατ)εσκευάκαμ(εν), τὸν

αὐτὸν τρόπον καὶ κατὰ τὸ λόγωι θεωρητὸν καὶ

κατὰ τὸ αἰσθητὸν διάφορα εἰσκριθήσεται εἰς

55 ἡμᾶς. ⁕ ⁕ καὶ ὅτι μ(ὲν) εἰσκριθήσεταί τινα κατὰ τὸ λόγ[ῳ]

θεωρ(ητόν)

λ

XXXVI 29 extr. διαφορ̄ vel διαφερ̄ P   30 τούτων] scil. τῶν ἀποφορῶν   29 extr. κατα P
31. 32 in. vestigia quaedam praebet P   34 K   35 κατασκευαζο̄ P cf. fr. I 4
intellego: *haec enim* (athletarum corpora) *contra tempestatum naturam* (etiam per frigora)
idem sudoris efficiunt, quod cetera sola aestate propter ingentem calorem. fortasse: κατα-
σκευάζουσιν δ τὰ λοιπὰ ἐν θερείᾳ   ιϊέρεια P. ε num puncto deletum an superscripta
quaedam sint velut [τη]ι θ dubium. θερείᾳ explico propter v. 40. 41   37 tempto:
τότε μὲν γ(ὰρ) οἱ πόροι πλεῖον κενοῦσ(ι) τῶι κτλ.   38 in. vestigia P   42 velut διά-
φοροι   43 sensus: διάφορα δὲ κενοῦται   43 extr. K   45 extr. K
47 τετόπασται] cf. XXV 18   49 τηρητικὴ] cf. XXXVIII 14 et XXXIX 5

XXXVI 56 ⌊εἰ⌋ς ἡμ[ᾶ]ς, πρῶτον ἀπὸ τ(ῶν) δυνάμεων τ(ῶν)
[κ(ατὰ) τὰ φάρμ]ακα ἔξεστι σκοπεῖν, * καιατῶν ἢ
καπν(ῶν) καὶ καταπλασμοῦ, ἃ ἐπιτιθέμενα

XXXVII τῆι ἐπιφανεί[αι ὁ]τὲ ⟨μὲ⟩ν διαλύει τὰ ὑποκείμενα,
ὁτὲ δὲ διαφ[ο]ρεῖ, ἄλλοτε δὲ [ἐπ]ισπᾶται. τίνος
γινομένου; οὐ μό(νο)ν τῆς δυνάμεως αἰ(τίας) [ὑ(παρχούσης)]
τ(ῶν) φαρμάκ(ων)
τῆι ἐπιφανεί[αι] π(ροσ)καθιζ[ούση]ς, ἀλλὰ καὶ εἰς β[άθ]ος
5 ἄχρι του. αἰ(τίας) διοδευούσης διὰ τ(ῶν) λόγωι θεωρητ(ῶν)
πόρων τοῦ σώ[ματος. * ἐξ] ὧν [φα]νερόν, ὡς καὶ κατὰ
⟨τὸ⟩ λόγωι θεωρητὸν εἴσκρισις γί(νεται) εἰς ἡμᾶς. * καὶ μὴν
καὶ κ(ατὰ) τὸ αἰσθη[τὸ]ν εἴσκρισις γί(νεται). ὃ γ(ὰρ) [τὸ ἐλ]α-
τήριον εἰσκρι[νό]μενον εἰς τὸ σῶμα ποιεῖ[ν], τὸ
10 αὐτὸ καὶ ἔξω[θεν] ἐπι(τι)θ[έμ]εν[ον ἐ]ργάζ[ετα]ι.
καὶ εἰσκρινόμενον μ(ὲν) καὶ ἄνω καὶ κάτω κα-
θαίρει ὑδατώδη τε καὶ χολώδη καὶ πᾶν τὸ παρ' ἄλ(λων).
διὸ καὶ δοκεῖ ἐνεργέστατον παντὸς καθαρτικ(ὸν) (εἶναι)
τὸ ἐλατήριον. ἕ[κ]αστον μ(ὲν) γ(ὰρ) [τῶν κ]αθαρτικῶν
15 ἕν τι ἀποτελεῖ ἀ[πο]τετελεσμ[(έν)ον, τοῦ]το δὲ πάντα
ὅσα καὶ τἄλλα· κ[αὶ] γ(ὰρ) αλλεισι[. .]α[. .]ου ληφθὲν
οἷον ἡμιωβέλιον. * * ὁ μ[ὲν οὖ]ν ἑλλέβορος χο[λ]ώ-
δη καθαίρειν· καὶ ὁ μ(ὲν) λευκ[ὸς ἄνω] κεινεῖν,
ὁ δὲ μέλας κάτω [καὶ] τὰ σκ[αμ]ώνεια ὑδα-
20 τώδη καθαίρειν. ἐκ τούτ(ων) τοιγ(άρ)τοι καὶ τ(ῶν) τούτοις
παραπλησίων φανερόν, ὡς τὰ μ(ὲν) [ἄ]λλα τὰ προ-

XXXVI 56 εισημας ex ενημιν corr. ut videtur P   57 καιατωνη potius quam
κατατωντι P (etiam K); cf. Index   58 καπν´ vel τανύ P. de capno sive capnio
(fumaria) cf. Dioscorides IV 18 [p. 599 Sp.] τούτου ὁ χυλὸς δριμὺς ὀξυδερκὴς δακρύων ἀγω-
γός. Galen. XII 8

XXXVII 1 ὅτε μὲν] . τεν vel . ταν P   3 ουμον (ο etiam ε vel α) P   5 αἰτίας
compendio perspicuo, sed dubito an otiose scripserit P cf. v. 29   9 K
10 cf. v. 23   13 παντος sic P; cf. Index   καθαρτικὸν] κ superscripto compendium
quodlibet notavit P   14. 15 K   16 κ..γ´ αλλεισι vel κ´..τ ελδεισι P (verbum
non est ἔλκει vel ἀρκεῖ). ἐλατήριον ex cucumeris succo factum cf. Dioscor. IV 1. 52 p. 635
Spr. qui et foliorum et radicis succum (et huius ιιι sesquiobolos) utilem dicit. inde σικύου
vel σικύου ἀγρίου latere conicias   17 extr. K   18 καθαίρειν] vix opus est δύναται,
quod auditur ex v. 15; cf. 22   λευκὸς K   19 spatium capit αμ non αμμ, quae
vulgaris sed falsa est scriptio. de re cf. Gal. IV 760. Oribas. II 108,12. 123,1. IV 596,18;
omnino Arist. Probl. A 41. 864ᵃ3   20—22 K

XXXVII 22 κείμενα ἕν τι δύναται, τὸ δὲ ἐ[λα]τήριον
πολλά. ἀλ(λὰ) γ(ἀρ) καὶ ἔξωθεν ἐπιτιθέμενον τά-
τὰ δύναται· ἀναληφθέν τε καὶ ἀπὸ ῥιν[(ῶν)] ἢ καὶ ἐπι-
25 τεθὲν ἐπὶ τοὺς τ(ῶν) νηπίων [ὀμφα]λοὺς ὁ[τὲ] μ(ὲν) ἄνω
καθαίρει ὁτὲ δὲ κάτω, καὶ ν[ῦν μ(ὲν) χο]λώδη, νῦν
δὲ ὑδατώδη. τίνος γι[νομένου; δ]ῆλον ὅτι
τῆς δυνάμεως τῆς [κατὰ] ταῦ[τα δι]κνουμένης
ἄχρι τ(ῶν) ὑγρῶν τούτ(ων) δ[ιὰ τ(ῶν) λό]γωι θεωρητῶν πόρ[ω]ν.
30 καὶ μὴν καὶ ὁ λευκὸς ἑλλέβορος [ἀ]ποθυμιώμε-
νος γυναιξὶ ἀγωγὸς γί(νεται) τ(ῶν) καταμηνίων διὰ τὴν
αὐτὴν αἰ(τίαν). ❋ ❋ εἶ[τα] καὶ οἱ εἰλυ[σπώ]μενοι καὶ κα-
τα[λὲ]λυ[ο]μένας ἔχοντε[ς τ]ὰς δυνάμεις
ῥώννυνται ταύτας οσ[. . . .] ἀρτ(ων)[. . .] ὀδμαί ❋ κἀ[νταῦ]-
35 θά φησιν, ὡς λόγος ἔχει, Δημόκριτον [ἀσιτ]ήσαν[τ]α
τέσσαρας ἡμέρας πρὸς τῶι ἀνα[ιρ]εῖσθαι γί(νεσθαι)
καὶ αὐτὸν παρακλ[η]θέντα π(ρός) τιν(ων) γυναικ(ῶν)
ἐπιμεῖναι ἡμέρας [τιν]ὰς [ἐν τῶι βίωι], ἵνα
μὴ γένωνται ταύτ[αις δυ]στυχ[ῶς τὰ κα]τὰ
40 κείνους τοὺς χρόν[ου]ς Θε[σμοφόρια λελ]υ-
μένα, φ(ασὶν) αὐτὸν ἀπαλλά[ττειν] κελεῦσαι, κα[θε]ίζειν [δὲ
π(ρὸ)ς το]ὺς
ἄρτους, καὶ τούτους [χ]ατα[πνεῖν ἀτμὸν] τὸν
γι(νόμενον) [~~Ϩουδημοκριτο~~[.]]. καὶ ὁ Δ[ημόκριτος] ἀπο-

XXXVII 35] LAERTIUS DIOGENES IX 43: τελευτῆσαι δὲ τὸν Δημόκριτόν φησιν Ἕρμιππος τοῦτον τὸν τρόπον. ἤδη ὑπέργηρων ὄντα πρὸς τῷ καταστρέφειν εἶναι· τὴν οὖν ἀδελφὴν λυπεῖσθαι, ὅτι ἐν τῇ τῶν θεσμοφορίων ἑορτῇ μέλλοι τεθνήξεσθαι καὶ τῇ θεῷ τὸ καθῆκον αὐτὴ οὐ ποιήσειν. τὸν δὲ θαρρεῖν εἰπεῖν καὶ κελεῦσαι αὑτῷ προσφέρειν ἄρτους θερμοὺς ὁσημέραι. τούτους δὴ ταῖς ῥισὶ προσφέρων διεκράτησεν αὐτὸν τὴν ἑορτήν. ἐπειδὴ δὲ παρῆλθον αἱ ἡμέραι (τρεῖς δὲ ἦσαν), ἀλυπότατα τὸν βίον προήκατο [cf. Menagium ad h. l.] CAELIUS AURELIANUS acut. morb. II 37 (p. 166 Amman): sü igitur polenta infusa atque panis assus aceto infusus vel mala cydonia aut myrta et his similia. hae enim defectu extinctam corporis fortitudinem retinent, sicut ratio probat atque Democriti dilatae mortis exemplum fama vulgatum.

XXXVII 24 cf. Galen. XII 122,18. XVII B 122 K.   27 δηλονότι K
29. 30 K   34 sensus: si panium odoribus vesci licet   ὀδμαι finali littera
producta ut clausula indicetur P   34 νταυ in marginem porrexit corrigendo P
35 θα ex τα P   35 φησιν Asclepiades, cuius exerpta finiuntur XXXVIII 53
37 K   38 τινας propter spatium supplevi: τέσσαρας K   40 χρόνους K   λελυμένα]
κεκωλυμένα spatiosius   41. 42 incerta lectio et restitutio, sed cf. XXXVIII 3
43 δου] i. e. τοῦ cf. Buresch Philol. LI 94   Δημόκριτος K

XXXVII 44 σπασάμενος τὸν ἀπὸ τοῦ ἰ[πνοῦ ἀτμὸ]ν ῥών-
45 νυταί τε τὰς δυνάμεις [καὶ ἐπιβ]ι̣[οῖ τὸ] λοι-
πόν. ἐπ⟨ε⟩ί τε ὑδάτια[ν̣] καὶ [τὴν] λε[ιμὸν] κ[ο]ρ[έν]ν̣[(υσιν)]
καὶ οὕτως διεξαρχ[εῖ, δῆλον ἂν εἴ]ποιμ(εν), ὡς
καὶ διὰ τ(ῶν) λόγωι θεωρητ(ῶν) [πόρων] ἡ αἴσθησις
γίνεται εἰς ἡμᾶς. * * καὶ ἀπὸ τ(ῶν) [ἐπιφαν]ει[ῶ]ν [εἰς]
50 τοῖς ἡμετέροις σώμασι π(ροσ)φέρεται τὸ πρ[οστεθέν] [μὲν̣(ὸν̣)].
καὶ γάρ, φ(ησίν), τὸ καστόρειον π(ροσ)τιθέμενον τοῖς
μυχτῆρσιν ἐνίοτε ῥώννυσι τὰς δυ(νάμεις) διικνου-
μένης τῆς ἀπὸ τοῦ [κασ]τορείου ⟨δ⟩υ(νάμεως) διὰ τ(ῶν) λό(γωι)
[θεωρητῶν]
καὶ ἐντεινούσης. * * τούτωι γέ τοι π(ροσ)βάλλων
55 ὁ Ἀσκληπιάδης κατασκευάζει, ὡς οὐ πα-
ρὰ τὸ κατατάσσεσθαι [τὸν] ἀτμὸν ἀπὸ τ(ῶν) ἄρτ(ων)
ταῖς δυνάμεσι ῥώνν[υ]νται ταύτας, [ἀλλὰ]
παρὰ τὸ διεγείρεσθαι τὴν ψυχήν. [* ὅνπερ]

XXXVIII γὰρ τρόπον τὸ καστόρειον π(ροσ)οισθὲν τοῖς μυχτῆρσι
ῥώννυσι τὰς δυ(νάμεις) διεγεῖρον τὴν ψυχὴν καὶ ἐν-
τεῖνον, τὸν αὐτὸν καὶ οἱ ἀτμοὶ γι(νόμενοι) [κατατασσονται
τωι σωματι]. ἀλ(λὰ) τοὐναντίον· τὸ μὲν καστόρειον, [ὥσπερ
εἶπον],
5 ῥώννυσιν τὰς δυ(νάμεις) διεγεῖρον τὴν ψυχ(ήν), οἱ δὲ ἀ[τμο]ὶ
οὐ διεγείροντες τὴν ψυχὴν ὠφελοῦσιν, ἀλ(λὰ) π(ροσ)κατα-
τασσόμενοι τοῖς σώμασιν. * * γελοῖος δ᾽ (ἐστὶν) ἀνήρ·
οὗ γ(άρ), εἰ ἀμφότερα τὰ βοηθήματα διεγείρει τὰς δυ(νάμεις),
ταύτηι κωλυθήσεται τὸ ἕτερον π(ροσ)κατατάσσεσθαι
10 τῶι σώματι. καὶ γ(ὰρ) δὴ ὁ τιλμὸς διεγείρει τὰς δυ(νάμεις) καὶ
αἱ πληγαί, ἀλ(λὰ) οὐχ ὁμοίως· διὰ μ(ὲν) γ(ὰρ) τ(ῶν) πληγῶν

XXXVII 45 supplementa incerta   46 ἐπεί τε κτλ. non continuanda videntur prio-
ribus, sed brevius solito haec dicta. nam agitur de aquarum vaporibus   υδατιον (ο = α)
deleto ν corr. P   τὴν λειμὸν] de feminino cf. Usener ad S. Theodosium (Leipzig
1890) p. 144.   in Aegypto hic usus iam altero a. Chr. saeculo vulgaris cf. Notices et extr.
des mss. XVIII 2 p. 209. 274   47 διεξαρχεῖ supplevi ignotum lexicis, at notum Philoni
I 607 M., de sept. Tischend. p. 64, 8   48 K   αἴσθησις P : εἴσκρισις bene Kalbfleischius
cf. XXXVII 7 sqq.   50 προστιθέμενον (cf. v. 51) cum correctum videatur deletis mani-
festo μὲν, restat ut προστεθὲν voluerit corrector   57 δυνάμεσι] scil. corporis

XXXVIII 5 K

XXXVIII 12 καὶ τιλμῶν διεγείρονται αἰ δυ(νάμεις) καὶ φυλάσσουσι
τὰ ἐν τῶι σώματι καὶ οὐχὶ ἐῶσιν ἀφανίζεσθαι,
ἀλλὰ πυκνώσεως γινομένης τηρητικαὶ
15 γίνονται τοῦ τε πνεύματος καὶ τῆς θερμότη⟨το⟩ς·
ὑπὸ δὲ τοῦ καστορείου καὶ τ(ῶν) ὁμοίων ῥωννύμεναι
αἰ δυ(νάμεις). ὡς π(ρὸς) τὴν ὀσμὴν τὸ αὐτὸ ἐνεργοῦσι, * * ὑπὸ
μέντοι γε τ(ῶν) ἀτμῶν ῥωννύμεναι αἰ δυ(νάμεις) καὶ
προστρεφόμεναι προσανακύπτουσιν. * δῆλον
20 τοιγ(άρ)τοι, ὡς ἀπὸ τ(ῶν) ἀτμῶν ῥώννυνται αἰ δυ(νάμεις)
ἀφικνουμέν(ων) τ(ῶν) ἀ[ʊ]τμῶν διὰ τ(ῶν) λόγωι θεωρητ(ῶν)
πόρων, ἐξ ὧν ὁμολογουμένως κατασκευάζ(ουσιν),
ὡς καὶ εἰσκρίνεταί τινα εἰς ἡμᾶς διὰ τ(ῶν) λόγωι
θεωρητ(ῶν) πόρων τῆς σαρκός. * * ἄλλως τε ζητεῖται,
25 πῶς θερμαίνεται ἡμῶν τὰ σώματα· δῆλον γ(ὰρ)
ὡς τῆς θερμασίας εἰσκρινομένης εἰς τὰ ἡμέτερα
σώματα κ[αὶ] ἀλεαινομέν(ων) πρὸς αὐτῆς. εἰ δὲ εἰσκρί-
νεταί τις θερμασία εἰς ἡμᾶς, πῶς δῆτα εἰσκρίνεται;
σῶμα γ(ὰρ) αὕτη, σῶμα δὲ διὰ σώματος οὐκ εἰσ-
30 κρίνεται. οὐκοῦν διά τιν(ων) εὐρυχωριῶν; * εἰ τοῦτο,
πόρους τοιγ(άρ)τοι χρῆν ἀπολιπεῖν λόγωι θε⟨ω⟩ρητούς,
δι' ὧν εἰσκριθήσεται ἡ θερμασία. * ἐχομένω(ς), [φ(ησίν)],
καὶ ἐπὶ τοῦ χειμῶνος ψυχρότερα ἡμῶν (ἐστιν) τὰ
σώματα [το] τῶι τὸν ἀέρα ψυχρὸν ὄντα καὶ
35 εἰσιόντα εἰς ἡμᾶς κ(ατα)ψύχειν ἡμᾶς. * ταύτῃ
γέ τοι ἐπὶ τούτ(ων) διαπορεῖται, τί δήποτε οἱ ἐκ τ(ῶν)
βαλανείων ἐξερχόμενοι καὶ ὑπὸ τῶι ἀέρι γενό(μενοι)
εὐθέως κ(ατα)ψύχονται, * οἱ μ(έν)⟨τοι⟩ γε μετὰ τὸ λουτρὸν
περιχεάμενοι ψυχρῶι ἐν τῶι βαλανείωι, εἶτα
40 ἐν τῆι αἰθρίᾳ γενόμενοι ἧττον καταψύχονται.
τίνος γενηθέντος; δῆλον ὅτι τῆς μ(ὲν) καταχύ-
σεως τοῦ ψυχροῦ πυκνούσης τὴν ἐπιφάνεια(ν)
καὶ κωλυούσης ἀφανίζεσθαι τὸ ἐν ἡμῖν θερμ(όν),
τόν τε ἀέρα ψυχρὸν ὄντα μὴ ἐώσης εἰσκρίνεσθαι.
45 διὰ δὴ τοῦτο τὸ αἴ(τιον) μὴ ῥᾳδίως καταψύχεσθαι
τοὺς ποταμούς. * ἐπὰν μ(έν)τοι γε τοῦτο μὴ γένη-

XXXVIII 27 K   35 ε prima ex κ ut videtur P   40 καταφυχονται,
ο an ω ambigue, P

XXXVIII 47 ται, ἀλλ' ἠραιωμένοι χωρήσωσι εἰς τὸν ἀέρα,
θᾶττον δέχονται αὐτόν, καὶ ὃς εἰσιὼν
εἰς τὰ σώματα ψυχρὸς ὢν κ(ατα)ψύχει αὐτά.

50 εἰ δὲ τοῦτο, φανερόν, ὡς ⌈εἰσ⌋κρίνεταί τι ἀπὸ τοῦ
ἀέρος εἰς ἡμᾶς. * * διδάσκουσι δὲ καὶ με-
τὰ ταῦτα, ὡς εἰσίν τινες λόγωι θεωρητοὶ πόροι
ἐν τοῖς ἡμετέροις σώμασιν, ὅπερ δή (ἐστιν) γελοῖον.
πρῶτον μ(ὲν) γ(ὰρ) ἐχρῆν τοῦτο κ(ατα)σκευάσαι καὶ τοῦ-

55 το προκ(ατα)στησαμένους λοιπὸν διδάσκειν,
ὅτι καὶ ἀποκρίνεταί τινα ἀπ' αὐτῶν διάφορα, ὡς
ὁμοίως δὲ καὶ εἰσκρίνεται, [ουτε] ὃ [οὐ δοκ]εῖ [γί(νεσθαι)].
τοῦτο ᾱ. ἀλ(λὰ) δεύτερον δι' ἣν αἰ(τίαν) [. . . . .]
ἀλλ' αυτη [.] ατιτα [. . . . .]

XXXIX θαι Ἀλέξανδρος, π(ροσ)χρῶνται. [καὶ ᾱ, φ(ησίν),] ἀποκρί-
νεταί τινα ἀφ' ἡμῶν καὶ εἰσκρίνεταί τινα εἰς
ἡμᾶς πάντως διά τιν(ων) λόγωι θεωρητ(ῶν) πόρων,
ἐπειδήπερ σῶμα διὰ σώματος ο[ὑ λέγ]ουσι διελθεῖν.

5 καὶ ἄλλως φ(ησίν)· ὡς ἡ φύσις τηρεῖ τὸν [νόμ]ον, ἐποί[ησεν]
[πά]ντ(ων) ἀποφοράς τινας αἰσθητὰς καὶ λόγωι θε[ωρητάς]
[κ]αὶ διαφόρους ἀποφορὰς κ(ατὰ) τὸ αἰσθητὸν καὶ κ(ατὰ) [τὸ]
[λ]όγωι θεωρητόν. * ἐπεὶ οὖν κατὰ τὸ αἰσθητὸν
[ἐ]ποίησέν τινας πόρους, καὶ κ(ατὰ) τὸ λόγωι θεωρητὸν

10 [ἐπ]οιήσατο, * ὅτι τρέφεται, (φησίν), πάντα [δι]ὰ [πόρ]ων
[το]ῦ σώμ[ατ]ος καὶ [οὗ] λέγουσιν σ[ῶμα διὰ] σώ(ματος)
[διελθεῖν], καὶ τὸ χυλ[ω]τὸν καὶ τἄλλα [τοῦ σ]ώμ(ατος)
[μέρη γί(νεται)] τῆς τροφῆς διοδευούσ[η]ς [.]αι[. .]
[. . . . .]ος μέρος τοῦ σώματος, [ὡς] τ(ῶν)

15 [λό]γωι θεωρητ(ῶν) πόρων ὄντων ταύτη [. . .]

XXXVIII 52] Sextus Empir. adv. math. VIII 220 Ἀσκληπιάδῃ δὲ ὡς ἐνστάσεως νοητῶν
ὄγκων ἐν νοητοῖς ἀραιώμασιν (rubor cet. signa videntur).

XXXVIII 51 διδάσκουσι] Asclepiadei   59 papyro infra abscissa dubium num
quid praeter extrema vv. 58. 59* perierit
XXXIX 1 θαι] sensus videtur [τῇ αἰτίᾳ ᾗ καὶ Ἀσκληπιάδη φησὶν χρῆσ]θαι cf. V 5).
nam Asclepiadem hinc disputare liquet collato v. 5 cum XXXVI 48   10 οιησατο sic P.
ποιησάτω K (initio utrum una an duae litterae fuerint, ambigitur), recte fortasse ἐποίησ(ε
τ)ἀτό H. Schoene   13. 14] cf. v. 28

XXXIX 16 [. .] ὁ Ἐρασίστ[ρα]τος θαυμάζ[ει] ἐπ[. . .]ι[. . .]τ(ων)
            [. .]ληται τὰ τηλικαῦτα λ[. .]σφε[.]αι[. . . .]
            [κ(ατα)κ]αέντα ὑφ᾽ ὑάλου καὶ ει[. . . . . . .]
            [. .]ε κ(ατὰ) τοῦτον ἁπλοῦν αὐ[. . . . . .]ειεν
       20 [. .]ον [. . . . .] τήγανον καὶ [. . . . .]ον
            δι[α]φοραὶ [. .]ς φυσ[. . .]ς μ(ὲν) ἐχειταιδημε[. . .]ς
            α[ὀ]τοῖς λόγ[ω]ι θεωρητοὺς πόρους [. . . . .]εν καὶ
            ἡ[μ]ῖν. ὡς γὰρ [κ]αὶ μύρμηξ τρέφεται, οὕτως
            κ[αὶ] ἐλέφα[ς] καὶ αἱ Βακτριαναὶ κ[άμ]ηλ[οι ἄ]ν
       25 τ[ρ]αφεῖεν τ[ῶ]ι τὴν φύσιν καὶ ἐπὶ τούτ[ων πάν]-
            των πόρους τινὰς καὶ κ(ατὰ) τὸ αἰσθητὸν καὶ
            κατὰ τὸ λόγωι θεωρητὸν μεμηχαν[ῆσθ]αι,
            ἵνα καὶ τὰ ἐλάχιστα τῶν [μερῶν] [σωματων] τρέφη[ται]
            τῆς τροφῆς διικνουμέν[ης] ἐπ᾽ αὐτά. [φανερὸ]ν
       30 τοιγ(άρ)τοι ἐκ τούτ(ων) καὶ τ(ῶν) τούτοις παραπλη-
            σίων, ὡς λόγωι θεωρητοὶ πόροι (εἰσὶν) ἐν ἡμῖν
            καὶ παντὶ ζώωι.

XXXIX 18 ὕαλος videtur esse speculum causticum ut Aristoph. Nub. 768. et Theo-
phrast. de igne 73 [cf. *Sitzungsber. d. Berl. Ak.* 1884 p. 351 sqq.], unde etiam conexum
sententiarum dispicias cf. τήγανον v. 20   καὶ ἐπ[λης H. Schoeneus   21 sqq. sensus:
natura animalibus aequales ac nobis poros dedit (ἐποίησεν)   24 κάμηλοι cf. Arist. hist.
anim. B 1. 498ᵇ8   29 διικνουμέν [i. e. — μένων] clare sed vitiose P   32 pagina
et disputatione semiperfecta desinit P

ANONYMI LONDINENSIS

FRAGMENTA

Fr. I (posticum) οἱ γ(ὰρ) προθυμίᾳ γι(νόμενοι) πρὸς τὸ διαχωρῆσαι,
καταλαμβανόμενοι δὲ ἐν ἀγορᾶι ἢ
ἐν ἀνεπιτηδείοις, εἶτα συσχόν-
τες ἐπὶ πλεῖον, οὐκέτι διαχωρο(ῦσιν)

5 ἢ διαχωροῦσιν ἐλάχιστά τε καὶ ξηρ(ά).
τίνος αἰ(τίας) γι(νομένης); δῆλον ὅτι ἀποφορᾶς καὶ ἐν(τὸς)
ἀπ' αὐτ(ῶν) γεγενημέν(ης). ἐξ ὧν φανερόν,
ὡς τροφή (ἐστιν) καὶ ἡ ἐν ἐντέροις πα-
ρακειμένη. * * ἐὰν δεχῇ τούτ(ων) ο(ὕτως) ἐχό(ντων)

Fr. II (posticum) τῆς γ(ὰρ) τροφῆς ἡμ(ῶν) (ἐστιν) λεία[νσις . . . .] δε
τραχεῖα καὶ κ(ατα)[[. . . . . κε]]χυλωμένη μ(ὲν) φ[. . . . .]
μὴ καὶ τὸ ἴτριον καὶ τὰ αι[.]εια [[. .]ειν συ[.]καιερ] [. . . . . .
                    . . .] ἡ στερέ-
μνιος, ὥς φ(ησιν) αὐτός, καὶ τὰ παραπλήσια [κατ]α⌈σκευάζεται
                       ἐν ἡμ(ῖν)⌋ τοῦτο

5 ἐπί τιν(ων) ζῴων [. . . . .]τερον
βορὰν ἐνίων [. . . . .]
κατεργασίαν, τὸν δὲ λό(γον) τοῦτον ον [. . .] ματα
αὐτῶν. ἡ γ(ὰρ) τροφὴ [. .] ἔσω βαλεῖν [. . .]εχθαι

Fr. I 8] Caelius Aurelianus acut. morb. [I 14 p. 44 Amman]: *praeterea excrementa ventris (Graeci σκύβαλα dicunt) negat* [Asclepiades] *aliena esse natura, si quidem etiam ex ipsis corpora augeantur.*

Fr. I extat in tabulae septimae (col. 21—24) parte postica (post c. 23) eadem manu qua antica exaratum   1 προθυμίᾳ sic P: num πρόθυμοι vel ⟨ἐν⟩ προθυμίᾳ?
4 διαχωρο͞ P   9 εαν ex τα correxisse videtur P. proximae litterae propter correcturam difficiles sunt lectu

Fr. II item in postica post col. 23—22   2 super initimum vocum καιχ(ατα)χυ-
λωμενη (sic) septem litteras obscuras posuit P   3 post τα legi potest etiam ει. in
suprascriptis extremis καιερ͞ vel καταρ͞

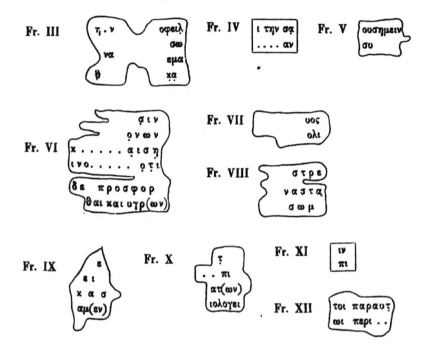

Fr. III

Fr. IV

Fr. V

Fr. VI

Fr. VII

Fr. VIII

Fr. IX

Fr. X

Fr. XI

Fr. XII

PRAECEPTUM IN POSTICA SCRIPTUM:

σκαμωνε[ίας]

ταρίχου (sic)

βδελλύου (sic)

κόμμεως

Fr. III extrema et prima quaeque duarum paginarum.

Fr. IV—VII servantur in tab. IX

Fr. X 4 [αἰτ]ιολογεῖ

Fr. XII servatur in tab. V

Praeter haec quaedam servantur in tabulis X et XI partim vacua partim litteris con-scripta fragmenta minima, quae legere non potui

PRAECEPTUM in postica iuxta fr. II ab aliena manu scriptum   2 volebat ταρίχου   3 volebat βδελλίου

[ΑΡΙΣΤΟΤΕΛΟΥΣ] ΙΑΤΡΙΚΩΝ ΜΕΝΩΝΕΙΩΝ

FRAGMENTA RELIQUA

I. [Fragm. V. Rose 335 Berol., 373 Lips.]

GALENUS in comm. ad I Hipp. de nat. hom. (XV 25 sq. K.): καὶ
Θεόφραστος δ' ἂν ἐν ταῖς τῶν Φυσικῶν δοξῶν ἐπιτομαῖς τὴν Ξενοφάνους
δόξαν, εἴπερ οὕτως εἶχεν, ἐγεγράφει. καί σοι πάρεστιν, εἰ χαίροις τῇ περὶ
τούτων ἱστορίᾳ, τὰς τοῦ Θεοφράστου βίβλους ἀναγνῶναι, καθ' ἃς τὴν ἐπι-
τομὴν ἐποιήσατο τῶν Φυσικῶν δοξῶν, ὥσπερ γε πάλιν εἰ τὰς τῶν παλαιῶν
ἰατρῶν δόξας ἐθέλοις ἱστορῆσαι, πάρεστί σοι τὰς τῆς ἰατρικῆς συναγω-
γῆς ἀναγνῶναι βίβλους, ἐπιγεγραμμένας μὲν Ἀριστοτέλει, ὁμολογου-
μένας δὲ ὑπὸ τοῦ Μένωνος, ὃς ἦν μαθητὴς αὐτοῦ, γεγράφθαι, διὸ καὶ
Μενώνεια προσαγορεύουσιν ἔνιοι ταυτὶ τὰ βιβλία. δῆλον δὲ ὅτι καὶ ὁ
Μένων ἐκεῖνος, ἀναζητήσας ἐπιμελῶς τὰ διασωζόμενα κατ' αὐτὸν ἔτι τῶν
παλαιῶν ἰατρῶν βιβλία, τὰς δόξας αὐτῶν ἐκεῖθεν ἀνελέξατο. τῶν δ' ἤδη
διαφθαρμένων παντάπασιν, ἢ σωζομένων μέν, οὐ θεωρηθέντων (?) δ' αὐτῷ,
τὰς γνώμας οὐκ ἠδύνατο γράψαι. κατὰ ταῦτ' οὖν τὰ βιβλία χολὴν ξανθὴν
ἢ μέλαιναν ἢ φλέγμα στοιχεῖον ἀνθρώπου φύσεως οὐκ ἂν εὕροις οὐδ' ὑφ'
ἑνὸς εἰρημένον, αἷμα δὲ καὶ τῶν μεθ' Ἱπποκράτην φαίνονται πολλοὶ μόνον
εἶναι νομίζοντες ἐν ἡμῖν, ὥστε καὶ τὴν πρώτην γένεσιν ἡμῶν ἐξ αὐτοῦ
γίγνεσθαι, καὶ τὴν μετὰ ταῦτα κατὰ τὴν μήτραν αὔξησιν καὶ ἀποκυηθέν-
των τελείωσιν.

II. [R. 336 B. 374 L.]

LAERTIUS DIOGENES V 61: γεγόνασι δὲ Στράτωνες ὀκτώ· πρῶτος
Ἰσοκράτους ἀκροατής· δεύτερος αὐτὸς οὗτος [philosophus]· τρίτος ἰατρός,
μαθητὴς Ἐρασιστράτου, ὡς δέ τινες, τρόφιμος, ... ἕβδομος ἰατρὸς ἀρχαῖος
ὡς Ἀριστοτέλης φησίν.

III. [R. 337 B. 375 L.]

PLUTARCHUS Quaest. conviv. VIII 9, 3: καὶ μὴν ἔν γε τοῖς Μενω-
νείοις σημεῖον ἡπατικοῦ πάθους ἀναγέγραπται τὸ τοὺς κατοικιδίους μῦς
ἐπιμελῶς παραφυλάττειν καὶ διώκειν.

Fr. I 7 Ἀριστοτέλους Cobetus   12 an οὐχ εὑρηθέντων?
Fr. II cf. M. Wellmann *Jahrb. f. cl. Philol.* 1892 (CXLV) 675
Fr. III μελωνείοις codex: corr. I. A. Fabricius

IV. [R. 339 B. 377 L.]

CAELIUS AURELIANUS acut. morb. II 13 [ed. Amman Amstel. 1722 p. 110]: *hanc* [pleuritidem] *definiens primo De adiutoriis libro Aristoteles sic tradendam credidit. 'pleuritis, inquit, est liquidae materiae coactio sive densatio.' nec tamen disseruit, utrumne totius (quod falsissimum, si quidem phlebotomati aegrotantes liquidum sanguinem reddunt), an vero particulae. sed cum hoc tacuit, necessarium praetermisit.*

V. [R. 341 B. 379 L.]

ESCOLAPIUS q. d. de morbis p. VIII (post Physicam Hildegardis etc. ed. Io. Schottus Arg. 1533): *iracundia irritantur* [melancholici] *cum mentis perversitate insaniunt, ut maniaci: in vociferatione solum differunt Aristotele philosopho testante.*

VI. [R. 340 B. 378 L.]

CAELIUS AUR. chronic. morb. I 5 [ed. Amman p. 336]: *alii frigidis usi sunt rebus* [contra maniam], *passionis causam ex fervore venire suspicantes, ut Aristoteles et Diocles.*

VII. [R. 338 B. 376 L.]

PLINIUS H. N. XXVIII 74: *peculiariter valet* [lac] *potum contra venena quae data sint e marino lepore, bupresti et aliis, ut Aristoteles tradit dorycnium; et contra insaniam quae facta sit hyoscyami potu.*

Fr. IV   post *definiens* fortasse intercidit *ut ait in.*   nam Sorani liber Περὶ βοηθημάτων citatur ut acut. morb. II 29 p. 143   *coactio* Almeloveenus: *coctio* vulgo *necessarium praetermisit* em. ed. Lugd. 1567: *non promisit* vulgo

Fr. V   "cf. Cael. Aur. chron. I 6 p. 340.   ceterum idem potuit repeti ex (Aristotelis) Probl. 30,1 (953ᵇ14. 954ᵃ31), sicut maniae causa (fr. 340) tangitur ibidem 954ᵃ32." ROSS

Fr. VI   cf. Anecd. med. Paris. Suppl. 636 f. 47ʳ [cf. supra test. IV 14 et *Sitzungsber. d. B. Ak.* 1893 p. 1027] inter Praxagorae et Hippocratis placita de mania: Ὁ δὲ Διοκλῆς ζέσιν τοῦ ἐν τῇ καρδίᾳ αἵματός φησιν εἶναι χωρὶς ἐμφράξεως γινομένην· διὰ τοῦτο γὰρ μηδὲ πυρετοὺς ἔπεσθαι· ὅτι δὲ ἐπὶ ζέσιν [ζέσει?] γίνεται τοῦ αἵματος δηλοῖ ἡ συνήθεια· τοὺς γὰρ μανιώδεις ⟨τε⟩θερμάνθαι φαμὲν

Fr. VII   *bupresti* SR², *praestim* V¹: *prestim* R¹   *et aliis* temptavi: *utatim* libri   *dorhicnum* V: *dorycnum* R: em. L. Ianus.   cum toto fr. cf. Galen. de antidotis II 7 [XIV 139 sqq.]

INDICES

ἀγαθός. [οὐδὲν] ἀγαθὸν ἐργάζεσθαι 19,43
κἀθ᾽ ὡς ἂν ἀγαθοῦ φαντασίαν 2,44
ἄγαν πικρά (opp. ἐλασσόνως) 5,19
ἀγγεῖον proprie: τὰ ἐν ἀγγείοις τισὶν ὑπο-
μείναντα ὑγρά 32,34 — ἀγγεῖα (τοῦ σώμα-
τος) 13,44 18,35 25,2. 38 26,27
ἄγειν [εἰς τὸ κατὰ] φύσιν (τὰ σώματα) 9,31
[17,9]
ἀγορά fr. 1,2
ἀγχόνη (?) 8,32 n.
ἀγωγή. τὴν ἰα[τρικὴν ἔντεχνον] ἀγωγὴν εἰς
τὸ κατὰ φύσιν Herodicus 9,33
ἀγωγός (τῶν καταμηνίων) 37,31
ἀδήν [21,53]
ἀδύνατος 35,50
ἀεί [17,6. 29,46]
ἀερώδης. τὸ ἀερῶδες [32,9]
ἄζυμος (σάρξ) 16,12
ἀήρ. [δ]ια[τίθεσθαι] τὸν ἀέρα πρὸς τῶν ἀρω-
μάτων 30,48 (ψυχρός) 38,34. 44 ὑπὸ
τῷ ἀέρι γενόμενοι (syn. ἐν τῇ αἰθρίᾳ
v. 40) 38,37 χωρήσωσι εἰς τὸν ἀέρα 38,
47 πρὸς τὸν ἀέρα προσερριζώμεθα 6,20.
27 [cf. Herm. XXVIII 427] τῷ ἀέρι τὰς
αἰτίας ἀναθέσθαι 7,20 elementum Pla-
tonis 14,30 Philistionis 20,27 sqq.
ἀθλητής plur. (opp. ἰδιῶται) 31,21 36,6
ἀθρόος (asperum posui Aristarchum secu-
tus) κενὸς ἀθροῦς τόπος Erasistrati [de
quo cf. Sitz. d. Berl. Ak. 1893 p. 105 sqq.]
27, 29. 38 26,48 c. breviter ὁ κενὸς
ἀθροῦς 27,6. 7 ἀθρόως (opp. κατ᾽ ὀλίγον)
3,12 [8,29]
αἰθρία. ἐν τῇ αἰθρίᾳ γενόμενοι 38,40
αἷμα 7,8 11,17. 21. 44 17,32 sqq. 18,31

19,9. 25 21,45 25,28 26,36. 37. 41.
47 sqq. 48 e 27,7. 17. 33. 38. 39 28,3. 6.
9. 10. 38 35,53 36,1. 11. 16 n. 21. 20 b
τοῦτό ἐστιν τροφή 26,33 (μεταβολὴ εἰς
φλέγμα κτλ.) 12,3 (ἶνες) 17,30. 31. 35
(πεπηγός) 17,28
αἱρεῖν (coni. καταλαμβάνειν) 33,33 τῷ
αἱροῦντι [λό]γῳ (Stoic.) 2,29. 30 αἱρεῖ-
σθαι τὴν ὕλην 22,43
αἰσθάνεσθαι 11,24 34,19 (coni. συναντι-
λαμβάνεσθαι) 34,11 αἰσθητὴ φλέψ (opp.
λόγῳ θεωρητῇ) 21,27 αἰσθητὰς ἀποφορὰς
(opp. λόγῳ θεωρητάς) 39,6 αἰσθητόν
(opp. λόγῳ θεωρητόν) 13,28 κατὰ τὸ
αἰσθητόν (opp. κατὰ τὸ λόγῳ θεωρητόν)
31,14 34,4 36,40. 44 sqq. 37,8 39,7. 8.
26 — αἰσθητῶς κενοῦσθαι 33,48 35,23.
36 b
αἴσθησις (organum) [30,49] λαμβάνομεν
πρὸς αἴσθησιν 21,20. 31 ἡ αἴσθ. οὐ κατα-
λαμβάνει τὰς ποιότητας 34,52 (κεκακω-
μένη 34,37 cf. 34.39 τὰ ὑποπίπτοντα
τῇ αἰσθήσει 34,44. 50 αἴσθησις τῶν ἐν
ἡμῖν οὐκ ἀντιλαμβάνεται διὰ τὸ μὴ ὑπο-
πίπτειν αὐτῇ αὐτά 34,43 αἴσθησις (? εἰσ-
κρισις) 37,48
αἰτία 33,8 (τῶν νόσων) 4,41 ὑπὸ ἄλλης
αἰ[τίας συνίστασθαι] τὰς νόσους 9,40 τὰς
αἰτίας ἀναθέσθαι τῷ ἀέρι 7,19. 20 αἰτία
π[ρό]κειται 33,24 χρώμενος αἰτίᾳ τοι-
αύτῃ 5,5 διὰ τὴν αὐτὴν αἰτίαν 31,20
37,32 δι᾽ ἣν αἰτίαν 31,54 34,51 38,58
τίνος αἰτίας γινομένης 31,12 33,20 fr. 1,6
τ[αύτης] (sc. τῆς ψυχῆς) αἰτίᾳ i. e. propter
hanc 32,21 (si verum est supplemen-

6

tum). αἰτίᾳ cum genetivo iunctum apud
Thucydidem IV 87 κοινοῦ ἀγαθοῦ αἰτίᾳ.
hinc atticistae velut Plut. de def. orac.
414 D Pericles c. 30 Numenius ed. The-
dinga (Bonn 1875) p. 34,1 (ubi verum
primus vidit Wyttenbachius). Hippoly-
tus ref. omn. haer. I p. 12,71 Schneidew.
(Doxogr. 557,26)

αἰτιολογεῖν (τὰ πάθη) [19,20] (τὸν ὕπνον
cet.) 24,7 sqq. [αἰτ]ιολογεῖν fr. 10,4 (ἀπὸ
τῶν περισσωμάτων) 14,5 περὶ τούτου 12,20

αἰτιολογία (τῶν παθῶν) 21,13

αἴτιος (τῆς νόσου) 5,2. 35 etc. (ἡ ἀποφορὰ
τῆς ῥυσότητος) 32,50 (αἴτιον γίνεται)
7,25 27,7 cf. 27,9 αἴτια 8,1 (διαφέ-
ροντα) 35,39 αἰτίας ὑπαρχούσης 22,28
αἰτίων ὑπαρχόντων (?) 32,33 τοῦ κου-
φίζοντος αἰτίου 32,26 διὰ τοῦτο τὸ αἴτιον
38,45

αἰωρεῖν. τὸ κουφίζον μηδὲ αἰωροῦν 32,20
cf. n.

ἄκαιρος (δόσις) 12,13

ἀκατέργαστος (τροφή) 5,9 cf. κατεργασία,
κατεργάζεσθαι

*ἀκινητεῖν. ἀκεινη⟨τή⟩σαντες 5,6

ἀκόλουθος. τοῦ τε δικαίου καὶ τοῦ ἀκολού-
θου τηρητικὴ ἡ φύσις (dictum Asclepia-
dis) 36,50

ἄκρατος (ὑγρότης, opp. ἀνειμένη) 5,18

ἀκωλύτως 20,44

ἀλγηδών 10,36

ἅλφος plur. 9,23

ἀλεαίνειν. ἀλεαινομένων (scil. τῶν σωμά-
των) πρὸς αὐτῆς 38,27

ἀλείπτης athletarum institutor 31,20

ἀλλά. praecedente οὐχὶ 2,29 ἀλλὰ τοῦτο —
μελήσει 2,30 ἀλλὰ γάρ 14,32 17,21 22,
49 25,20 32,26 33,52 37,23 ἀλλὰ γὰρ
ἔτι 7,15 ἀλλὰ μὴν [27,39]

ἄλλεσθαι (ἁλλομένη ἡ καρδία) 17,4

ἀλλήλων. ἀλλήλοις παράκηται (cf. 14,21.
24)

ἀλλοιοῦν pass. (?) 19,34 n.

ἄλλος. καὶ [ἄλλη] ἐστὶν [διαφορὰ] 35,27
περὶ μὲν ψυχῆς ἄλλοις ἀ[να]βάλλομαι 21,
16 i. q. ἀλλοῖος (κατεργασία) 36,18 οἱ μὲν
ἄλλοι — οὗτος δὲ 20,19 ὑπὸ ἡλίου ἢ
ἄλλων τινῶν 32,37 πᾶν τὸ παρ' ἄλ(λων)
scil. καθαιρόμενον 37,12 τἄλλα 37,16
20,24 et saepius ἐπ' ἄλλην (opp. ἐπὶ τά-
δε) 6,29 — ἄλλως ζητεῖται 38,24 (φη-

σίν) 39,5 ἄλλοτε ἄλλως 3,11 [ἄλ]λως —
ἄλλως 7,38 ἄλλως μέν — ἄλλως δέ 14,
36 ὁτὲ μέν — ὁτὲ δέ — ἄλλοτε δέ 37,2

ἀλλότριος. τῆς τροφῆς τὸ μὲν νόστιμον —
τὸ δὲ ἀλλότριον καὶ σκυβαλῶδες 29,39. 47
30,33

ἁλμυρός (coni. δριμύς) 8,24 11,8 [30,13]
30,15. [23]. 39

ἀλογία (opp. διαλογισμός, fort. legendum
ἀλογι⟨στί⟩α) 2,32 n.

ἄλογος (ζῷον) 26,1. 2. 5. 11. 13 33,43 τὰ
ἄλογα τῶν ζῴων 26,11 33,15 ἄλογον
δὲ τοῦτο 26,16 (μέρος ψυχῆς) [15,29]

ἅμα [7,19 27,15]

ἀμαυρός (τὸ θερμόν) 20,37

ἀμέλει ceterum 16,2 ἀμέλει γάρ 23,38
ἀμέλει δέ 25,15

ἀμέτοχος. ἀμέτ⟨οχ⟩α ψυχροῦ 18,10. 16 sqq.

ἀμνημοσύνη 2,33

ἄμοιρος (ὑγρότητος) 11,31

ἀμφί. ἀραιωμάτων τῶν ἀμφ' αὐτά 26,24

ἀμφότερος 28,50 31,38 ἀμφότερα τὰ βοη-
θήματα 38,8

ἄν. cf. ὡς ἄν, ὡς ἂν δή, κἄν

ἀνά. τὸ ἀνὰ λόγον 33,1 (?) 1,3. 4 n.

ἀναγκαῖος [22,6] 23,3 24,19 ἀναγκαιότα-
τος (coni. κυριώτατος) 6,15

[ἀν]ά[γχη] c. inf. 27,8

ἀναδέχεσθαι (cibos) 7,29

ἀναδιδόναι. ἀν[αδιδομένης τῆς τροφῆς] 9,
25. 42 29,36 ἀναδίδοται τῷ ὅλῳ σώματι
25,32. 36 c. [37] ἀναδίδοται εἰς τὰ σώ-
ματα 30,27 τὸ ἀναδιδόμενον 30,9 sqq.

ἀνάδοσις digestio ciborum 13,43 25,9. 14. 53
26,21 sqq. 28,14 sqq. 29,30 (πλείων)
28,15. 19 sqq. 29,24 (ἐξ ὠμῶν) 25,
8. 11. 19. 23 (διὰ στομάχου) 25,20
(ἐν κοιλίᾳ) 25,36 (ἀπὸ κοιλίας cet.) 26,
22 sqq.

ἀναθυμιᾶν. φῦσαι ἀναθυμ(ιαθεῖσαι) 6,32
τὸ ἀ[ναθυμια]τόν 34,32

ἀναιρεῖν (delere). ἀναιρ[ε]θεισῶν τῶν τοῦ
αἵματος ἰνῶν 17,30 ἀναιρεῖσθαι (mori)
28,9 37,36

ἀναισθητεῖν 11,27

ἀναίσθητος (γ[έροντ]ες) 11,29 (πέλματα)
11,31

ἀναλαμβάνειν [τὸ λεπτόν] 30,22 passive
(τροφή) 25,1. 6 ἡ λαμβανομένη τροφὴ
ἀναλαμβανομένη 29,42 recipi corpore 30,3
ἀναληφθὲν (τὸ ἐλατήριον) 37,24

ἀνάληψις (τροφῆς) 25,48; cf. [30,8]
ἀναλόγως 5,18 11,30
ἀναλοῦν. ἀναλοῖ 33,4 ἀν[α]λουμέ[νης] τῆς ὑγρότητος 24,3 ἀναλουμένου τινὸς εἰς τὰ σώματα 23,30
ἀναλύειν. ἀναλύεται καὶ ἀπόλλυται 34,27
[ἄναμ]μα (νοερόν) stoice sol 30,19
ἀναξηραίνειν pass. 11,27
ἀναξήρανσις 12,26. 27
ἀναπλάσσειν. ἀναπλασσομένων κολλυρίων 32,41
ἀναπλήρωσις (τῶν ἀποφερομένων) 22,44
ἀναπνοή 20,46. 50
ἀνάπτειν. ἀνῆφθαι ἐκ τοῦ μυελοῦ τὴν ψυχήν 14,43
ἀναρτᾶν. ἐξ αὐτῆς ἀνηρτημένου τοῦ θερμοῦ 23,45
ἀνάσχετος v. ἀνέχειν
ἀνατιθέναι. ἀναθέσθαι τὰς αἰτίας τῷ ἀέρι 7,20
ἀνατρέχειν 8,[6]. 20
ἀναφέρειν. ἐκ τῶν περισσωμάτων ἀναφέρονται φῦσαι 6,12. cf. 6,13 (pass. ὑγρότητα) 23,38 ἀνενεχθέντα ὡς τοὺς κατὰ τὴν κεφαλὴν τόπους 4,35
ἀνεπιτήδειος. ἐν ἀνεπιτηδείοις (scil. τόποις) fr. 1,3
ἄνεσις (opp. ἐπίτασις) 1,3 5,15
ἀνέχειν. οὐκ ἀνάσχετα (ῥεύματα) 16,26
ἀνήρ. ἀνήρ 38,7 ἔφησεν ἀνήρ 6,13 14,32 αὐτὸς ἀνήρ 11,33 18,39
ἄνθος plur. 31,33 32,45
ἄνθρωπος. τὸν ἄνθρωπον (generatim) 33,52 (εἰπεῖν περὶ ἀνθρώπου?) 21,10 συνέστη-[κεν ὁ] ἄνθρωπος 21,13 οἱ ἄνθρωποι 5,6 26,9. 10 (opp. τὰ ἄλογα ζῷα 26,19 sqq. ἀνθ[ρωπ—] 7,1
ἀνιέναι. ἀνειμένη (ὑγρότης, opp. ἄκρατος) 5,18
ἀνοίκειος (τόπος) 12,40 17,21. 23 28,9. 10 ἐν ἀνοικείῳ [καθ]ῃ 17,16 μεταβολὴ τροφῆς εἰς τὸ ἀνοίκειον καὶ διεφθορός 20,42
ἀνομοιομερής. ἀνομοιομερῆ τὰ κατὰ τὰς τομὰς εἰς ἀνόμοια χωριζόμενα μέρη 21, 39
ἀνόμοιος 21,39. 43
ἀντὶ τῶν ἀποφερομένων ἐγίνετο πρόσθεσις 22,38. 39 τῆς ὁρμῆς ἐξακουομένης οὐχὶ ἀν[τὶ] τῆς ὑπερτάσεως, ἀλλὰ ἀντὶ τοῦ κτλ. 2,28

ἀντιδιαστέλλειν. τὰς ἄλλας δυνάμεις ἀντιδιαστέλ[λοντες] (τῇ ζωτικῇ δυνάμει) 1,19
ἀντιλαμβάνειν med. sentire 25,18 τῆς δυνάμεως 34,40 τῶν ἐν ἡμῖν 34,43
[ἀντι]λέγειν 34,31
ἀντίληψις (syn. αἴσθησις) 34,34
ἀντίστοιχος. τι ἀντίστοιχον (opp. στοιχεῖον) 20,5
ἀντιφέρειν. ἀντιφέρονται οἱ Ἐμπειρικοὶ πρὸς τούτους τοὺς λόγους 31,26
ἄνω [τείνεται] 32,11 πνέουσαν 22,17 (κοιλία) 16,18 ἄνω καὶ κάτω καθαίρει 37, 11 cf. 25 ἄνω κινεῖν (i. e. καθαίρειν) 37, 18
ἀνώμαλος (στοιχεῖα) 20,13
ἀξιόλογος. ἀξιολογώτεραι αἱ φλέβες 28, 17 sqq. ἐν τῷ ἀξιολογωτέρῳ 28,19
ἀπαλλάττειν (transitive ut videtur) 37,41
ἁπαλός. ἁπαλώτερα (θηρία) 33,38. 39
ἅπας. τῆς ὑγρότητος ἁπάσης 24,4 ἐπὶ [ἁπάν]τω[ν] 1,39. 40 τῶν ἐν ἡμῖν ἁπάντων 14,42 [αἴτια] ἁπάντων 23,10
ἅπαξ (opp. πλεονάκις) 13,24
ἀπατητικός [31,47]
ἀπειθής. ἀπ(ε)ιθὲς εἶναι τῷ αἱροῦντι [λό]γῳ (Stoic.) 2,29
ἀπεῖναι. ἀποῦσα (ἡ ψυχή, opp. παροῦσα) 32,5
ἄπειρον. εἰς ἄπειρον ηὔξετο 13,32
ἄπειρος (τροφή) 13,41 [25,36 a]
ἀπεργάζεσθαι (νόσους) 20,14 cf. 19,48
ἀπευθύνειν. ἀπευθυ[σμέ]νῳ scil. ἐντέρῳ 25,51
ἀπέχειν. τοσοῦτον [ἀπ]έχε[ι τοῦ εἶναι] βαρεῖα, ὥστε — κουφίζειν 32,15
ἄπηκτος. ἀπή[κτον] αἷμα 17,31
ἁπλοῦς (coni. μονοειδής) 36,2 (opp. σύνθετος) 21,19 sqq. 30 sqq. (αἷμα) 12,5 ἁπλοῦς (?) 39,19 — ἁπλῶς. γίνεσθαι τὰς νόσους ἁπ[λῶς] 20,8 [22,15] opp. κ[ατὰ τί]? 8,5
ἀπό. καὶ πρῶτον ἀπὸ Πλάτωνος scil. ἀρκτέον 14,11 ἀπὸ τοῦ σώματος γίνονται ἀποφοραί sim. 30,41 sqq. 33,21 τῆς δυνάμεως τῆς ἀπ᾿ αὐτῶν 34,40 τὸ νοστίμον τὸ ἀπ᾿ αὐτῆς (sc. τροφῆς) ἀναδίδοται 29, 37 — ἀπὸ τοῦ ταύτην παραποδίζεσθαι περισσώματα γίνεται 6,3 ἀπὸ τοῦ φλέγειν φλέγμα εἰρῆσθαι 18,44 ἀπὸ τούτου εἴρηται 3,31; sim. 4,9.13 ἀπὸ τῶν κρεῶν ταὐτὸ ὑπομιμνήσκουσιν 31,6 ἀπὸ τούτων

6*

διδάσκουσιν 32,32 ἀπὸ τῶν δυνάμεων
ἔξεστι σκοπεῖν 36,56 — causam indicans
(= πρὸς c. g. 22,23) ἀπὸ τῆς θερμασίας
ἀποφοραὶ γίνονται 22,13 ἀπὸ τῆς χο-
λῆς γίνεσθαι τὰς νόσους 20,19 ἀπὸ τῶν
ἀτμῶν ῥώννυνται αἱ δυνάμεις 38,20
ἀποβάλλειν τὴν ἰδίαν ποιότητα 34,8
ἀπογεννᾶν 19,38. 39 ἐξ αὐτῆς 9,44 ἀπο-
γεννᾶται περισσώματα 4,34 5,43 (πάθη)
5,16
ἀποδεικνύναι. ἀπεδείξαμεν 1,7 ἀποδείξομεν
31,47. 48 ὡς ἀποδείξομεν 26,35 28,17
ἀποδιδόναι efficere (τὸν σφυγμὸν) 29,5
κα[τὰ] μέρος διάφορον σχῆμα ἀπο[δίδωσιν]
15,22 — definire 2,26
ἀποθνήσκειν 11,28 [13,18 n.? 28,11 b]
ἀποθυμιᾶν. ἐλλέβορος ἀποθυμιώμενος 37,
30
ἀποικειοῦν. ἀποικειοῦται ἐπὶ τὸ οἰκεῖον (ἡ
τροφή) 24,26
ἀποικείωσις ἐπὶ τὸ οἰκεῖον 24,34
ἀποκρίνειν. act. πνεῦμα 26,52 — 27,1
(ἀσκὸς) ἀποκρί[νει] δι' αὐτοῦ τό τε πνεῦμα
καὶ ὑγρόν 27,15 σύντηξις ἀποκρίνεται
ἀπὸ τῶν σωμάτων 13,27 τὰ ἀποκρινό-
μενα περισσώματα 25,54 (αἷμα) 26,37.
38 (πνεῦμα) 27,36. 43 sqq. (οὖρον) 30,
13 sqq. (διὰ τῶν ἀποπάτων) 29,40 (ἡ
νόστιμος τῆς ἀλλοτρίας) 29,47 (διὰ τῆς
κύστεως) 29,51 [εἰς τὸ] ἐκτός 30,6. 29.
32. 33. 38 (opp. εἰσκρίνεσθαι) 36,44. 50
38,56 39,1
ἀπόκρισις (secretio) 13,30. 39 (αἵματος)
27,34 (τροφῆς) 29,43. 44
*ἀποκοπροῦν. ἀποκοπροῦτα[ι] in stercus
vertitur 25,41
ἀπόκροτος (γῆ) 33,26
ἀπολεαίνειν [36,14. 15 cf. n]
ἀπολείπειν (αἰτίαν) 11,43 τὸ λογιστικὸν
τῷ ἐγκεφάλῳ 15,29 (τὸ λογικὸν περὶ
τοὺς—τόπους) 16,36 τὸ πνεῦμα ἀναγ-
καιότατον ἀπολείπει τῶν ἐν ἡμῖν 6,15. 16
ἐφ' ἑτέρῳ τούτων ἀπολείπει τι ἀντίστοιχον
20,5 ἀσώματον αὐτὴν ἀπολείποντες οὐ-
σίαν 31,42 πόρους χρῆν ἀπολιπεῖν 38,
31 — ἀπολ(ε)ίπεσθαι med. 26,48 c pass.
25,40 [τόπον κε]νὸν ἀθροῦν ἀπολειφθῆναι
27,39
ἀπολλύναι. ἀπόλ[λυται] 34,27
ἀπολογεῖσθαι. πρ[ὸς ὃν λόγον] ἀπολογοῦν-
ται 26,39

ἀπόπατος. διὰ τῶν ἀποπάτων ἀποκρίνεται
29,40 [35,28]
ἀπορεῖν. ἀ[πορούμενοι] (?) 30,30
ἀπορρεῖν. τὸ αἷμα ἀπορεῖ (sic) τῶν [ἐκεῖ
φλεβ]ῶν 26,42 cf. 26,48 f σώματα ἀπορ-
ρέοντα ἀπ' αὐτῶν 34,5
ἀποσκιδνάναι. ἀποσκιδνάμενα 33,26
ἀποσπᾶν. τὰ ἀποσπώμενα ἀπὸ τῶν ἀρω-
μάτων 31,1 med. τὸν ἀτμόν 37,44
[ἀ]ποστήρι[γμα] fulcrum 16,5
ἀποσχίς (vox ex Hippocratis q. f. de na-
tura oss. 6. 7 [IX 172 L.] ducta et Pla-
tonis doctrinae interpolata) 16,16
ἀποτελεῖν (νόσους) 4,37 6,33 etc. 19,7
ἔν τι ἀποτελεῖ ἀ[πο]τετελεσ[μένον] 37,15
(πλεῖον) 23,35 — pass. (ὑγρότητας) 5,
11 (τὰ πάθη) 5,33 etc. ἀποτελεῖν μίαν
ὑπεράνω ἀποτελέσῃ ποιότητα 14,19 ἀπο-
[τελεῖσθαι] τὰ ζῷα 14,31 (νόσους) 4,32
8,13 12,1 18,6 (ἰχῶρας) 12,24 (αἷμα)
18,32 (νεῦρα) 17,29 (ὕπνους) 23,43
(ἐγρήγορσιν) 24,3 στερεῶν ἀποτελεσθέν-
των 12,27
ἀποτέμνειν. ἀποτμηθέντα (φυτά) 32,43
33,8. 12 ἀποτετμημένων 33,5
ἀπότμηξις 32,51
*ἀπούρημα. ἀπου[ρήματα] 30,32 n
ἀπούρησις plur. 30,6
ἀπουσία detrimentum 32,53 cf. Herm. XXVIII
414⁴
ἀποφέρειν evaporare 22,25 pass. evapo-
rari 22,21. 33 sqq. 30,24 34,4 35,1. 3.
5 sqq.
ἀποφορά. evaporatio, exhalatio 12,38 22,
14. [9]. 28 30,47. 51 31,13 32,31. 46. 50
33,21. 39. 50. 51 34,1 sqq. 35,20 sqq. 36,
22. 28. 34 fr. 1,6 (opp. ὑπομονή) 32,38.
39 (opp. πρόσθεσις) 13,35 sqq. 33,11
ἀποφράσσειν. τὰς διεξόδους ἀποφράσσεσθαι
8,19 ἀποφραγμοῖς 8,19. 20
ἀποχώρημα plur. 12,41 13,5
ἄρα in conclusione 32,54
ἀραιότης (τῶν ὀστέων) 17,38 plur. (τῶν
φλεβῶν) 29,27
ἀραιοῦν. ἀλλ' ἠραιωμένοι (i. e. poris laxa-
tis) χωρήσωσι εἰς τὸν ἀέρα 38,47
ἀραίωμα. τὰ καθ' ὅλον τὸ σῶμα ἀραιώ-
ματα 23,21 sim. 23,22. 23 25,5 26,24
[30,3]
ἀρ[γεῖν] 16,3
ἀργός. τὸ ἀργότερον (opp. λεπτόν) 30,23

ἀρέσκειν. ἀρέσκει ἡμῖν 24,27 28,37
ἄρθρον plur. 16,6
ἀρρωστεῖν [sic P] 4,3
ἀρρώστημα def. 3,28sqq. etymologia 3,
32 (opp. ἰδίως νοσήματα) 3,15 (dist.
ἀρρωστία) 3,33
ἀρρωστία (dist. ἀρρώστημα) 3,33
ἀρτηρία 21,35. 53 (λόγῳ θεωρητή Era-
sistrati) 21,28 plur. 23,19 26,29. 32.
36sqq. 41sqq. 27,3. 5sqq. 30 28,1. 11
29,25sqq. 36,38 — (τραχεῖα, λάρυγξ δὲ
αὕτη) 8,30 23,14
ἄρτος 31,16 plur. 32,27 37,34. 42sqq.
ἀρχαῖος. [τὴ]ν πρὸς τῶν ἀρχαίων κ[ομι-
ζο]μέ[νην] 1,2 ἡ τεχνολογία [τῶν ἀ]ρ-
χαίων 2,18 κατὰ τοὺς ἀρχαίους 2,36
παρὰ τοῖς ἀρχαίοις τῶν φιλοσόφων 29,52
οἱ πλείους τῶν ἀρχαίων 30,17
ἄρχειν. καὶ πρῶτον ἀπὸ Πλάτωνος (ἀρκτέον
cogitando supplendum) 14,11
ἀρχή (coni. ὕλη) 4,28 (τῶν νόσων) 18,31. 47
ἄρωμα plur. 30,43sqq. 33,53 34,7
ἀσθενής. (ἀρώματα) 31,3 ἀσθενέστεραι
φλέβες 28,28
ἀσιτεῖν 37,35
ἀσκός 27,12. 28 31,32. 34sqq. 32,22. 24.
25
ἀσύμμετρος (?) 20,10 n.
ἀσύμπτωτος. τοῖς ἀσυμπτώτοις ἔοικε σώ-
μασιν ὡς σίφωσί τε καὶ καλάμοις 26,50
27,11sqq. 20. 22. 26
ἀσφαλτώδης (τόπος, ὕδωρ) 24,43
ἀσώματος (ψυχή) 31,42
ἄτακτος (πάθος, opp. τεταγμένον) 3,10sqq.
ἅτε δὴ τῆς κεινήσεως παραιτίας ὑπαρχούσης
22,23 sim. 23,37
ἀτμίζειν. ἠτ[μισμένα] 22,24
ἀτμοειδῶς 22,19. 21 25,5 26,31
ἀτμός (ἄρτων) 37,42sqq. 56 38,3. 5. 18. 20. 21
ἀτραπός. ἐπὶ τὰς ἀτραποὺς (τῶν θηρίων)
33,18 sqq.
αὖ 26,9 δὲ αὖ 17,25 cf. τε αὖ
αὖθις δέ (praec. νῦν μέν) 6,29
αὐτογνωμονεῖν (?) 20,24 n.
αὐτόθεν 25,32
*αὐτον⟨ο⟩εῖν (?) 20,24 n.
αὐτός (ipse) 6,20. 44 15,27 17,37 33,4
ἄλλως Ἀριστοτέλης περὶ τοῦ Ἱπποκράτους
λέγει καὶ ἄλλως αὐτός φησιν γίνεσθαι 7,
40 καὶ ἐν τοῖς ἐντέροι[ς οὐκ αὐ]τοῖς 25,
36c αὐτὰ διάφορα ἑαυτῶν 14,39 [ὅμοιον

αὐτό] ἑαυτῷ 30,7 καὶ αὐτός (et ipse)
4,42 5,2 6,26 17,7 [ἀ] δὴ αὐτά quae
eadem 32,40 — ὁ αὐτός (unus idemque)
ὑπὸ τῆς αὐτῆς νόσου 7,18. 21 αὐτὸς ἀνήρ
11,33 18,38 τὴν αὐτὴν κείνοις ἴσχει δύ-
ναμιν 24,42 τὸν αὐτὸν τρόπον 36,53 ὅν-
περ τρόπον — τὸν αὐτόν 38,3 ὃ — ποιεῖ,
τὸ αὐτό — ἐργάζεται 37,10 τὸ αὐτὸ ἐνερ-
γοῦσι 38,17 διὰ ταὐτό 32,26 τἀτό
(= ταὐτό cf. Hermae vol. XXVIII 411¹
et Praef. p. XI) 5,25 τἀτὰ 7,34 18,15 τἀτὸ
ὑπομιμνήσκουσι 31,6 (κατασκευάζουσιν)
31,17 36,35 ταὐτὰ πιστοῦσιν 31,20 τἀτὸ
γίνεται 32,36 τἀτὰ δύναται 37,23 — αὐτὸν
μόνον τὸν ὕπνον 24,8 αὐτὸ μόνον adv.
25,25 28,26 παρ᾽ αὐτὰ i. e. παραυτίκα
v. παραυτά
αὐτοψία. καὶ τοῦτο δῆλον ἐπὶ τῆς αὐτοψίας
31,10
αὐξάνειν pass. 26,8
αὔξειν. αὔξεται 26,12 εὔξετο [= ηὔξετο]
13,33 not. v. αὐξάνειν
αὔξησις 13,35. 40
ἀφαιρεῖν. ἀφαιροῦμεν τοῦ τοίχου 31,51 τι
ἀπό τινος ἀφαιρεῖται 31,27 ἀφειρημένων
33,3 cf. 3,30 n.
ἀφαίρεσις. ποιεῖσθαι ἀφαίρεσιν 31,15 (opp.
πρόσθεσις) 31,31. 43asqq.
ἀφανίζειν. ἀφανίζεται ἀπὸ τοῦ σώματος
[ἡ ψυχή] 31,39 ὅταν ἀφανισθῇ ἡ ψυχή
32,19 (τὰ ἐν τῷ σώματι) 38,13
ἀφικνεῖσθαι. ἀφικνουμένων τῶν ἀτμῶν
διὰ τῶν πόρων 38,21
ἀχρεῖος [20,23] (ὑγρόν) 30,35
ἄχρι τούτου φησίν 11,32 ἄχρι του 37,5
ἄψυχος (σύστασις) 22,11 τὰ ἀψυχότερα τῶν
ὀστῶν 15,44 sim. 15,47 16,2

βάθος (opp. ἐπιφάνεια) 37,4
βαλανεῖον sing. 38,39 τῶν βαλανείων ἐξ-
ερχόμενοι 38,37
βάλλειν ἔσω fr. 2,8
βάρος 22,31
βαρύνειν. βαρυνόμενοι 35,13
βαρύς (ἀσκός) 32,25 (ἄρτοι) 31,17 τὰ
βαρέα 22,25 βαρέα (βαρεια) τὰ νεκρὰ
32,20 βαρύτερος cet. 31,8. 28. 35 sqq.
(τὸ σῶμα) 31,40 (τὸ ζῷον) 32,5 (φυτά)
32,43

βαρύτης (opp. κουφότης) 31,45 sqq.
βαστάζειν 32,17 βαστάζεται τὸ ὅλον σῶμα
32,5 (?) 32,10 cf. n. 9
βδέλλιον. βδελλύου praec. 3 (p. 76)
βίος [37,38]
βιοῦν (κινητικώτερον) 36,32
βλέπειν 14,26
βόειος (?) 15,14
βοήθμα plur. 38,8
βορά fr. 2,6
βραχύς (ἔντερον) 16,27 [διὰ βραχ]έων λέ-
γομεν 31,52
βυβλίον 11,33
βυρσοδέψης plur. 34,36

γάρ explicative 5,6 οὐκ ἄν ποτε γάρ 31,
21 [γάρ]τοι 4,31 in exemplo 7,26 εἰ
γάρ τοι (?) 29,41 ἀλλὰ γάρ v. ἀλλά,
ἀμέλει
γαστήρ (παχεῖα poeta; ipse scriptor me-
dicus utitur vocabulo κοιλία) 16,3
γέ. οὐ—οὐδέ—οὐδέ—οὐδέ γε 27,34 v. ἐπει-
δή γε, ἔτι γε μήν, καί, καίτοι γε, μέντοι
γε, οὕτως γε — γέ τοι. τούτῳ γέ τοι
37,54 ταύτῃ γέ τοι 38,35
γελοῖος (ἀνήρ) 38,7 ὅπερ δή ἐστιν γελοῖον
38,53
γένεσις (τῶν σωμάτων) 17,13. 26. 41 sqq.
λαμβάνειν τὴν γ. 17,27. 34
γενικός. γενικώτατα (πάθη) 2,36. 40 ὡς
τύπῳ καὶ γενικώτερον εἰπεῖν 20,32
γένος (στοιχείων) 17,15 (φανερά) 34,28
γέρων. οἱ γ[έροντ]ες ξηροὶ καὶ ἀναίσθητοι
11,29
γεῦσις 25,18
γεώδης. τὸ γεῶδες 32,9 τοῦ γεωδεστέρου
32,40
γῆ. ἡ γῆ σημαίνει τοῖς κυσὶ τὰ θηρία 33,41
(καθαρά) 15,31 (ἀπόχροτος, κατάξηρος)
33,26 elem. Platonis 14,30 15,34 Phi-
listionis 20,27 sqq.
γίνεσθαι. nasci γινομένης τῆς ψυχῆς 32,
11 — fieri ὑπερφυεῖς ἐγινόμεθα 29,44
τῷ μηδέπω πολλὴν ἀποφορὰν γεγενῆ[σθαι]
32,29 cf. 31. 39 25,53 γίνεσθαι ἐν ἀνοι-
κείῳ τόπῳ 28,10 ἐπὶ τοῦ πρώτ[ου ἐκ-
κει]μένου 30,16 περὶ ταύτῃ (circumdare
hanc) 16,21 δυνάμεων γινομένων (?) περὶ
μέρος καὶ περὶ ὅλον 12,11 b γίνεσθαι πρὸς

τῷ ἀναιρεῖσθαι 37,36 ὑπὸ τῷ ἀέρι (vel
ἐν τῇ αἰσθρίᾳ) 38,37. 40 [γίνεται] καί τι
τοῦ σπέρματος 25,41 ἵνα μὴ γένωνται τὰ
θε[σμοφόρια λελ]υμένα 37,39 γίνεται ex
conexu auditur 6,7. 11 cf. n. 18,24 n.
γινώσκειν 1,15 4,23
γλουτός (plur.) 15,45
γλῶσσα [16,1]
γυνή plur. 37,31. 37

δέ (praecedente μέν—οὐ) 1,26 δέ γε 27,
43 εἶτα φέρε δέ 27,25 ἐπεὶ δ' οὖν 36,8
v. ἔτι δέ, καί—δέ, οὐ μὴν δέ—δέ paren-
thesin incipit 13,29 33,10 τροφὴ γίνε-
ται, τροφὴ δὲ τῶν ἀλόγων ζῴων 26,1
δεικνύναι. ὡς ἐδείχθη 36,51
δεῖν 34,46. 48 (?) 26,10 (εἶναι, γενέσθαι)
(γινώσκειν) 1,15 (ἀναθέσθαι) 7,20 (ὑπο-
λαβεῖν) 29,35 (ὑπονοῆσαι) 29,26 — δεόν-
τως γίνεται ἡ πέψις 4,39 29,16 32,17
καὶ δεόντως (sequitur γάρ) 13,33 24,39
δεῖξις. τῶν σωμάτων δεῖξιν ἐκτιθέμενος 19,
19
δεισιδαιμονία 1,31
δένδρον (cf. Praef. p. XIII). δένδρους 32,53
δένδρει 32,4. 9. 10 δενδρῶν 32,52 33,1
δεξιός (φλέψ) 16,15 sqq. εἰς δεξιά 16,14
δεσπόζειν. δεσπόζοντι τοῦ ζῴου μέρει 28,
10
δεύτερος (μεταβολή) 19,8 (κατεργασία) 24,
29
δέχεσθαί τι [19,41] ἐπίτασιν καὶ ἄνεσιν
[1,4 n.] ἡ γῆ δεχομένη τὴν ἀποφοράν
33,40 (τὸν ἀέρα) 38,48
δή. ἐγ δὴ τούτων 32,47 τοῦτο τὸ δὴ [γι-
νόμενον εἶδο]ς 17,23 διὰ δὴ τοῦτο 11,
28 36,24 38,45 διὰ τοῦτο δή 18,24
ταύτῃ δὴ 17,35 25,12 33,22 36,5 οὕ-
τως δὴ 25,45 ἀπὸ τούτων δὴ τῶν τόπων
23,18 διὸ δὴ 32,12 ἐπὶ δὴ γινομένοις
7,5 ἵνα δή 16,42 22,33 οὐ γὰρ δὴ 7,
30 δὴ τοίνυν 22,8 v καί, καὶ δή, καὶ—
μὲν δή, ὃς δή, ὡς ἂν δή
δηλονότι. τῷ δηλονότι γεγενῆσθαι 32,38
33,50
δῆλος. καὶ τοῦτο δῆλον ἐπὶ τῶν ἀρωμάτων
31,2 cf 9 ἐξ (?) ὧν ἀντιλαμβανόμεθα καὶ
αὐτὰ δῆλα cibi ex ipso olfactu agnoscun-
tur 25,18 [ὡς ταῦ]τα δῆλα ἐπὶ τῶν τε-

43 11,23 12,39 14,30 etc. 34,43 38,35.
43 37,7 38,23 saepe   i. q. οἱ ἄνθρωποι
6,18 20,26 29,44
ἔδαφος (κατερραμμένον) 22,29
εἰ δὲ ταῦτα οὕτως ἔχει 29,23 εἰ δὲ τοῦτο
[οὕτως ἔ]χει 35,47 εἰ δὲ ταῦτα, φανερόν
sim. 6,3 ει 33,42 εἰ δὲ τοῦτο 38,50 εἰ
τοῦτο 38,30 εἰ—ἐστίν, ἐχρῆν 32,50 εἰ
μέν — ἀνακολούθως sequitur ἐπεὶ δὲ 16,
27
εἶδος 12,15 (νόσων) 7,22 (ἡδονῆς) [2,45]
(τῶν στοιχείων) 17,23 (οἰκεῖος) 17,20
(ποικίλα) [7,32] γένη [τὸ] εἶδος μεταβάλῃ
17,15
εἴδωλον plur. (speculi imagines) [17,1]
εἰκότως [28,22] 34,50 [36,19]
εἴλη (?) 39,18
εἰλυσπᾶσθαι. οἱ εἰλυ[σπώ]μενοι 37,32
εἶναι. ἔστιν ὅτε 7,33 ἔστι δ᾽ ὅτε 8,28
ἔστιν ὅτε—ἐστιν δ᾽ ὅτε 31,29. 30 — τοῖς
οὖσ[ι] συμπτώτοις 27,18 (cf. v. 20) πρὸς
πολλῶν [ὄ]ντων προσαρμάτων 6, 1   ὄν
omissum συνόψεται ἔνικμον τοῦτο 24,16
— γίνονται [ὄν]τως ἀποφοραὶ 32,32
εἵνεκα. λόγου εἵνεκα 5,23
εἴπερ 22,38 26,35 28,6 35;46 [bis?]
εἰς. πρόσθεσις εἰς τὰ σώματα ἐγίνετο 22,39
τὴν ἀνάδοσιν τὴν εἰς αὐτὰς (φλέβας) γι-
νομένην 28,33 29,2 ὀρέξεις εἰς τὸ τὴν
ὕλην αἱρεῖσθαι 22,43 τὴν εἰσπνοὴν γίνε-
σθαι εἰς τὸ τὸ θερμὸν κατασβέννυσθαι 23,
39 τὸ ὀδμώμενον ἐν οἰκείῳ τόπῳ δεῖ εἶναι
εἰς τὸ [ὀσ]φρηθῆναι 34,49
εἷς. εἷς μὲν γὰρ (scil. λόγος) 26,35 [πάν-
των] ἢ ἑνὸς αὐτῶν 19,12 μίαν μέν, τὴν
δὲ ἑτέραν 5,12 καὶ ἐφ᾽ ἑνὸς τούτων κατ᾽
ἰδίαν 35,31 ἔν τι 37,22 ἕκαστον ἕν τι
ἀποτελεῖ 37,15 [ἓν μό]νον αὐτῶν 18,3
ἐπὶ ἓν συνελθόντα 14,24 καθ᾽ ἓν φαίνε-
σθαι singillatim 14,29
εἰσιέναι. [εἰ]σιόντι 19,35 ἀέρα εἰσιόντα εἰς
ἡμᾶς 38,35. 48
εἰσκρίνειν (opp. ἀποκρίνειν) 38,57 pass.
εἰς ἡμᾶς 36,45. 54 38,23. 26 sqq. (τὸ
ἐλατήριον) 37,9 (τὸ αἷμα) 27,37
εἴσκρισις εἰς ἡμᾶς 37,7
εἰσπνεῖν. τὸ πνεῦμα ψυχρὸν εἰσπνεῖται 24,
10 cf. 12. 13 τοῦ εἰσπν[εο]μένου πλεῖον
ἐκπνεῖται 23,25. 29 ἀπὸ τοῦ εἰσπνεομένου
23,29. 32
εἰσπνοή 23,39 κατὰ τὰς εἰσπνοὰς 30,49

εἰσφέρειν τροφήν 13,45
εἶτα 18,23 23,22 25,31 27,25 29,42 37,
32 38,39 fr. 1,3 οἱ κύνες χωροῦντες ...
εἶτα χωρήσαντες 33,32 καὶ εἶτα 8,24
εἴτε—εἴτε—εἴτε cum nominibus iunctum
1,8
ἔωλος. τὰ ἔωλα τῶν κρεῶν 31,24
ἐκ. ἐξ αὐτῆς ἀπογεννᾷ 9,44 ἐξ ὧν φανερὸν
37,6 etc. ἐξ ὧν συνάγεται 31,5 ἐκ τού-
των φανερὸν 37,20 etc. ἐκ τούτου (dist.
διά τινος) 26,43. 47 ἐγ scribitur inter-
dum ante β, δ, λ, μ [cf. Praef. p. XII]
ἐξ σαρκός sic 16,1 ἐκδ = ἐξ (?) 25,18 n.
ἑκάτερος. παρὰ τὴν ἑκατέρας ἐπικράτειαν
5,13 περὶ τῆς ἑκατέρου (scil. τροφῆς καὶ
πνεύματος] διοικήσεως 23,10
ἐκδ v. ἐξ (?)
ἕκαστος 20,27 (τούτων) 21,36 (τῶν τοι-
ούτων) 21,41 κοινῶς ἕκαστον τῶν ἡμε-
τέρων σωμάτων 14,37
ἐκβαίνειν. ἐγβάντα τοῦ οἰκείου εἴδους 17,
19
ἐκεῖ 36,18 f. 36,14 n.
ἐκεῖνος. proxime antecedentis vocis vicem
gerens 6,19. 23 ὅταν τ[ινὸς γένη]ται
πρόσθεσις, ἐκεῖνο γίνεται βαρύτερον 32,13
πρὸς ἐκεῖνο ῥητέον 30,15 — insequentia
indicans ἐκεῖνο ῥητέον 7,37 9,34 26,20
λέγουσιν ἐκεῖνο πρῶτον 22,54 ἐκεῖνο δὲ
λέγομεν illud tantum dicimus 30,36. 37
κἀκεῖνο δεῖ ὑπονοῆσαι 29,26 cf. 29,34
cf. κεῖνος
ἐκθεῖν (φλέγματα ἐκ τῶν σωμάτων) 19,30
ἐκθλίβειν. ἐκθλείψουσιν εἰς τὸ ἐκτὸς τὴν
τροφήν 29,22
ἐκκεῖσθαι. τούτων ἐκκειμένων 6,31 τού-
των οὕτως ἐκκειμένων 28,13 30,30 cf. 15,
20 περὶ τοῦ ἐκκειμένου (de proposito)
4,25 ἐπὶ τοῦ πρώτ[ου ἐκκει]μένου 30,16
ἐκκλίνειν. τὰ ἔωλα τῶν κρεῶν ἐξέκλεινον
31,24
ἐκλάνθανειν. ἐγλανθάνει 34,50
ἐκμαγεῖον 17,6
ἐκπέμπειν (πνεῦμα) 18,24 (τὴν ληφθεῖσαν
τροφήν) 4,33 τὸ ἐκπεμπόμενον πνεῦμα
23,35 cf. 37
ἐκπνεῖν. ἐκπνεῖται (πνεῦμα) 23,23. 26. 28
θερμὸν ἐκπνεῖται τὸ πνεῦμα 24,11 cf. 13
ἔκτεξις 18,21
ἐκτιθέναι. ἐκτίθεσθαι (med.) τὴν ὑποτύ-
[πωσιν] 7,17 (δεῖξιν) 19,20

ἐκτός 7,11 τὸ ἐ. πνεῦμα 18,22. 25 ἐκτὸς
ὄντα ἡμῶν σώματα 34,5 εἰς τὸ ἐκτός
23,23 29,22 30,6. 29 τὰ ἐκτὸς (cor-
poris) 22,15 τὰ ἐκτὸς *causae externae*
20,34. 38 ἐπὶ τῶν ἐκτός (*in rebus ex-
ternis*) 22,22 26,44 27,6
ἐκφύειν intr. (opp. ἐμφύειν) 25,3 (bis) [cf.
Praef. p. XIII]
ἐλαφρός (syn. κοῦφος) 22,27
ἐλατήριον 37,8. 9 cf. n. 14 (bis). 22
ἐλέφας 39,24
ἐλέγχειν [35,54]
ἐλίσσειν. εἰλιγμένον ἔντερον 16,22
ἕλκειν. Ἕλκεται τὸ πνεῦμα ἔξωθεν 23,12
ἑλκούσης ταύτῃ (scil. τῆς δυνάμεως) τὸ
οὖρον 30,14
ἕλκος plur. 20,38
ἐλλέβορος 37,17 λευκὸς et μέλας diff. 37,
18 sqq. (λευκὸς) 37,30
ἐμμένειν (vel ἐνμένειν) 8,22. 23 9,43 19,
37. 38 (πνεῦμα ἐμμένον) 27, 2. cf. 5.
(πλείονα χρόνον) 8,25
ἔμμονος (κατασκευή) 3,18. 34. 36. 42
ἔμπαλιν. [τἀ]μπαλιν 7,33 τἀνπαλιν 36,18
ἐμπληροῦν. ἀσκῷ ἐνπεπληρωμένῳ 27,13
ἔμπηξις. πυρός τε ἐμπήξει καὶ τετηκότος
15,33
ἐμπνευματοῦν. ἐμπεπνευματωμένῳ (ἀσκός)
27,13. 14
ἐμποιεῖν (νόσους) 8,10 19,44 med. 17.20
ἐμφέρειν. ταύτῃ γάρ φασιν ἐνφ[έρ]εσθαι
τὸ παρὰ φύ[σι]ν ἐκ τῆς πάθ[ους φ]ωνῆς
(*huic* (sc. animae) *inferri notionem* 'παρὰ
φύσιν' *ex vocabulo* 'πάθος') 2,24
ἐμφύειν (opp. ἐκφύειν) 25,3 intr. (εἰς αὐτά)
25,39
ἔμφυτος (πάθη) [9,39]
ἔμψυχος (σύστασις) 22,10
ἐν. καὶ ἐν τούτοις ἡ τοῦ Ἡροδίκου δόξα
(scil. γέγραπται) 5,34 cf. 18,8. 29
ἐναλλάττειν. ἐναλ[λαγῆναι] *vicissim mutari*
15,32 ἐνηλλαγμένως 17,42
ἐναντίος [9,34] 28,42 36,7 τοὐναντίον
36,34 38,4 — ἐναντίως διελήφεν 28,
46
ἐναντιοῦν. ἐναντιοῦσθαι *diversa via ire* 15,
41 αὐτῷ ἂν ἐναντιωθείη (?) 27,9 b, not.
ἐνδεία. plur. (opp. ὑπερβολή) 19,1
ἐνεῖναι ἐν τοῖς σώμασι [ἐνούσης] ψυχικῆς
(δυνάμεως)? 1,10 τὸ ἐνὸν (scil. ἐν ταῖς
ἀρτηρίαις) 26,48 c τοῦ ἐνόντος κενωθέν-

τος 27,28 [ἐν]ῇν καὶ ἡμᾶς αἰσθάνεσθαι
34,11 ἐνεῖναι (?) [30, 2]
ἐνεργεῖν. [ἡ ἐνεργο]ῦ[σ]α τὴν πέψιν θερ-
μότης 5,45 ἐνεργεῖ τὴν πέψιν 6,2 (τὸ
αὐτό) 38,17 οὐκ ἐνεργοῦσαν ἴσχει τὴν
δύναμιν 31,3
ἐνεργής. ἐνεργέστατον καθαρτικόν 37,13
ἔνικμος 24,16 (ἱμάτια opp. ξηρά) 35,9
ἔνιος. ἔνιοι 22,53
ἐν[ίοτε] 7,24 32,36 37,52
ἐννεοσσεύειν. νοσήματα εἴρηται ἀπὸ τοῦ
ἐννενεοσσευκέναι περὶ τὰ σώματα (meta-
phora Platonica Rep. IX 573 E) 3,22
ἐνοῦν. ἡνωμένα 21,44
ἐνταῦθα. κἀνταῦθά φησιν (*et in hoc loco
disputationis affert*) 37,34. 35
ἐντείνειν (τὰς δυνάμεις) 37,54 (coni. δια-
γείρειν) 38, 2. 3
ἔντερον (μακρὸν καὶ εἰλιγμένον) 16,22
(βραχύ) 16,28 ἐν τῷ λεπτῷ [ἐν]τέρῳ
(opp. ἀπευθυσμένῳ) 25,49 plur. 25,23.
36 b. c. 29,40. 46. 48 fr. 1,8
ἔντεχνος [9,32]
ἐντός [27,4] fr. 1,6
ἐντρέχεια animae status (? cf. *Hermes* XXVIII
411 Praef. p. XV) 1,24 sq. 2,9
ἐνυπάρχειν 30,1. 12 [ὃ ἐν]υ[πῆ]ρχεν τῷ
ὀργῷ καὶ ὃ φύσει δοκεῖ ἐνυπάρχειν ἀχρεῖον
ὑγρόν 30,33
ἐξαγωγή (*exitus vitae*) 8,31
ἐξαιματοῦν. ἐξαιματω[θέντα] 34, 13 τὸ
ἐξαιματούμενον δεῖ ἐν οἰκείῳ τόπῳ γενέ-
σθαι εἰς τὸ ἐξαιματωθῆναι 34,46. 47
ἐξακούειν. τῆς ὁρμῆς αὐτοῖς ἐξακ[ουο]μέ-
νης οὐχὶ ἀντὶ τῆς ὑπερτάσεως, ἀλλ' ἀντὶ
τοῦ κτλ.
ἐξαφανίζειν. ἐξαφανίζων ὁ ὄμβρος τὰ ἀπὸ
τῶν θηρίων σκιδνάμενα σώματα 33,34 a
ἐξεῖναι. ἔξεστι σκοπεῖν 36,57
ἐξέρχεσθαι (τῶν βαλανείων) 38,37
ἔξω ἀπορρεῖν 26,48 g
ἔξωθεν 16,8 (ἕλκεται) 23,12 (ἐπιτιθέμε-
νον) 37,10. 23
ἐοικέναι *similem esse* 6,22 18,15 sqq. 26,
51 27,10 b. 18 vel τὰ τούτοις ἐοικότα
τὰ ἐοικότα enumerationem claudens 2,34
21,47 22,3
ἐπαινεῖν. ἑαυτὸν ἐπ[αι]νεῖ ὁ Ἀριστοτέλης
24,6
ἐπακολούθημα. (τὰ) κατ' ἐπακολούθημα
(πάθη, opp. τὰ προηγούμενα) 1,29. 35

ἐπάν 38,46
ἐπεί 13,36 28,40 29,7. 45 36,21.50 (post
    irrealem conditionem) 16,30 (praecedit
    ἐπειδήπερ) 29,1 ἐπεὶ οὖν 39,8 ἐπεί τε (?)
    37,46
ἐπειδάν 20,35. 36
ἐπειδή 26,11. 15 ἐπειδή γε 6,16
ἐπειδήπερ 15,46 17,7 28,49.50 33,25
    34,17 39,4
ἐπείπερ 29,46
ἐπείσακτος (ὁλκὴ τοῦ πνεύματος) 18,26
ἔπειτα 24,5 33,47
ἕπεσθαι. σκύλακες τοῖς θηρίοις 33,38 οἷς
    καὶ ἡμεῖς ἑπόμεθα 2,19 ἑπομένως [τού-
    τοι]ς φ[ασιν] 35,39 cf. [7,40.41] πυρε-
    τὸν ἀπὸ τοῦ πυρώδες εἶναι τὸ ἑπόμενον
    4,11 τὸ ἑπόμενον ἐν παραλύσει 4,12
ἐπέχειν δίκην (similem esse) 6,18 τῆς ἀνα-
    πνοῆς ἐπεχομένης 20,50
ἐπί. cum genetivo: ἐπὶ τῶν ἀρτηριῶν γίνε-
    σθαι τὴν ἀνάδοσιν 29,9. 11 ἐπὶ τούτου
    παράδοξον κινεῖ 18,39 συνξηρανθέντες
    (οἱ χυλοί) ἐπί τινος (in aliquo homine)
    φαίνονται 32,37 διάφορον [τὸ ἐπὶ τῶν]
    ἀθλ[ητῶν πα]ρὰ τὸ ἐπὶ τῶν ἰδιωτῶν [sc.
    αἷμα] 36,6 μήτε κίνησιν μήτε θερμότητά
    τινα εἶναι ἐπ' αὐτῶν 33,7 in exemplis
    velut ὡς ἐπὶ τῆς τετραφαρμάκου 14,19
    22,22. 23 27,6 — temporaliter ἐπὶ τοῦ
    χειμῶνος 38,33 — cum dativo: ἐπὶ τῷ
    δένδρει 33,3. 9. 10 ἐφ' ἑτέρῳ ἀπολείπει
    τι ἀντίστοιχον 20,4 καὶ ἐπὶ πᾶσιν 28,6
    ἐφ' ᾧ οἷόν τε ἤδεσθαι 2,44. 45 — cum
    accusativo: ἐπὶ τὰ φυτὰ μεταβαίνουσιν 32,
    42 ἐπὶ κεφαλὴν οἰσθῇ ἡ ὑγρότης 5,24.
    31 (cf. εἰς v. 26) 5,30 ἐφ' οὓς ἡ ἐπι-
    φορά 5,30 ἐπὶ τὸ πλεῖον ὑγρὸν μεταβάλλειν
    11,38 ἐπὶ τάδε (opp. ἐπ' ἄλλην) 6,29 —
    ἐπί τινας χ[ρόνου]ς μὴ δοὺς τροφήν 33,47
    — ἐπὶ πλεῖον 13,36 ἐπ' ἐλάχιστον 13,39
ἐπιβιοῦν [37,45]
ἐπιδεικνύναι. ἐπιδείξομεν 7,37
ἐπίδοσις. ἐπί[δοσιν λαμβάνῃ] 9,24
ἐπιθυμεῖν stoice [2,48]
ἐπιθυμητικός (ψυχή, dist. λογική, ἐπιθυ-
    μητική) 16,35 sqq.
ἐπιθυμία 16,45 Stoicorum 2,41. 46 sqq.
    plur. 17,1
ἐπικαλεῖν. ὁ Ζε[ὺς ἐπι]κληθεὶς 19,18. 19
ἐπικουρικός 8,4
ἐπικράτεια (ἡ ἑκατέρας) 5,14

ἐπιληψία 7,28
ἐπίμειξις. κατ' ἐπίμειξιν 2,38
ἐπιμένειν 16,31 ἡμέρας [τινά]ς 37,38
ἐπιμιγνύναι. ἐπιμειχθέντος 12,31
ἐπινέφελος (οὖρα) 35,34 cf. n.
ἐπιπέμπειν. ἐπιπεμπόμενα (τὰ περισσώ-
    ματα) τῷ ὅλῳ σώματι 8,9
ἐπισημειοῦσθαι 21,21. 22
ἐπισπᾶν. pass. ἐπισπᾶται τὸ πνεῦμα 18,22 —
    med. ἐπισπᾶσθαι (de fomenti vi) 37,2
ἐπισυμπείπτειν 27,31 sqq.
ἐπισύμπτωσις (opp. κενὸς ἀθρόυς τόπος
    Erasistrati) 27,29
ἐπισυνάγειν. ἐπισυνάγεται ὁμολογουμένως
    ὅτι 29,24
ἐπίτασις (opp. ἄνεσις) 1,3 5,15
ἐπιτείνειν. ἐπιτεταμέναι (ὑγρότητες, opp.
    ἀνειμέναι) 5,20 cf. ἐπίτασις
ἐπιτιθέναι pass. 36,58 (ἔξωθεν) 37,10.
    23 (ἐπὶ τοὺς ὀμφαλούς) 37,24. 25
ἐπιφάνεια (corporis) 37,1. 4 38,42 plur.
    37,49
ἐπιφέρειν (νόσους) 6,13. 36 8,18 11,37
    12,7 17,22 18,3 [ἐπ]ιφ[έρειν] πνιγμούς
    8,30 n. (ἦχον) 12,26
ἐπιφορά. ἐφ' οὓς ἡ ἐπιφορά. 5,30
ἐπιχειρεῖν (logice) οὐ πιθανῶς ἐπιχειροῦσιν
    34,41
ἐπιχείρησις ratiocinatio, syllogismus 7,24
ἐπιχορηγεῖν pass. 7,8 17,39
ἐργάζεσθαι. ῥῆξιν ἐργασάμενον 8,26 [οὐ-
    δὲν] ἀγαθὸν 19,43 δ — ποιεῖ, τὸ αὐτό —
    ἐργάζεται 37,10
ἐρεύγειν. ἐρευγόμενοι (?) 35,14 n.
ἐσθίειν. τῶν ἐδεσθέντων 34,35 ἀπὸ τῶν
    ἐδεστῶν 34,38. 39
ἔσω παραθλιβομένης 18,33 βαλεῖν fr. 2,8
ἑτεροῖος (coni. διάφορος) 36,11
ἕτερος [17,20 25,47?] εἰ ἀμφότερα —,
    κωλυθήσεται τὸ ἕτερον 38,9 μίαν μέν—
    τὴν δὲ ἑτέραν 5,13 (opp. πρῶτος) 13,46
    [μετα]βαλὸν δὲ θάτερον θατ[έρῳ νόσον
    ἀπο]τελεῖν 19,7 ἑτέρῳ τούτων 20,4
ἔτι. ἀλλὰ γὰρ ἔτι φησίν 7,15 ἔτι γε μήν
    14,39 tertium nomen adiungens 23,15
    ἔτι δὲ καί 32,31 ἡ κίνησις καὶ ἔτι ἡ
    θερμασία 33,5 ἔτι καὶ (?) 7,35 (iuxta
    σὺν τῷ ἔχειν) 3,29
ἕτοιμος [17,6]
εὐθύς (ἔντερον) 16,29 — adverbium: ἀπο-
    κρινομένου τοῦ πνεύματος 27,36 statim in

(Menecratis) 19,24 (Petronis) 20,4. 6
Philistionis 20,35. 40 sqq. τὸ θερμόν
Aristotelis 23,45 24,2 τὸ θερμὸν δύνα-
μις τοῦ πυρός 20,28 τὸ θερμόν (opp. ἡ
ὑγρότης) 24,5 (τὸ περὶ τὴν καρδίαν) 23,
39. 40 τὸ ἐν ἡμῖν θερμόν 38,43 τὸ
ὑπέρμετρον θερμόν 6,39 — θερμότερος
(μήτρα) 18,14 (σώματα) 18,27 36,33
(χωρίαν) 24,37 (τόποι) 24,49 (ἄρτοι)
32,27 (ἱμάτια) 35,4 36,33
θερμότης 7,12. 14 23,49 33,7 35,2 sqq.
38,15 (ἡ ἐνεργοῦσα τὴν πέψιν) 6,1 (opp.
κατάψυξις) 8,34 12,2 (opp. ψῦξις) 12,17
(opp. ψυχρότης) 11,35 (opp. ὑγρότης) 9,
35 ([ἡ ἐν] ἡμῖν [οὖσα]) 9,43 (ὑγροτέρα)
15,38
θεώδης (τόπος, ὕδωρ) 24,45
θεωρεῖν. λόγῳ θεωρητός (opp. αἰσθητός),
τὰ πρῶτα σώματα (terminus Epicureus,
de quo cf. Sitzungsber. d. Berl. Ak. 1893
p. 109) 21,26 39,6 (πόροι) 35,18 37,5.
29. 48. 53 38,21. 24. 31. 52 39,3. 15. 22.
31 κατὰ τὸ λόγῳ θεωρητόν, opp. κατὰ
τὸ αἰσθητόν 13,27 [30,52] 31,16 32,33
33,51 34,2 sqq. 35,23. 38 36,22. 40. 43
37,8 39,7. 9. 26
θήρα 33,20. 36 plur. 33,23. 37
θηρευτής [θηρευ]τὰς κύνας 33,15. 16 [θη-
ρωται P cf. n. et Praef. p. XI] 33,29. 30
θηρίον plur. 33,17 sqq. 35. 38. 41
θριδακίνη. θριδακείνη 32,45
θυμικός (ψυχή, dist. λογικός, ἐπιθυμητικός)
16,35 sqq.
θυρίς 31,43. 50
θώραξ 14,37 23,15

ἰατρικός. (κανών) 21,24 ἰατρική (scil. τέχνη)
9,30 21,18 (def. Herodici) 9,32 ἐν
Ἰατρικῇ (Menecratis libro) 19,19
ἰατρός. τῶν [ἰα]τρῶν 7,9
ἰδέα. ἐκ τεσσάρων ἰδεῶν, τοῦτ' ἔστιν ἐκ
τεσσάρων στοιχείων 20,26
ἰδίᾳ (opp. κοινῇ) 18,2 (εἰπεῖν) 22,5
ἴδιος (δύναμις?) 2,2 n. (κρᾶσις) 16,14 (στάσις)
29,51 (ποιότης) 34,8 ἑνὸς τούτων κατ'
ἰδίαν 35,31 — ἰδίως (opp. κοινῶς) 3,
39 sqq. 4,1 (λέγει) [9,37] (λέγεται) 3,
13 (οἴεται) [8,35] ἰδιώτερον παθολογεῖ
20,17

ἰδιότης 25,46 (ἐν τῷ κόλῳ) 25,41 (ἐν
τοῖς σ[περμ]ατικοῖς πόροις 25,43
ἰδιώτης plur. (opp. ἀθλητής) 36,6 (opp.
οἱ κινητικώτερον βιοῦντες) 36,34
ἱδρώς plur. 12,24 35,30
ἰέναι [ἴωμεν]? 2,9
ἱκανός (ἀποφορά) 32,31 33,31 ἀναλοῖ ἱκανά
33,5
ἱμάτιον 24,15 plur. 35,4. 8
ἵνα 27,27 37,38 39,28
ἰπνός. τὸν ἀπὸ τοῦ ἵ[πνοῦ] ἀτμόν 37,44
ἵς. ἐκ τῶν ἰνῶν τοῦ αἵματος 17,30. 31. 35
ἴσος (ἀρτηρίαι) [28,23. 24] κατ' ἴσον ὀρέ-
γονται 29,1. 2 — ἴσως fortasse 23,27 34,
23
ἱστάναι. statuere (med.) οὐχ ὑγιῶς ἱστά-
μενος λόγον 26,34 pass. (pendere) σταθὲν
τὸ κρέας 31,10
ἴσχειν δύναμιν 24,42 κατάξηρα ἴσχοντες
τὰ στόματα 25,13 (οὐκ ἐνεργοῦσαν τὴν
δύναμιν) 31,3 (κεκακωμένην τὴν αἴσθη-
σιν) 34,36 cf. similiter usurpatum ἔχειν
ἰσχιαδικός. ἰσχιαδική (scil. νόσος) 19,44
ἰσχίον. ἐπὶ ἰσχία οἰσθεῖσα χολὴ ἰσχιαδικὴν
ἐμποιεῖ 19,44
ἰσχυρός (coni. δυσκατέργαστος) 5,41
ἴτριον fr. 2,3
ἰχώρ (σαρκὸς χολή) 18,37. 40 ἰχῶρες 12,
24

καθαίρειν. καθαίρεσθαι τὸν ἐγκέφαλον [8,
37] καθαίρειν (χολώδη, ὑδατώδη) 37,18.
20. 27 (ἄνω καὶ κάτω) 37,11. 12. 26
καθάπερεί 18,23
καθαρός (γῆ) 15,31 (κοιλία) 4,38 5,4 (8,
14?) (κεφαλή?) 8,14 cf. n.
κάθαρσις 8,36 (ἐγκεφάλου) 8,36. 39. 40.
41 sqq.
καθαρτικός. καθαρτικόν purgamentum 37,13
καθήκειν. καθήξει λέγει 29,18
καθίζειν. ἐν ἀνοικείῳ [καθί]σῃ intransitive
17,16 (κα[θε]ίζειν) [πρὸς το]ὺς ἄρτους
37,41
καθιστάναι. καθέστηκεν τηρητική 36,49
καθώς 5,36 8,11 21,21 28,40
καί. et quidem νόσοι γίνονται καὶ διαφόρως
20,48 καὶ δῆλον 24,13 καὶ δεόντως 24,38.
39 — vel μὴ ἅπαξ, ἀλλὰ καὶ πλεονάκις
13,24 — etiam comparative ἐπεὶ ἕν ἐστιν

αἴτιον, ἤδη μία καὶ νόσος 7,31 κατὰ
σύστασιν τῶν σωμάτων τίκτει καὶ τὰς
νόσους 7,30 ἡ καρδία πρώτη κενουμένη
τοῦ πνεύματος πρώτη καὶ πληροῦται 28,8
ἀπὸ τούτου γὰρ καὶ εἴρηται ἀρρώστημα
3,31 ᾗ καὶ 22,32 — (in clausula) καὶ
ἐν τούτοις ἡ τοῦ Ἡροδίκου δόξα 5,34 11,
40 [καὶ ὡ]ς μὲν ὁ Ἀρ. οἴεται..., ταῦτα
(sequitur ὡς δὲ) 6,42 καὶ ταῦτα μὲν
οὕτως 3,7 cf. 12,35 16,32 17,24 18,28
24,18 33,36 similiter καὶ—μὲν δὴ 18,
47 19, 27 20, 7 — substantivum et
participium iungens παρὰ τὴν ἀποφορὰν
τῶν ἐν ἡμῖν ὑγροτήτων καὶ προστιθεμένων
(pro παρὰ τὰς ὑγρότητας ἀποφερομένας
καὶ προστιθεμένας) 12,39 — καὶ γάρ 22,29.
46 25,42 37,51 καὶ γὰρ δὴ 38,10 καί—γε
et quidem 23,34 28,15 καὶ διαφόρου γε
[ταύτη]ς 36,13 καὶ—δέ 18,13 enun-
tiata iungens 18,16 25,27 35,31 καὶ ἄλγη
δὲ 9,23 in clausula καὶ περὶ τῆ[ς ψυχῆς]
δὲ ταῦτα 17,10. 11 καὶ περὶ τὴν γένεσιν
δὲ οὕτως 17,43. 44 καὶ δὴ initio enun-
tiati 23,25 καὶ περιφερὲς καὶ κεκυ[χλω-
μένον] 15,23 καὶ παλαιωθεῖσαν καὶ ὑπέρ-
χολον 19,41 sim. 21,36 24,35 καί—ὡς
ὁμοίως δὲ καὶ 38,56 καί—ἢ καὶ 37,24
καὶ μὴν 15,5 24,12 29,34 31,40 [35,7]
καὶ μὴν καὶ 17,19 [25,4] 31,16 37,7. 30
καὶ πάλι 28,3 κἀνταῦθα 37,34. 35 κἂν
ἐφέρετο 16, 29 κἂν διεφθείρετο 22,40
[κ]ἂν ἡ[μεῖς] ἐγινόμεθα 29,44
χαιάτας calamintha (χαιατῶν) 36,57 [Hesy-
chius s. v. χαιέτα: χαλαμίνθη· Βοιωτοί.
Apollonius Lex. hom. s. v. χητώεσσαν:
χαιέτυς γὰρ φυτὸν ἡ καλάμινθος ὑπ᾿ ἐνίων
καλεῖται. hinc χαιετάεσσαν ἀντὶ τοῦ κα-
λαμινθώδη legerunt Zenodotus et Calli-
machus in Homeri δ 1. de calaminthae usu
cf. Galen. de simpl. med. temp. VII 1 [XII
4 K.]: καὶ μέν γε καὶ κατὰ τῶν ἰσχίων κα-
ταπλάττουσί τινες αὐτήν... καὶ γὰρ ἕλκει
τὰ ἐκ τοῦ βάθους εἰς τὴν ἐκτὸς ἐπιφά-
νειαν. Dioscorides III 37 p. 383 Spr. πι-
νομένη δὲ καὶ καταπλασσομένη ἀρήγει
ἑρπετοδήκτοις... βοηθεῖ δὲ καὶ ῥήγμασι.
hinc nomen χαιέτας et χαιάτας cf. Strabo
V p. 233: τὰ γὰρ κοῖλα πάντα χαιάτας
οἱ Λάκωνες προσαγορεύουσιν et Hes. s. v.
χαιατα [χαιάται?]: ὀρύγματα ἢ τὰ ὑπὸ
σεισμῶν καταρραγέντα.]

χαινολογεῖν 34,7
χαίτοι γε c. partic. 23,29   c. indic. 24,5
χαχός. καθ᾿ ὡς ἂν κακοῦ φαντασίαν 3,2
     τοῖς παροῦσι κακοῖς 3, 6
χαχοῦν τὴν αἴσθησιν 34,33 κεκακωμένην
     ἴσχοντες τὴν αἴσθησιν 34,36 κακουμένη
     αἴσθησις 34,39
χαχοχυμία (?) 36,15 cf. n.
χάλαμος. ἀπορεῖν ὡς διὰ χαλάμων ἔξω 26,
     48 g. 51
χαλεῖν. ⟨οἱ⟩ στρατιῶται καλοῦνται 6,23 ὁ
     πυ[ρεταίνω]ν ἀρρωστεῖν [ubi ἀρρωστῶν
     desideres] κληθήσεται 4,3 [χαλέσαι] 9,
     33
χαλῶς 36,52
χάμηλοι Βακτριαναί 39,24
χάμψις (membrorum, coni. συστολή) 16,7
χανών (ἰατρικός) 21,24
χαπνός. plur. fumaria 36,58 n.
χάρος 1,14. 32. 38
χαρδία 16,39 17,2 23,15. 40. 44. 49 28,
     2. 7 (πυκινοκίνητος) 17,4
χαστόρειον 37,51. 53 38,1. 4
χατά. ἀραιότητι τετμημένη κατὰ τὸ ἡμέ-
     τερον σῶμα 29, 29   συνίστασθαι [κατὰ
     (περὶ quod ex proximis desideres, spatio
     non capitur)] τὴν ψυχὴν πάθη 2, 10 τοὺς
     κατὰ τὴν καρδίαν τόπους 4,36 προσερρι-
     ζώμεθα πρὸς τὸν ἀέρα κατά τε τὰς ῥίνας
     6,21 τοὺς κατὰ τὴν κεφαλὴν τόπους 8,21
     ὑγρότης, καθ᾿ ἣν αἰσθανόμεθα 11,24 κατὰ
     τὰς ἀρτηρίας (opp. διὰ τὰς ἀρτηρίας) 28,15
     κατὰ τὸν χειμῶνα 36,40 κατὰ κείνησιν
     ἢ σχέσιν 1, 10 sqq. κατ᾿ ἐπίμειξιν γίνε-
     ται 2,38 κατὰ λόγον τοιοῦτον 5,38 κατὰ
     φύσιν (opp. παρὰ φύσιν) 2,13 sqq. κατὰ
     τοὺς ἀρχαίους 2,36 κατὰ τοὺς Στωικοὺς
     2,39 et sim. saepe καθ᾿ ἡμᾶς, οὐ μὴν
     δὲ κατὰ τὸν Ἐρασίστρατον 23,17 κατὰ τοῦτο
     διάφορος 8,1. 2 διαφορᾶς τῆς κατὰ τὰς
     νόσους 20,15 περιττότερος φαίνεται κατὰ
     τοῦτο 12,21 καθ᾿ ἓν singillatim 14,29
     κατά τι [8,3] κατ᾿ ὀλίγον 3, 12 sqq. ὥστε
     καὶ κατὰ ταῦτα ἄγαν νωθεῖς (?) 27,35
     καθ᾿ ὃ μὲν—καθ᾿ ὃ δὲ 5,1. 3 καθ᾿ ὅσον
     25,28 καθ᾿ ὅσον (praec. κατὰ τοῦτο) 8,3
χαταβολή (σπέρματος) 18,14. 17
χαταβαίνειν ἐπὶ τὰ ἄλογα τῶν ζῴων 33,15
     v. μεταβαίνειν
χαταγνύναι σίφωνες καταχθέντες 26,52
     [cf. Praef. p. XIII]

καταισθάνεσθαι. τὰ ὑγρὰ ἐλάττω καται-
σθάνεται pass. 32,35 [cf. Praef. p. XIII]
κατακαίειν. κατακαέντα (?) 39,18
καταχρατεῖν. κατακρατουμένη ἡ θερμότης
πρὸς πολλῶν προσαρμάτων 5,45 (cf. test.
ad V 39)
καταλαμβάνειν. *capere* οἱ κύνες κατα-
λαμβάνουσι τὸ θηρίον 33,32 καταλαμβα-
νόμενοι (scil. προθυμίᾳ) fr. 1,2 — *in-
tellegere* ἡ αἴσθησις οὐ καταλαμβάνει τὰς
ποιότητας 34,52 καταλήψῃ κουφότερον
31,10. 11 pass. 32,23 ἔνιχμα [γενόμενα]
ταῦτα 35,9
καταλεαίνειν. (τροφή) κατάλεαινομένη 24,
23
καταλείπειν ἐν τῇ θαλάσσῃ 30,24 διαφο-
ράν 36,29 πάθος οὐδὲν καταλείπουσιν
ψυχῆς 2, 23 cf. 2, 19 n. ὁ ν[ωτιαῖος
περι]έχουσι ὀστέοις καταλείπ[εται στέγειν]
(i. e. στέγεσθαι) 15,26
καταλύειν. καταλυομένας δυνάμεις 37,33
καταμήνιος. τὰ καταμήνια 37,31
κατάξηρος (ἔδαφος) 22,31 (στόμα) 25,12
(τόπος) 33,22 (γῆ) 33,27
καταπίνειν. (τροφή) καταπείνεται διὰ στο-
μάχου 24,24
καταπλασμός 36,58
καταπλέκειν (de venis) 16,16
καταπνεῖν ἀτμὸν *spirare vaporem* (contra
Democritum) 37,42
κατάποσις (διὰ στομάχου τῆς τροφῆς) 25,20
καταρραίνειν. κατερραμμένον 22,29 n.
καταρρέπειν. τὸ φύσει καταρρέπον 32,16
κατάρρους [9,4] 19,32 plur. 8,44
κατασβεννύναι. τὸ θερμὸν καταζβέννυσθαι
23,40 [cf. Praef. p. XIII]
κατασκευάζειν (νόσους) 17,18 18,5 ab-
sol. 18,15. 16 κατασκευαζόμενον ζῷον
18,18 (σπέρμα) 25,42 (χολή) 20,18 τὰ
ἀπὸ τῆς τροφῆς [κατασκευα]ζόμενα 7,44
τὸ ὑποκείμενον κατασκευάζεται (*efficitur*)
κουφότερον 31,30 (ῥυσόκαρφα) 32,47
(διάφορον) 36,20 (cf. 16) pass. fr. 2,4
(τὰ παραπλήσια) ταὐτὸ κατασκευάζουσιν
(*idem efficere*) 36,35 — *demonstrare* κατα-
σκευάζειν ταὐτὸ ἀπὸ τῶν ἄρτων 31,17
(τὸ προτεθέν) 33,44 38,54 ὡς καὶ τοῦτο
κατεσκευάκαμεν 36,52 (ὅτι) 30,41 35,19
(ὡς) 37,55 38,22
κατασκευαστικός (πυρετοῦ) 7,26 (τοῦ
ζῴου) 18,12

κατασκευή (*constitutio morbi*) ἐμμόνους τὰς
κατασκευὰς ἔχοντα περὶ τὰ σώματα 3,18.
29. 34. 37. 42 4,4 — *demonstratio* 18,
20
κατασκιδνάναι. τὰ ἀπὸ τῶν θηρίων σώ-
ματα κατασκίδναται 33,27
κατατάσσειν (pass.) τί εἰς τὰ σώματα 23,
31 κατατάσσεσθαι τὸν ἀτμὸν ἀπὸ τῶν
ἄρτων ταῖς δυνάμεσι [scil. τοῦ σώματος]
37,56 cf. 38,3 et προσκατατάσσειν
κατατιθέναι. καταθοῖτο τοῦτο ἐν λέβητι
33,46
καταφέρειν pass. 23,51 (ἡ τροφή) 16,23
καταφλέγειν 23,41
καταχυλοῦν fr. 2,2
κατάχυσις 38,41
κατάψυξις 7,12. 14 8,33 (opp. θερμότης
9,19 12,2 18,49
καταψύχειν pass. 23,50 18,28 38,35. 38.
45. 49
κατεργάζεσθαι (*concoquere*) 20,11
κατεργασία 24,36. 54 25,1 (τροφῆς) 36,
10. [5]. 19 fr. 2,7 (ἐν στόματι i. e. πρώτη)
24,21 36,12 (δευτέρα) 24,29 (ἡ ἐν τῇ
κοιλίᾳ opp. ἡ ἐν τῷ στόματι) 36,23
κατονομάζειν. ἃ [κυρίως] κατωνόμασται
27,12 ? 1,44 n. ? 2,2 n. κατωνομασμένος
qui supra dictus est 1[,33 13,38
κάτοπτρον (?) 16,45 n.
κατοχή (τοῦ πνεύματος) 27,9 n.
κάτοχος (?) 16,45 n.
κάτω (κοιλία) 16,19 sq. (καθαίρει) 37,11.
26 (κινεῖν i. e. καθαίρειν) 37,19
καῦσος 19,48
κεῖνος post conson. 24,42 25,28 (cf. 37,
40) [Praef. p. XIII]
κεῖσθαι. τῶν κατ᾽ εὐθυωρίαν κειμένων πο-
ταμῶν 16,25 [τούτων δ]ὲ κειμένων 1,15
κελεύειν 37,41
κενός ἀθρόυς τόπος Erasistrati 26,48 c 27,
29. 38 κενὸς ἀθρούς (scil. τόπος) 27,6.
7. 33 κενοὶ γίνονται τούτου 27,2
κενοῦν. κενοῦσθαι τὰ ἀγγεῖα 13,43 pass.
26,41 27,40. 44. 47. 53 35,36 36,39 κε-
νώσεται pass. 27,52 [26,47] (τοῦ πνεύ-
ματος) 27,4 28,7 τοῦ ἐνόντος (?) κενω-
θέντος 27,28 τὸ διὰ τῶν ἱδρώτων κε-
νούμενον 33,55 τὰ αἰσθητῶς κενούμενα
35,23 sqq. 37 cf. 33,49 35,37
κένωσις (πνεύματος) 26,48 d 27,30. 34 28,5
κένωσιν ποιῆσαι 36,25

λάρυγξ (i. q. τραχεῖα ἀρτηρία) 8,30
λέβης 33,46
λέγειν. οἷόν τι λέγω (i. e. exempli gr.) 5,17
λέγω δὲ parenthesin explicativam in-
cipiens 23, 27 λέγεται διχῶς 3,38 etc.
(τριχῶς) 1,21 2,7 enumerare 14, 6 περὶ
τὴν ὅλην λέγομεν (scil. συνίστασθαι πάθη)
2,11 ὥσπερ εἴπομεν 7,32 τοῦτ᾽ ἄν τις
εἴποι 36,26 κοινότερον εἰπεῖν 36,29 τὸ
ἐγκεφάλου σχῆμα λεγόμενον 15,22 τὸ λε-
γόμενον sententia proposita 31,6 τῶν εἰ-
ρημένων (eorum quae modo memoravimus)
2,38 22,13 διὰ τὴν εἰρημένην αἰτίαν 29,
12 ἀπὸ τούτου εἴρηται ἀρρώστημα 3,31;
sim. 4,7 sqq. πάθος λεκτέον (sequ. def.)
3,7 λεκτέον 2,31 [7,22] λεκτέον ὡς —
εἶναι 21,30 n. (?) ῥητέον ὅτι 30,16 32,
12 ῥητέον διότι 7,38 λέγειν διότι 26,
40 27,18 29,19. 17 (πρὸς τοῦτο) 27,17
(πρὸς τὸ α κεφάλαιον) 29,18 (πρὸς ἐκεῖνο)
30,16 (παγίως) 30,31 εἴπερ ἡ καρδία
πληροῦται, λέγω (? λόγῳ) ἀναιρεθήσεται τὸ
ζῷον 28,9 n. verbum dicendi velut φα-
σίν compilatoris culpa omissum 38,45
λείανσις fr. 2,1
λεῖος. λε[ίως] συνα[φίεσθαι] 27,42
λείωσις 25,34 n.
λείπειν. ἄ[πεπτόν τι λε[ίπεται] 25,36 a
λεπτός [30,22. 26] (κοιλία) 4,38 5,4 (νοῦς)
[16,4] (αἷμα) 18,34 (ἔντερον) 25,49
(ἀποφορά) 32,38 (οὖρα) 35,32 λεπτό-
τερος (αἷμα, opp. παχύτερον) 36,7 25,
50
λεπτομερής. λεπτομερεστέρα 25,32 λεπτο-
μερέστερον 11,40 32,39
λεπτύνειν pass. 22,20 36,38
λευκός (ἑλλέβορος) 37,18. 30 (φλέγμα) 12,
33
λήμη plur. 12,26
λήθαργος [1,14]. 33
λίαν (λείαν) 26,49 νωθρόν λία[ν] 30,51
λείαν μωρός 31,46
λίθος 26,14
λιμός. τὴν λε[ιμὸν] κ[ο]ρ[έν]ν(υσιν) dubio
loco 37,46
λιτός (τροφή) 5,8
λογίζεσθαι. λο[γιζόμενοι] ἀπό τινων τοι-
ούτων 30,42
λογικός (ψυχή dist. θυμική, ἐπιθυμητική)
16,34 sqq. (μόριον τῆς ψυχῆς) 1,22. 27
2,3 4,16 15,28

Suppl. Arist. III 1 Anon. Lond. Iatrica.

λόγος. περὶ οὗ ὁ λόγος 24,10 λόγος ἔχει
37,35 (demonstratio libri) προϊόντος τοῦ
λόγου 7,37 σύμμετρον τῷ λόγῳ [22,7]
τῷ κατ᾽ [Ἀλέξανδρον λόγῳ] 35,54 [ποι-
οῦ]νται τὸν λόγον 33,53 λόγος fr. 2,7 πιθα-
νότητι λόγων 14,42 λόγου εἵνεκα (exempli
gr.) 5,23 λόγῳ (opp. ἔργῳ) (?) 28,9 n.
πρὸς τοῦτον τὸν λόγον λέγουσιν 32, 49
(ratio) τῶν νόσων λόγους κομίζουσι τοι-
ούτους 4,30 πρὸς τούτους τοὺς λόγους ·
ἀντιφέρονται οἱ Ἐμπειρικοί 31,25 οὐχ
ὑγιῶς ἱστάμενος λόγον 26,34 cf. [26,39]
λίαν οὗτος ὁ λ. μ[ωρ]ός τε [καὶ ἀπατ]η-
τικός 31,46 τούτῳ τῷ λόγῳ eadem ra-
tione 25,15. 16 26,13 [27,40] ὁ αὐτὸς
λόγος 26,8 31,50 ἀπειθὲς εἶναι τῷ αἱ-
ροῦντι [λό]γῳ (Stoic.) 2,30 κατὰ λόγον
τοιοῦτον 5,38 γίνεται ἀνὰ λόγον [14,15]
συλλέγουσι τὸ ἀνὰ λόγον 33,1 κατὰ λόγον
(ut consentaneum est) 33,34 a (proportio)
πρὸς λόγον 13,37 33,11 — τὸ λόγῳ θεωρ-
ρητόν cf. s. θεωρεῖν
λοιπός (μυελός) 14,24 (μέρη) 34,32 [ἐπ]ι-
[βιοῖ τὸ] λοιπόν 37,45 λοιπὸν adverb.
17,32 24,24 32,20 38,55
λουτρόν 38,38
λύειν. (πάθη λυόμενα) 3,11. 15 (ἀπὸ τοῦ
λελύσθαι τὸν τόνον παραλύσιν εἰρῆσθαι) 4,
12 λελυμένης 34,12
λυπεῖν. λυπούμεθα ἐπὶ τοῖς παροῦσι κακοῖς
Stoic. 3,6 (πάθος) 1,31 Stoicorum 2,41
λύπη 3,1. 4
λύσις sanatio 3,20. 24. 36. 37. 43 4,5

μακρός (ἔντερον) 16,21
μάλα. μᾶλλον ἀποφοραὶ γίνονται ἢ 22,14
καὶ μᾶλλον (ac potius) 1,27 — μάλιστα
συμφερόμεθα 1,4 (γίνονται αἱ θῆραι) κτλ.
33,37 (αἰτιολογοῦντες) [14,4] (σπουδάζει)
[21,17]
μαλακός ([σπόγγος?]) 17,3 (στόματα μα-
λακώτερα φέρονται) 25,14
μανία 1,36
μέγας. μέγα 11,14 μείζων 31,43 b μεί-
ζονες ἀρτηρίαι 28,25
μέγεθος. [ἴσαι] κατὰ τὸ μέγεθος 28, 23
ὑπερφυεῖς κατά τε τὰ μεγέθη καὶ τὰς
ῥώμας 29,44
μεῖξις, v. μίξις

μελαίνειν pass. 12,34

μέλας χολή 12,35 (cf. 11,19. 20) 19,10. 39 (ἑλλέβορος) 37,19

μέλειν. τοῦτο τοῖς νεωτέροις μελήσει 2,30 [ἡμῖν] τοῦ σώμα[τος μ]ελητέον 21,17

μέλλειν [19,20]

μέν. τὸ μὲν αἷμα παχὺ μέν 18,33 μέν γε (exemplum cum vi inducens, nisi μέν⟨τοι⟩ γε scribendum) 6,22 μὲν οὖν 17,40 21, 19. 45 μέν—μέντοι 15,28 omissum, sequente μέντοι γε 24,10· μέν in clausula v. καί

μέντοι 15,29 16,42 18,40 [34,30] μέντοι γε 4,37 5,10 6,8 7,38 8,2 24,10 26,5. 31 28,46 32,18 33,24 38,18 μέν⟨τοι⟩ γε 38,38 μέν—δέ—μέντοι γε 22,45

μερίζειν. μερισθεῖσα εἰς ταῦτα τροφή 25, 37

μέρος. διαιρεῖν εἰς μέρη 15,21 ὁμοιομερῆ τὰ διαιρούμενα εἰς ὅμοια μέρη 21,34. 38 περὶ μέρος καὶ περὶ ὅλον 12,11 b τὸ ἐλάχιστον μέρος οὐκ ἔχει 3,27 (τοῦ ἱματίου) 24,15 (τοῦ σώματος) 3,34 8,26 19,42 35,48. 49 [39,13]. 14 (ἁπλοῦν, σύνθετον) 21,19 τῶν ἐν ἡμῖν μερῶν 14,33 ἐν δεσπόζοντι τοῦ ζῴου μ[έρει] 28,10 (ψυχῆς) [15,27] (⟨λογιστικόν⟩] 2,8. 12 4,16 τὰς κατὰ μέρος ἀρτηρίας 23,19

μεσεντέριον 25,2

μετά. μετ' [ὀλίγον] 13,22 μετὰ τὴν ἔκτεξιν 18,21 μετὰ τὸ λουτρόν 38,38

*μεταιονᾶν 27,53 n.

μεταβαίνειν. ἐπὶ τὸν ἄνθρωπον μεταβαίνοντες 33,52 (ἐπὶ τὰ φυτά) 32,42

μεταβάλλειν (τὸ εἶδος) 17,16 (τὰς δυνάμεις) 24,47 (τὴν τροφήν) 25,44 pass. 12,34.35 30,12 intrans. 11,34. 37 12,1. 16 19,7 24,26. 45. 46 [26,16] μεταβάλλειν εἰς 8,23 (cf. 11,40) 26,4 (ἐπὶ τὸ θερμόν) 6,38. 39 (cf. 11,37) (ἐπὶ τὸ οἰκεῖον) 24,28 [πρὸς τὸ φαῦλον] 30,36 cf. n.

μεταβολή 6,41 11,44 25,34 [δευτέρα]ν 19,9 sqq. (ἐπὶ τὸ οἰκεῖον) 24,36. 36 b (θερμοῦ εἰς ψυχρόν) 20,40 (εἰς περισσώματα) 6,7. 11 (τῶν φυσῶν) 16,37 (τοῦ αἵματος) 12,3

μεταλαμβάνειν (τῆς δυνάμεως) 24,40. 41

μεταξύ. τὰ μεταξύ 2,38 τὰ μεταξὺ τούτων 22,2

μεταφέρειν. pass. 6,24

μεταχωρεῖν 6,28

μετοχή. τὰ φλεγμαίνοντα μετοχῇ τοῦ φλέγματος φλεγμαίνει 18,46

μετριοπάθεια. μετριοπαθ⟨ε⟩ίας περὶ τὸν σοφόν dicunt esse (Peripatetici) καὶ φασιν τὰς μετριοπαθ⟨ε⟩ίας νε[ῦρα] εἶναι τῶν πράξεων 2,21

μέτριος (νόσος) (?) 9,18 μέτριοι κατὰ σώματα (opp. ὑπερφυεῖς) 29,48

μή v. οὖ

μηδέ v. οὐδέ

μηδείς v. οὐδείς

μηδέπω v. οὐδέπω

μηκέτι cf. οὐκέτι

μήν cf. ἔτι, καί, οὖ, οὐδέ

μηνιαῖος. τὰ μηνιαῖα (menstrua) 35,29

μηρός plur. 15,44

μήτρα [18,14]

μηχανᾶσθαι. ἡ φύσις ἐμηχανήσατο 22,41 μεμηχαν[ῆσθ]αι 39,27

μικρός. μικρότερα 22,16 31,43 b τὰ ἐλάχιστα τῶν μερῶν 39,28

μίξις [15,31] 24,2 (dist. σύμφθαρσις, διάκρασις) 14,16 sqq. cf. Praef. p. XI

μνήμη 2,32

μονοειδής (syn. ἁπλοῦν) 36,2

μόνος. τὸ αἷμα μὲν εἶναι τροφήν, μὴ μόνον δέ 25,30 μόνον adv. 24,32 25,29 αὐτὸ μόνον 25,25 28,26 οὐ μόνον v. s. οὖ

μονοχίτων (φλέψ) 28,29. 30

μόριον τοῦ σώματος 34,14 (τὸ λογιστικὸν τῆς ψυχῆς) 1,22

μοχθηρός. μοχθηροὶ φαίνονται καὶ κατὰ ταῦτα οἱ Ἐρασιστράτειοι 27,24

μυελός 14,39. 43 15,20 sqq. 32 22,3 (νωτιαῖος) 14,25 sqq.

μυκτήρ sing. 24,14 plur. 8,38 13,29 20, 46 23,13. 24. 27 34,16. 31 37,52 38,1

μύλαι (molares) 24,24

μύξα plur. 12,26

μύρμηξ 39,23

μωρός. ὁ λόγος λίαν μωρός 31,46

ναί, φασὶν οἱ Ἐρασιστράτειοι 27,10 a

νεκρός (τροφή) 13,41 τὰ νεκρά (scil. σώματα) 32,21

νέος. νεώτεροι (Stoici) 2,22. 30 (θηρία) 33, 38

νεῦρον 21,34. 35 21,53 (λόγῳ θεωρητὸν Erasistrati) 21,27 plur. 16,7. 11 17,28. 34 35,45 τὰς μ[ε]τριοπαθ⟨ε⟩ίας νε[ῦρα] εἶναι τῶν πρᾴξεων (cf. Büchmanni *Ge-flügelte Worte*[15] 318) 2,21

νεφρός 11,12

νήπιος. τοὺς τῶν νηπίων ὀμφαλούς 37,25

νοεῖν sequ. ὡς 29,13

νοερός (ἄναμμα) sol 30,20

νόμος. ἡ φύσις τηρεῖ τὸν [νόμ]ον (Asclepiades) 39,5 (cf. 36,48)

νόσημα (opp. ἰδίως πάθος) 3,14 ἰδίως νοσήματα opp. ἀρρωστήματα 3,15 (diff. τεταγμένον πάθος) 3,23 (dist. νόσος) 3,32 (i. q. νόσος) 7,26 (= 7,21)

νοσάζειν 6,35

νοσεῖν 8,32 9,16 νοσο[ῦντι τῷ ἥπατι] ... συννο[σεῖ] 17,7

νοσολογεῖν (τὸ [αἴ(τιον)]?) 11,40 b

νοσοποιεῖν 12,14 13,23

νόσος κοινῶς καὶ ἰδίως 3,39 sqq. (dist. νόσημα) 3,33 (syn. πάθος) 4,22 ἀρχὰς τῶν νόσων 18,47 νόσους ἐπιφέρειν 11,36 (γίνεσθαι) 4,26 etc. (ἀποτελεῖσθαι) 4,32 (αἰτία τῆς νόσου τὰς φύσας) 5,35 etc. 7,19 ὑπὸ τῆς νόσου πολλοὶ ἁλίσκωνται 7,19 νόσοι titulus prioris partis 4,19 explicantur sententiae de morbis Euryphontis 4,31 sqq. Herodici Cnidii 4,40 sqq. Hippocratis 5,35 sqq. Alcamenis 7,41 Timothei 8,11 A.... 8,35 Heracleodori 9,5 sqq. Herodici Selymbriani 9,20 sqq. Ninyae 9,37 sqq. Hipponis 11,22 sqq. Thrasymachi 11,42 sqq. Dexippi 12, 9 sqq. Phasilae 12,37 sqq. anonymi sententia 13,10 sqq. Aegimii 13,21 Platonis 17,11 sqq. Philolai 18,30 sqq. Polybi 19,2 sqq. Menecratis 19,19 sqq. Petronis 20,8 Philistionis 20,30

νόστιμος 30,21. 26 (τροφή, opp. ἀλλοτρία) 29,37. 46 (opp. φαῦλος) 30,1 sqq. 26

νοῦς. παχεῖα γαστὴρ [λεπτὸν] οὐ [τ]ίκτει νόο[ν] (iambographi?) 16,4

νῦν [22,6] νῦν μέν — νῦν δέ 5,26 6,25 37, 26 νῦν μὲν — αὖθις δέ 6,28

νωθής (?) 27,35

νωθρός 36,3 νωθρὸν λίαν 26,49 30,51

νωτιαῖος (μυελός) 14,25 sqq.

ξανθός (χολή) 19,10

ξηραίνειν pass. 33,8. 12. 13

ξηρός 24,12 35,35. 41 fr. 1,5 (ἱμάτια) 35,8 (τὰ κενούμενα) 35,26 (οἱ γ[έροντ]ες) 11, 29 ξηρὸν ἀντίστοιχον τῷ θερμῷ 20,6 δύναμις τῆς γῆς τὸ ξηρόν 20,30 τὸ ξηρότερον 11,38 25,52

ξύλον 26,14

ὅ. inconstantia articuli cf. ἐπὶ κεφαλὴν οἰσθῇ 5,24 cum εἰς τὴν κεφαλὴν ἐνεχθῇ 5,26 ἐκ τῶν φλεβῶν ἥπερ ἐξ ἀρτηριῶν 28,45 dicitur ἀρρώστημα δὲ τὸ σὺν τῷ κατασκευῇ ἔχειν ... ἔτι καὶ παρειρῆσθαι 3,29 infinitivus instrumentalis τῷ τὰς διεξόδους ἀποφράσσεσθαι 8,18. 22 causalis ἀναιρεθήσεται τῷ — γίνεσθαι 28,9 32,38 cf. ad 31,12 33,50 τῷ περισῴζεσθαι αὐτὴν 33,31 cf. s. v. τίς — τἄμπαλιν 7,33 — τὰ ἐν τῷ σώματι 38,13 τὰ ἐν ἡμῖν 6,16 36,8 — in enumerationibus α μέν — β — τὸ δὲ γ̄ 28,33 τὸ μέν τι — τὸ δὲ — τὸ δὲ 16,34 οἱ μὲν — οἱ δὲ 4,26 etc.

ὅδε in proxime sequ. [τάδε] 1,30 τοὺς Ἐρασιστρατείους τούσδε [27,46] [28,11 b]

ὀδμᾶσθαι pass. 33,19 n. τὸ ὀδμώμενον (pass.) 34,48

ὀδμή 34,38 plur. (ἄρτων) 37,34 v. ὀσμή

ὀδός (πρόσθιοι i. q. τομεῖς) 24,22

ὅθεν unde [30,11] propterea 22,41

οἴεσθαι in doxographia 4,31 etc. ὡς μὲν ὁ Ἀριστοτέλης οἴεται περὶ Ἱπποκράτους· ταῦτα 6,42

οἰκεῖος 34,45 (τόπος) [ἐν οἰκ]είῳ τόπῳ libri 23,7 (ὑγρότης) 11,23 (εἶδος) 17,20 ἀποικειοῦται ἐπὶ τὸ οἰκεῖον 24,27 cf. 24, 29. 35. 37 οἰκείως ἔχειν *suam naturam servare* 11,25

οἰκειοῦν. *accommodare, comparare* 27,25

οἰκονομία (ζῴου) 22,6

οἰνοδώτης (οἰνοδότης). Ἀσκληπιάδης ὁ οἰνοδ. 24,30 n.

οἰνόμελι 14,25

οἶος. ο[ἶον] — τοιοῦτο 36,1 οἷόν τι λέγω (i. e. *exempli gr.*) 5,16 *circa* 27,17 *exempli gr.* 3,12 26,6 33,45 οἷόν τε. ἐφ' ᾧ οἷόν τε [fortasse corr. οἴονται] ἦδ[εσθαι] 2,45 οἷόν τ' ἐστὶν πλεῖον ἐκπνεῖσθαι 23, 28

7*

οἰονεί φυτά ὄντες 6,26
οἴσυπος (neutrum) 26,17 n.
ὀλίγος (σάρκες) 16,1 ὀλίγον (sc. πνεῦμα) 23,
  16 τὸ ὀλίγον ἐκ πολλῶν ἐλαχίστων συνέ
  στηκεν 3,26 ὀλίγον scil. ἀποφέρεσθαι (sed
  cf. not.) 31,14 μετ᾽ ὀλίγον 13,32 κατ᾽
  ὀλίγον sensim 3,12. 15 ἐλάττω (τὰ ὑγρά)
  32,35 ἀναλοῖ ἐλάσσω 33,6 παρὰ πολὺ
  ἔλασσον τῷ σταθμῷ 33,49. 50 ἐλασσ(όν)ως
  5,19 ἥσσων (ἀνάδοσις, opp. πλείων) 28,
  48 ἧσσον [36, 41] ἧττον 38,40 [cf. Praef.
  p. XIII] μεῖον γένηται 20,36 ἐλάχιστον
  πνεῦμα 28,36 (φῦσαι) 6,36 παρὰ τὰ
  ἐλάχιστα ταῦτα 28,20 n. (??) [ἐλά]χιστον
  ταύτης 25,39 τὸ ἐλάχιστον μέρος οὐκ
  ἔχει 3,27 κατ᾽ ἐλάχιστον opp. ὑπερκόρως
  8, 41 (minimis intervallis) dist. κατ᾽ ὀλί
  γον 3, 20. 24 ἐλάχιστα (?) 6,8 cf. n.
  διαχωροῦσιν ἐλάχιστα fr. 1,5
ὀλιγότροφος (i. e. ὀλίγην τροφὴν ἔχων).
  ὀλιγοτροφώτερα 31,8. 19. 25
ὀλκή (πνεύματος) 18,26
ὅλος (τὸ σῶμα) 3,37 6,21 20,44. 47. 49 23,
  21 29,31 (σῶμα, opp. τὸ λογιστικὸν μό
  ριον) 1,22 (ψυχή) 2,7. 11 σώματα διὰ
  ἑαυ[τῶν ὅλω]ν ἥκοντα 14,18 ὅλως [21,46]
  οὐδ᾽ ὅλως 35,34
ὄμβρος 33,34 b plur. 18,36. 37
ὁμοειδής. πᾶν ὑγρ[ὸν ὁμοειδὲς αὐτὸ] ἑαυτῷ
  30,7
ὁμοιομερής. ὁμοιομερῆ τὰ κατὰ τὰς τομὰς
  διαιρούμενα εἰς ὅμοια μέρη ὡς ἐγκέφαλος
  (opp. ἀνομοιομερῆ) 21,32 sqq.
ὅμοιος (τὸ κενούμενον) 33,54 εἰς ὅμοια
  χωρίζεται μέρη 21,37 ὁμοιομερῆ τὰ διαι
  ρούμενα εἰς ὅμοια μέρη 21,34 τὰ ὅμοια
  ut enumeratio claudatur 2,33 19,31 20,
  39 22,2 38,16 cf. ἐγγύς, ἐοικός, παρα
  πλήσιος
ὁμοίως [12,8] [21,47] [30,24] οὐχ ὁμοίως
  38,11 ὡς ὁμοίως 1,44 3,45 17,21 18,5
  23,20 35,35
ὁμολογεῖν. ὁμολογουμένως 29,31 ἐπισυνά
  γεται ὁμο[λογ]ου[μέν]ως 29,23 (cf. v. 26)
  ὁμολογουμένως κατασκευάζουσιν 38,22
ὀμφαλός 16,43 (τῶν νηπίων, plur.) 37,25
ὅμως. αἱ φλέβες ἀσθενέστεραι ὑπάρχου
  σαι — ὅμως εὔρυχοι λιώτεραί εἰσιν 28,30
ὄνομα. κοινότερον τοῖς ὀνόμασι προσχρώ
  μεθα 4,21
ὀνομασία. ὀνομασίαν ἔσχεν 4,14

ὄντως v. εἶναι]
ὀξύς (ὑγρότης dist. πικρά) 5, 12. 17. 27
  (φύσις) [17,2]
ὁποίως ἂν γένηται 6,40
ὅπου ἂν τύχῃ 19,42
ὁπωσοῦν [ἐλέγχει] 36,1
ὁρᾶν. ἴδωμεν τοὺς αἰτιολογοῦντας 14,6
ὀρέγεσθαι (τῆς τροφῆς) 29,1 [? 35,14 cf. n.]
ὀρεκτικός. ὀρεκτικῶς ἔχουσι τῆς τροφῆς
  28,50
ὄρεξις 18,24 22,42 sqq.
ορευγομενοι corruptum aut ἐρευγόμενοι
  aut ὀρεγόμενοι emendetur 35,14
ὄρθρος. πρὸς ὄρθρον 35,12
ὀρθῶς ἔχει 36,3 οὐκ ὀρθῶς ἐποίησεν 29,
  12
ὁρμή (πλ[εο]ναζούσα Stoicorum) 2,27 sqq.
ὄρνις 26,6 33,45
ὄρος 1,39 κομίζομεν ἐν τῷ ὄρῳ 1,6 (πάθους)
  1,1 n.
ὅς demonstrativum. καὶ ὅς 38,48   ὃ μέν —
  ὃ δέ 2,13 3,10. 13. 16. 17 35,27 sqq.
  32 sqq.
ὅς relativum. καθ᾽ ὃ σημαινόμενον 3,41
  4,2 δι᾽ ἣν αἰτίαν 31,54 ὃν τρόπον 34,
  35. 44. 46 ὃν τρόπον — τὸν αὐτὸν τρόπον
  23,31 ἃ σύμμετρα (sc. ἐστίν), ἡ κοιλία
  μὴ λαβοῦσα (?) 20,10 ἐξ ὧν φανερόν 7,
  36 etc. ὃς δὴ 4,35 6,32 23,50 25,40
  ἃ δὴ αὐτὰ quae eadem [32,40]
ὁσδήποτε. δυνάμεως ἡσδήπο[τε] 1,7
ὀσμή 38,17 v. ὀδμή
ὅσος. ἄλγη ὅσα [δεῖ] 9,23 πάντα ὅσα καὶ
  τἆλλα 37,16
ὅσπερ 7,28 (?) 9,15 23,28 ὅπερ ἐστὶν ἀδύ
  νατον 35,50 [ὄνπερ] τρόπον — τὸν αὐτόν
  37,58 ὅπερ δή 38,53
ὀστέον. περιέχουσι ὀστέοις 15, 25 ὀστέα
  15,[31]. 47 16,2. 4 17,40 22,1 ὀστῶν
  15,44 16,8 35,45 ὀστέων (sic) 16,12
  17,30
ὅστις 4,5 13,27 πλείονα ἅτινα 23,34
ὁστισοῦν. ὁτιοῦν μέρος 8,26
ὀσφραίνεσθαι [30,44]
ὀσφρᾶσθαι. ὀσφρώμενοι τῆς ἀποφορᾶς 33,
  30 ὀσφρηθῆναι 34,49
ὅταν 4,33 etc.
ὁτὲ μέν — ὁτὲ δέ 37,25 ὁτὲ μέν — ὁτὲ δέ,
  ἄλλοτε δέ 37,1
ὅτι iuxta ὡς cf. λέγειν, διδάσκειν, δῆλος,
  φανερός

οὔ. οὐκ εἴ τι ἀπό τινος ἀφαιρεῖται, ἐκεῖνο ὀφείλει κοῦφον γίνεσθαι 31,26 ἡ τροφὴ π[ᾶσ]α οὐ προσ[τίθε]ται 29,35 οὐκ ἐξ αὐτῶν δέ 27,17 μὴ μόνον δέ 25,30 οὐ μὴν 24,34 26,45. 47 οὐ μὴν δέ 23,17 [cf. Porphyr. Isag. p. 6,12 codd. AB] οὐ μόνον 22,54 οὐ μόνον — ἀλλά 25,35 οὐ μόνον — ἀλλὰ καὶ 13,36 .20,45 26,25 37,3 οὐ μόνον — ἀλλ' ὅτι καὶ 35,19 μὴ μόνον — ἀλλὰ καὶ 32,50 οὐ πάνυ πολλὴν 22,30 οὐκ ἄν ποτε γάρ 31,20

οὐδέ. οὐ — οὐδὲ — οὐδὲ — οὐδέ γε 27,34 οὔτε — οὔτε — οὐδέ 29,5 τῷ μηκέτι παρεῖναι τὸ κουφίζον μηδὲ αἰωρεῖν 32,20 οὐδ' ὅλως 35,34 οὐδὲ μὴν 22,47

οὐδείς. adverbialiter οὐδὲν παραποδίζονται 34,37 [μηδὲν] κακοῦν 34,83

οὐδέπω. μηδέπω 32,28

οὐδέτερος. οὐ[δετέρου] 23,2.3

οὐκέτι 13,35 μηκέτι 33,13 τῷ μηκέτι παρεῖναι 32,19 αὐτὸν μόνον τὸν ὕπνον, μηκέτι δὲ καὶ τὴν ἐγρήγορσιν 24,9

οὐκοῦν 38,30

οὖν. φανερὸν οὖν τοιγάρτοι 24,46 31,44 ταύτης οὖν παρούσης 32,17 33,8 ἐπεὶ οὖν 39,8 εἰ δεῖ οὐ[ν (?) τ]ροφὴν εἶναι 26,10 cf. δ' οὖν, μέν.

οὖρον 30,14 plur. 13,29 35,32

οὖς plur. 8,38 13,29

οὐσία (ἀσώματος) 31,42

οὔτε συστέλλονται οὔτε διαστέλλονται οὐδὲ σφυγμωδῶς κεινοῦνται 29,5

οὗτοι. ἀσύμπτωτοι ἀλλ' ο[ὔ]τοι σύμπτωτοι 27,22

οὗτος. αὕτη μὲν ἡ τεχνολογία τῶν ἀρχαίων ἐστίν 2,18 οὗτος quode agitur 14,12 20,20. [21] epanaleptice λαμβάνουσιν τοὺς θηρευτὰς κύνας ὡς οὗτοι 33,16 τούτῳ τῷ τρόπῳ (ad priora pertinens) 33,36 ὁ τόπος — μήτρα δὲ αὕτη 18,14 πρώτης κατεργασίας τυγχάνει ἐν στόματι καὶ διαφόρου γε τ[αύτη]ς 36,13 — demonstrative τὰ ζῷα [ἐκ β̄ τ]ούτων συνέστηχεν, ψυχῆς τε καὶ σώματος 31,37 ὑπομιμνήσκουσι διὰ τούτων 35,3 τρόπῳ τούτῳ (sine articulo) 8,13 33,17 ὡς καὶ τοῦτο κατεσκευάκαμεν 36,52 τοῦτό ἐστιν 26,33 τοῦτ' ἐστὶν 2,22 4,16 12, 11 τοῦτο τὸ δὴ ἐν ἀνοικείῳ τόπ[ῳ γι-νόμενον εἶδο]ς 17,23 διὰ τοῦτο δὴ 18, 24 κατὰ τοῦτο (resp. καθ' ὅσον) 8,2 νῦν

μὲν ἐπὶ τοῦτο τὸ ὑγρόν, νῦν δὲ ἐπὶ τοῦτο 6,25 ἐγ δὴ τούτων καὶ τῶν τούτοις παραπλησίων 32,47 37,20 39,30 in clausula καὶ περὶ μὲν τῆς διοικήσεως ταῦτα 24,19 cf. 3,6.7 6,43 17,11 34,53 καὶ ἡ μὲν τοῦ Πλάτωνος δόξα πε[ρὶ νόσω]ν ἐν τούτοις 18,7 τοῦτο α. ἀλλὰ δεύτερον 38,58 εἰ δὲ ταῦτα (quae cum ita sint) 6,30 33,42 εἰ τοῦτο 38,30. 50 [τούτων δ]ὲ κειμένων 1,15 τούτων ἐκκειμένων 6,31 — positura variat εἰς τούτου τὴν κατασκευήν 18,19 τὰς γὰρ τούτων διαφορὰς 4,23 5,15 6,17 11,44 — οὕτω et οὕτως sine discrimine 1,39 22,7 26,46. 48 c καὶ ταῦτα μὲν οὕτως 3,7 (praec. ὡς) 16, 27 ὡς — οὕτως καὶ 39,23 (praec. ὥσπερ) 6,26 36,45 (praecedente conditionali enuntiato) 6,9. 10 μέτριοι κατὰ σώματά [ἐσμεν] οὔτ[ω] 29,49 — in clausulis: καὶ ταῦτα μὲν οὕτως 3,7 9,34 11,40 17,44 σφυγμωδῶς κεινοῦνται, οὕτως δὲ κεινούμεναι 29,21 παρακεῖσθαι καὶ αἷμα καὶ πνεῦμα, [οὔτ]ως δὲ ταῦτα παρακεῖσθαι, κα[θὼς] πρόκειται 28,39 οὕτως γε 33,40 οὕτως δὴ 25,45 οὕτως καὶ 27,16 οὕτως τε πολὺς χρόνος γενήσεται, ὥστε 28,4

οὐχί 2,28 4,15 [?] 31,49 38,13

ὀφείλειν. ὀφείλει κοῦφον γίνεσθαι 31,27 fr. 3,1 (?)

ὄφελος ἦν ὕλης 22,48 (οὐδέν) 22,46

ὀφθαλμός plur. 8,38

ὄχλησις (γενικώτατον πάθος τῆς ψυχῆς, opp. ἡδονή) 2,36

ὀχυρός [15,28]

παγίως εἰπεῖν 30.31

πάθος (def. Stoicorum) 2,26 παθῶν αἰτιολογία 21,13 ἐν τῷ τοῦ π[άθους ὅρῳ] 1,1 n. (ψυχικά, σωματικά) 1,15 sqq. 40 sqq. (ψυχικὸν def.) 2,4. 10 (ψυχικῶν partitio) 2,13. 35 γενικώτατα τῆς ψυχῆς πάθη sec. Stoicos 2,40 sqq. (σωματικόν def.) 3,7 (σωματικῶν partitio) 3,9 (κατὰ κίνησιν ἢ σχέσιν) 1,12 sqq. (προηγούμενα) 1,28 sqq. (τεταγμένα, ἄτακτα) 3, 10 sqq. ἰδίως (opp. νοσήματα) 3,14 τεταγμένον (opp. νόσημα) 3,23 (παρὰ φύσιν) 3,40 4,2 (ἀπὸ τοῦ παρακολουθοῦντος εἴρηται ἢ ἀπὸ τόπου 4,7 (παρακολουθοῦν

περὶ τοῦ στόματος -- προθείη (?) fort. πρὸ (sed
cf. Schäfer ad Dion. d. comp. v. p. 351)
24,14 οἴεται περὶ Ἱπποκράτους 6,43 —
περὶ ταύτῃ 16,21 περὶ τῷ ἐγκεφάλῳ 23,
47 24,4 — ἀπολείπει περὶ τοὺς — τόπους
16,36 τῶν περὶ αὐτὰ ἀραιωμάτων 25,38
περὶ [ψυχὴν ὑπάρχειν]? 2,1 n. περὶ τὴν
ὅλην (ψυχὴν συνίστασθαι λέγομεν πάθη)
2,11 πάθη περὶ τὴν ψυχήν 2,31 τὰ
περὶ τὴν [ζωτικ]ὴν δύναμιν λαμβανόμενα
1,17 περὶ τὸ λογιστικὸν τὰ πάθη συνίστα-
ται 1,28 τὰς κατασκευὰς ἔχοντα περὶ τὰ
σώματα 3,19 μετριοπαθείας περὶ τὸν σο-
φὸν κατα...ουσιν 2,20 περὶ τοῦτο [σπου]-
δάζει 21,17 καὶ περὶ τὴν γένεσιν δὲ τῶν
σωμάτων οὕτως 17,44
περιβάλλειν. ἱμάτια περιβαλόμενοι 35,4. 8
περιβόλαιον plur. 35,6
π[ερ]ιγίνεσθαι [τὰς νό]σους 7,14
περιέχειν. [περι]έχουσι ὀστέοις 15,25 (su-
perare, abundare?) 36,17 n. τὸ ἐν αὐτοῖς
περιεχόμενον πνεῦμα 27,1
περιλαμβάνειν. [περιλαμβά]νοντας (ἐν τῷ
ὁρῷ) 1,1 n.
περιοχή. μείζονες κατὰ τὴν περιοχήν 28,
25. 26 28,29
περίπατος. μετὰ τὸ περιπάτῳ [velut χρῆ-
σθαι] 35,15
περι[πνευμονία] 19,45
περισσός. περιττότερος (sic) (uberior) 12,20
περίσσωμα [vel περίττωμα cf.Praef. p.XIII]
8,20 16,20 plur. 4,27. 35 5,2. 9 sqq. 42
6,4. 7. 11. 12. 31 [7,43] 8,5. 7 9,43 12,
10 13,22. 25 14,5. 7 16,20 17,13 25,
54 26,2 sqq.
περίσσωσις. περιττώσεις 20,9
περισώζειν pass. 33,31 34,29
περιττός, περίττωσις, περίττωμα cf. περισ-
σός etc.
περιφερής (coni. κεκυκλωμένος) 14,23
περιχεῖν. περιχεάμενοι ψυχρῷ 38,39
πέσσειν. ἵνα πέψῃ (scil. ὁ τόπος) 34,45 n.
pass. 25,33 τὸ πεσσόμενον 34,44
πέψις defin. 25,34 6,1.2.9 [13,42] 25,22 26,
20 (?) 36,15 n. (ἐν κοιλίᾳ, opp. ἐξ ὠμῶν
ἀνάδοσις) 25,26 [πέψιν] ἔχῃ ἡ τροφή 9,
23
πηγνύναι. πεπηγέναι [16,5] αἵματος πε-
πηγότος καὶ συνεσταμένου 17,28
πιθανός 28,18 πιθανώτερον 28,42 — πιθα-
νῶς 34,41

πιθανότης (λόγων) 14,42
πικρός (ὑγρότης) 5,24. 26 (opp. ὀξεία) 5,13
πιμελή cf. πειμελή
πίνειν. πιόντες ἀρώματα 33,53
πιστοῦν. ταῦτα πιστοῦσιν οἱ ἀλείπται 31,20
ἐκ τούτων πιστοῦσιν ὡς 32,48 cf. 35,8
πλάτος. κατὰ πλάτος (?) 4,18 cf. Praef.
p. XVIII
πλεονάζειν (τὸ θερμόν) 20,35 ὁρμὴ πλεο-
νάζουσα Stoicorum 2,27
πλεονάκις (opp. ἅπαξ) 13,24
πλευρά plur. 19,46
πλευρῖτις 7,27 19,46
πληγή 8,34 πληγαί (coni. τιλμός) 38,11
(bis)
πλῆθος (ciborum) 5,39 7,27. 34 9,15 12,
14. 15 (corporis absolute) 13,45 14,4
(γενῶν) 17,19 (καθάρσεων) 8,39 (περισ-
σωμάτων) 13,22 23,25
πλήν 28,40 in clausula: πλὴν ταῦτα μὲν
οὕτως 26,19 post parenthesin 24,10
πληροῦν. πληρωθήσεται 28,3 (πνεύματος)
31,35 32,22
πνεῖν. ἄνω π[νέο]υσαν 22,17
πνεῦμα 18,22 19,26 20,45 21,47 23,11.
33 24,17. 18 27,15. 37. 45. 50 28,5. 41
32,1 sqq. 22. 24 38,15 πνεῦμα τὸ ἐν τῇ
ἡμετέρᾳ παρακείμενον συγκρίσει 27,40. 41
(ἐλάχιστον) 28,36 (κυριώτατον) 6,31 τὸ
ἐκτὸς 18,25 (ἕλκεται ἔξωθεν) 23,12
(ψυχρὸν εἰσπνεῖται) 24,10 ὁλκὴ πνεύμα-
τος 18,26 Hippocratis q. f. de flatibus
6,14 (cf. Herm. XXVIII 432) Hippocr.
de nat. hom. 7,16 principium Erasi-
strati 22,50 cf. test. 23,9 26,34. 48 d
(ἀσκοῦ) 31,36 sqq. (ἐν σίφωσιν περιεχό-
μενον) 27,1 μετὰ τὴν κένωσιν τοῦ πνεύ-
ματος 27,30 κατοχὴ τοῦ πνεύματος 27,9
πνευματικός (ψυχή) 32,3
πνεύμων 17,2 19,45 21,41 (?) 23,15
πνιγμός. πνιγμοὺς ἐπιφέρει 8,30 (cf. Arist.
de partt. anim. Γ 3. 664 b 31)
ποιεῖν. 8 — ποιεῖ, τὸ αὐτὸ — ἐργάζεται 37,9
οὐκ ὀρθῶς ἐποίησεν 29,12 ἄρθρα πεποιῆ-
σθαι 16,6 τινὰ θερμότητα ὑγροτέραν πε-
ποιημένην 15,37 (πλείω τὴν ἀποφορὰν)
33,39 (ἀποφοράς, πόρους) 39,5 sqq. —
med. (ἀποφοράς) 22,30 (πόροις) 39,10
cf. n. (μεστά) (?) 16,2 (τὴν ἐπιχείρησιν)
(ratiocinari) 7,24 (τὸν λόγον) [33,53] —
pass. (ἀφαίρεσιν) 31,15

προσβάλλειν (τούτῳ) *incidere in hunc locum disputando* 37,54
προσδοκᾶν. προσδοκῶντες 3,4 [2,48]
προσδοκία. καθ᾽ ὡς ἂν κακοῦ προσδοκίαν 3,3 cf. [2,47]
προσδ[έχεσθαι] 35,33 [ὑποστ]άσ[εις]
προσεῖναι [9,22]
πρόσθεσις γίνεται τοῖς σώμασιν 13,36 (τῷ ὅλῳ σώματι) 25,7. 21 26,30 (εἰς τὰ σώματα) 22,39 (opp. ἀποφορά) 13,34 sqq. 33,12. 13 (opp. ἀφαίρεσις) 31,29. 43 b sqq.
πρόσθιος (ὀδόντες i. e. τομεῖς) 24,22
προσκαθίζειν (τῇ ἐπιφανείᾳ) 37,4 (πρὸς τὰς ἀστραπούς) 33,21. 22
προσκατατάσσειν pass. (τοῖς σώμασιν) 38,7. 9 cf. κατατάσσειν
προστάσσειν de medico [9,29]
προσπίπτειν γῇ 33,26. 28
προσριζοῦν. προσερρίζωται τῇ γῇ (de plantis) 6,19 προσερριζώμεθα πρὸς τὸν ἀέρα (de hominibus) 6,20 cf. 27 προσερριζωμένοι τῷ ὑγρῷ 6,23. 24 cf. *Herm.* XXVIII 426]
προστιθέναι. προστίθεμεν γὰρ τῇ θυρίδι, ἀφαιροῦμεν δὲ τοῦ τοίχου 31,50 pass. (τροφή) 29,42. 46 30,4 ἡ τροφὴ προστίθεται τῷ ὅλῳ σώματι 8,16 25,4 29, 36. 38 30,9 τῷ πνεύματί τινα προστίθεται ἀπὸ τῶν σωμάτων 23,33 προσφέρεται τὸ πρ[οστεθὲν] τοῖς σώμασι 37,50 (item προστιθέμενον) 37,51 (opp. ἀφαιρεῖν) 31, 28 (dist. ἀποφέρεσθαι) 12,39. 40
προστρέφειν (coni. ῥωννύναι) 38,19
πρόσφατος (κρέας, opp. ἕωλος) 31,8. 11
προσφέρειν τοῖς ἀθληταῖς θερμοὺς ἄρτους 31,21 τὸ καστόρειον προσοισθὲν τοῖς μυκτῆρσι 38,1 cf. 37,50 ἐν τῷ προσφερομένῳ ὑγρῷ 29,53 προσφερομένου ὑγροῦ 30,25. 37 τὰ προσφερόμενα (*cibi*) 5,40. 42 sim. 5,44 6,5 9,14 24,20 33,55 — 34,1. 2 περισσώματα εἰς τὰς τῶν ἀλόγων ζῴων σάρκας προσφερόμενα 26,6 — med. *ori admovere* 5,7 25,16
προσχρῆσθαι (κοινότερον τοῖς ὀνόμασι) 4, 21 (ὑπομνήσει) 18,20 (αἰτία?) 39,1 n.
πρῶτος (τροφή, opp. ἑτέρα) 13,46 (κατεργασία i. e. στόματος) 34,21 36,12 πρώτη κενουμένη πρώτη καὶ πληροῦται 28,7 πρῶτα (sign. κυριώτατα) *principia* 22,51 (σώματα, Erasistrati principalia corpora) 21, 25 λεγέσθω τὰ φαινόμενα πρῶτα, καὶ εἰ

μὴ ἔστιν πρῶτα, Herophilus 21,23 (pro πρότερος) 30,16 πρῶτον μὲν — ἀλλὰ δεύτερον 38,54 a μὲν γὰρ — β̄ — τὸ δὲ γ̄ 28,17. 49 cf. 22,54 etc.
πταίειν [27,19]
πυκινοκ[είνητος] (vox Hippocratica) 17, 4 test.
πυκνοῦν (τὴν ἐπιφάνειαν corporis) 38,42
πύκνωσις 38,14
πῦρ elementum Platonis 14,30 15,35 Philistionis 20,26 sqq. πῦρ (opp. τετηκός) 15,32
πυρετός 1,34 3,41 7,27 ἀπὸ τοῦ πυρώδ[ε]ς εἶναι τὸ ἑπόμενον 4,10
πυρεταίνειν. πυ[ρεταίνω]ν 4,3
πυρός *triticum* 14,22
πυρρός (χολή) 19,38 (?) 11,15 n.
πυρώδης 4,11
πῶς dir. interrog. 38,28 interrogationem admirationis incipiens 23,28 indir. interr. 38,25

ῥᾳδίως 16,23. 29 22,40 33,41 38,45 [cf. Praef. p. XII¹]
ῥεῖν (κοιλία?) 7,35 ὕδατα ῥέοντα διά τινων τόπων 24,40 διὰ τῶν κρουνῶν [26,45] (αἷμα) 28,6
ῥεῦμα plur. 16,25
ῥευστικός (coni. λεπτυνόμενα) 36,38
ῥηγνύναι [17,5]
ῥῆξις. ῥῆξιν ἐργασάμενον 8,25
ῥινηλασία 33,16 plur. 33,34 a
ῥίς. προσερριζώμεθα πρὸς τὸν ἀέρα κατὰ τὰς ῥῖνας 6,21 (cf. *Herm.* XXVIII 428) ἀπὸ ῥινῶν (?) 37,24
ῥυ[σόκ]αρφος 32,46 n.
ῥυσότης 32,50. 55
ῥυσοῦν. ῥυσοῦσθαι 32,51
ῥώμη. ὑπερφυεῖς κατά τε τὰ μεγέθη καὶ τὰς [ῥώ]μας 29,45
ῥωννύναι (τὰς δυνάμεις) act. et pass. 37, 34. 44. 45 38,2. 5. 16. 18. 20
ῥῶσις (τῶν σωμάτων) 3,30 4,6

σάρξ 15,37 17,27. 33 18,34 23,22 38, 24 (ἄζυμος) 16,12 (ἀγγεῖα ἐν τῇ σαρκί) 18,35 plur. [12,28] 16,9 26,6 πολλάς, πλείστας σάρκας 15,[43]. 45

συνεχής (ἀποφορά) 22,9. 37 30,42
συνθηρεύειν. τῇ ῥινηλασίᾳ συν[θ]ηρεύουσι
    τὰ θηρία 33,17
συνιέναι. συνελθόντα εἰς [ἓν] 14,24 δύο
    συνελθόντα 18,4
συνιστάναι. νόσοι συνίστανται 7,6 9,36
    12,9. 37 17,25. 45 (τὸ πλῆθος) 13,24.
    45 (φλέγμα) 18,36 (πάθη) 1,28 2,10
    συνιστάνειν, συνίστασθαι ὑγρότητα 23,48.
    50 τὸ ὀλίγον ἐκ πολλῶν ἐλαχίστων συνέ-
    στηκεν 3,27 συνεστάναι τὰ σώματα (cf.
    σύστασις) 14,10 sqq. 18,9 20,7 etc. (ὁ
    μυελός) 14,40 συνέστηκεν ὁ ἄνθρωπος
    ἐκ ψυχῆς καὶ σώματος 21,13 (ἐκ β τού-
    των τὰ ζῷα) 31,36 (ἐκ χιτώνων) 28,27
    αἵματος πεπηγότος καὶ συνεσταμένου 17,
    28
συννο[σεῖ] νοσοῦντι 17,8
συνορᾶν. συνόψεται ἔνικμον τοῦτο 24,16
σύντηξις (ἀπὸ τῶν σωμάτων) 13,26. 30
συντιθέναι. σύνθετος (opp. ἁπλοῦς) 21,
    19 sqq. 21,31 sqq.
σύντομος (ἐξαγωγή, celeris mors) 8,31
συνυγιαίνειν ὑγιαίνοντι 17,9
συσσώζειν (τὰς ποιότητας) 34,9
σύστασις constitutio corporis [6,45] 7,28
    18,29 (?) 21,11 (ζῴου) 22,4. [8] (τῶν
    στοιχείων) 14,10
συστέλλειν. αἱ ἀρτηρίαι συστέλλονταί τε
    καὶ διαστέλλονται 29,3 sqq. 21
συστολή (membrorum, coni. κάμψις) 16,6
συστομοῦν. συνεστομῶσθαι τὰς φλέβας εἰς
    τὰς ἀρτηρίας 26,48 b cf. n.
σφυγμωδῶς κινεῖσθαι 29,6 sqq. 20
σχεδόν [14,6] 20,21
σχέσις (πάθος ἐν σχέσει, opp. ἐν κινήσει)
    1,11. 33. 37 (κατὰ κίνησιν ἢ σχέσιν)
    2,6. 15 sqq. 3,9
σχῆμα (διάφορος) 15,21 ἐγκεφάλου 15,23
σῶμα. ἐκ ψυχῆς καὶ σώματος συνέστηκεν ὁ
    ἄνθρωπος 21,14 (opp. ψυχή) 31,37 sqq.
    (εὔπνοη) 20,44 (διάθεσις σώματος) 3,8
    (προηγούμενον πάθος· τοῦ σώματος) 1,34
    (ὅλον) 1,22 8,9. 10 13,14 b etc ψυχὴν
    τὴν τὸ ὅλον σῶμα διοικοῦσαν 14,44 τὸ
    ὅλον σῶμα βαστάζεται 32,6 ἀπὸ πα[ντὸς
    τοῦ] σώματος συνεχεῖς γίνονται ἀποφοραί
    30,42 sqq. (ἡμέτερα) 26,50 sqq. 27,
    11 sqq. 35,1 sqq. (διάφορα) 36,31 (ψυ-
    χρότερα) 38,33 (συνεστάναι ἐκ τῶν τεσ-
    σάρων στοιχείων) 19,23 (τρέφεται) 17,36

γένεσις τῶν σωμάτων 17,13. 40 κατὰ
    σύστασιν τῶν σωμάτων 7,28 τῆς ἐν τοῖς
    σώμασι [ἐνούσης] ψυχικῆς (δυνάμεως) 1,9
    [ὑπάρχειν?] τοῖς σώμασιν 2,1 προσερρι-
    ζώμεθα πρὸς τὸν ἀέρα κατά τε τὰς ῥίνας
    καὶ κατὰ τὰ ὅλα σώματα 6,21 κατα-
    σκευὴν ἔχειν περὶ τὰ σώματα 3,30 μέτριοι
    κατὰ σώματα 29,48 — σώματα διὰ
    ἑαυτ[ῶν ὅλω]ν ἥκοντα (Stoic.) 14,18
    σῶμα διὰ σώματος οὐκ εἰσκρίνεται Stoice
    38,29 cf. σῶμα διὰ σώματος διελθεῖν 39,
    4. 11 (πρῶτα) σώματα 21,26 (corpus-
    cula) 30,45 κατὰ τὸ λόγῳ θεωρητὸν τὰ
    ἀποσπώμενα ἀπὸ τῶν ἀρωμάτων 30,52
    (τὰ ἀπὸ τῶν θηρίων) 33,25. 35 (ἀπορ-
    ρέοντα ἀπ' αὐτῶν) 34,5
σωματοῦν 23,41 34,29 n. (?)
σωματικός (πάθη, opp. ψυχικά) 1,16 sq.
    33. 41 sqq. 3,7. 8 sqq. (δύναμις) 1,3
σωρός 14,22

τἄνπαλιν 7,33 36,18
τάριχος. ταρίχου praec. 2 (p. 76)
τάσσειν. περὶ τὴν καρδίαν 16,39 πρὸς τῇ
    κ[αρδίᾳ] 17,3 (ἐπὶ τῷ ἥπατι) 18,39. 40
    pass. (μεταξύ) 16,43 ἐν ἀνοικείοις τό-
    ποις ταχθέντα 17,22 οὐ πόρρω τεταγμένον
    16,40 τεταγμένα (πάθη, opp. ἄτακτα)
    3,10. 15. 23. 28
ταύτῃ hac via (?) 30,14 demonstrative, se-
    quitur explicatio τῷ — ἀποτελεῖσθαι 14,
    29 ταύτῃ propterea 17,30. 35 18,45
    (praecedente ἐπεί) 13,39 16,31 29,9 οὐ
    γάρ, εἰ — διεγείρει, ταύτῃ κωλυθήσεται
    38,9 ταύτῃ γέ τοι 38,35 ταύτῃ δὴ 25,
    12. 23 33,22. 29. 33 36,5
τάχα ἐροῦσι 30,31
ταχύς. θᾶττον 38,48
τε enuntiata nectens 2,12. 34. 41 3,39. 45
    6,18. 33. 37 7,13 16,11 17,2 18,38
    28,4 38,24 etc. participia adnectens
    3,19 33,53 τε priora adnectens, prae-
    parans simul posterius καὶ [1,19] 3,1
    τε — καὶ disiuncta nomina iungens κατά
    τε τὰς ῥίνας καὶ κατὰ τὰ ὅλα σώματα
    [1,22] 2,2. 7 6,21 22,11 25,50 28,51
    31,21 τό τε πνεῦμα καὶ ὑγρόν 27,15
    τῷ τε τετραχίτωνες εἶναι καὶ συνεστάναι
    28,26 τε — καὶ coniuncta nomina iun-

[30] κατὰ τὸν α[ὐτὸν τόπον] 19,13 ἀ[φ᾽ ὥνπερ ἐχω]ρίσθη τόπον καὶ εἰς [ὅσπερ ἐγώ]ρησεν 19,17 — συμπληροῖ τὸν τοῦ κενωθέντος πνεύματος τόπον 27,44 τόπος κενὸς ἀθρόῦς Erasistrati v. s. ἀθρόος — τόπος libri 23,7 (locus disputationis) κατὰ τὸν τόπον 34,7

τοσοῦτος 32,15 τοσοῦτον [ἀπ]έχει τοῦ εἶναι βαρεῖα, ὥστε—κουφίζειν 32,15 καὶ περὶ μὲν τοῦ σώματος τοσαῦτα 16,32

τότε [19,29] 26,48a [36,37 n.]

τοὐναντίον 36,34 38,4

τραῦμα plur. 20,38

τραχύς (τροφή) 25, 33 fr. 2, 2 (ἀρτηρία) 8,30 23,14

τρέφειν (τοὺς ἀνθρώπους) 26,18 τῆς πιμελῆς τρεφούσης τὰ ὀστέα 17,39 τὰ τρέφοντα 30,25 — pass. 13,40 17,36 26, 7. 11 39,23. 25 (ὁ ἥλιος) 30,22 (τρέφεται πάντα διὰ πόρων) 39,10

τριμερής (ψυχή) 16,33

τρίτος (ῃ) [16,43]

τριχῶς συνίστανται [17,45] (λέγεται) 1,21 cf. 17,12 20,32

τρόπος. τρόπον δὲ τοῦτον 30,48 τοῦτον ἔχει τὸν τρόπον 22,23 28,11 cf. 23,43 καὶ τούτῳ μὲν τῷ τρόπῳ γίνονται αἱ θήραι 33,37 τρόπῳ τούτῳ 8,13. 14 33,17 (τοιούτῳ) 4,32 9,41 13,25 ὃν τρόπον 34,35. 44. 46 ὃν τρόπον καὶ οἱ βυρσοδέψαι (scil. ἔχουσιν) 34,35 n. ὃν τρόπον—τὸν αὐτὸν τρόπον 23,31 sqq. ὅνπερ τρόπον—τὸν αὐτόν 38;1 τὸν αὐτὸν τρόπον 36,53

τροφή 7,44 8,15 9,24. 42 12,10 13,22 18,49 20, 41 24,19 sqq. 28. 33 sqq. 47 25,6. 21. 30. 36a. 46 sqq. 54 26,1 sqq. 29. 38 28,51 29,1. 22. 24. 25. [27] 30 33,47 35,16. 47 36,5. 10. 12 39,13. 29 fr. 2,1. 8 τροφῆς δόσις 12,13 τροφὴ παράκειται 29,33 (ἐφέρετο) 16,30 (λαμβανομένη) 16,22 ἡ λαμβανομένη τροφὴ ἀναλαμβανομένη προσετίθετο 29,41 (νεαρά, ἄπεπτος) 13,43 (νόστιμος) 29,46 (ὠμή, εὔχυμος (?)) 25,30 sqq. (περιττώσεις) 20,9 (περισσώματα ἀπὸ τῆς τρ.) 4,27 (principium Erasistrati) 22,50 cf. test. 23,9

τρυπᾶν. σίφωνες τρυπηθέντες 26,52

τυγχάνειν (πέψεως) 13,47 τετευχέναι κράσεως 14,34 cf. n.   τετύχηκιν κράσεως

14,39 (κατεργασίας) 24,21. 30. 36 25,1 36,13 ὅπου ἂν τύχῃ μέρος 19,42

τύπος. τύπῳ εἰπεῖν (coni. γενικώτερον) 20, 31

ὕαλος speculum causticum (?) 39,18 n.

ὑγρός 8,24 24,13 ὑγρότερος 12,23 15,37 25,51 ὑγρόν (elementum, syn. ὕδωρ) 14, 30 (ἀντίστοιχον τῷ ψυχρῷ) [20,6] τὸ ὑγρὸν 6,24. 25 [15,38] 20,29. 36 22, 20 27,13. 15 30,1. 7. 25. 38. 39 35,10 τὸ πλεῖον ὑγρόν 11,38 τὰ ὑγρά 21,35 32,34 35,40 37,29 τὰ ἐν ἡμῖν ὑγρά 21,46 (τὰ κενούμενα) 35,27

ὑγρότης 11,34. 31 24,4. 17 35,2. 7 sqq. (opp. θερμότης) 9,35 (ὀξεῖα, πικρά) 5, 12. 24 (ἁλμυρὰ καὶ δριμεῖα) 15,36 ὑγρότητες ἐν ἡμῖν 12,39 (κράσεις) 5,21 — Herodici plur. 5,11 sqq. 32 Hipponis 11, 23

ὑδάτιον plur. dubio loco 37,46

ὑδατώδης. ὑδατώδη καθαίρειν (opp. χολώδη) 37, 12. 19. 20. 27

ὕδωρ 24,44. 46 26,45 τὰ θερμαινόμενα τῶν ὑδάτων 22,16 elementum Platonis [15, 34] Philistionis 20,27 sqq.

ὑετός. ἐπὶ τῶν ὑετῶν 33,34a

ὑγιαίνειν 19,28 (τὸ ζῷον) 8,17 (opp. νοσεῖν) 8,42 (opp. ἀναισθητεῖν καὶ ἀποθνήσκειν) 11, 26 ὑγιαίνοντι συνυγιαίνει 17,9

ὑγίεια 6,17 8,40 (γίνεται) 13,20 20,45

ὑγιής (κεφαλή?) 8,14 (δόξα) 28,11b ὑγιῶς (recte) 7,23 ὑγιῶς ἱστάμενος λόγον 26, 34

ὕλη materia [32,30] ὕλην ὑπεβάλετο τροφήν τε καὶ πνεῦμα 22,49 cf. 23,8 (coni. ἀρχή) 4,29 (syn. τροφή) 22,42 sqq.

ὑμήν plur. [36, 29]

ὑμένιον. κατὰ τὰ ὑμένια εὑρίσκονται αἱ ἀρτηρίαι ἀσύμπτωτοι 27,22

ὑπαγορεύειν (τὰς νόσους) 11,42

ὑπάρχειν πολλὰς σάρκας [περὶ] μηρούς 15, 46 θερμότερα ὑπάρχοντα 18,27 αἰτίας ὑπαρχούσης 22,28 ψυχρόν τε ὑπάρχον τὸ πνεῦμα θερμὸν ἐκπέμπεται 23,36 etc. τοῖς ὑπάρχουσιν ἀσυμπτώτοις 27,20 (?) cf. ὤν s. v. εἶναι κοῦφα ὑπῆρχεν 31,25

ὑπεράνω. μίαν ὑπεράνω ποιότητα unam

34,31 — εἶτα φέρε δὲ καὶ—λέγωμεν 27,
25 φέρε δέ [εἴπωμεν] 27,35 φέρε γὰρ
οὕτως ἔχειν 28,24 — med. φερόμενα (se-
cum ferentia) 3,20 μαλακώτερα φέρονται
τὰ στόματα 25,14
φιλαργυρία 1,31
φιλόσοφος (Aristoteles sive potius Menon)
8,12 παρὰ τοῖς ἀρχαίοις τῶν φιλοσόφων
29,52 31,41 οἱ πλείους τῶν φιλοσόφων
31,41
φλέγμα 7,7. [13] 12, 4. 6. 11. 23. 31 sqq.
18,1.31.36 19,10.26. 33. 35 21,45 36,17
(ψυχρόν, θερμόν) 18,43 plur. 19,30 ἀπὸ
τοῦ φλέγειν εἰρῆσθαι 18,44. 46 test. [ubi
citare poteram Soranum p. 314,2 Rose:
ἡ φλεγμονὴ κέκληται μὲν ἀπὸ τοῦ φλέγειν
καὶ οὐχ ὡς ὁ Δημόκριτος εἴρηκεν ἀπὸ τοῦ
αἴτιον εἶναι τὸ φλέγμα] elementum Hip-
pocratis 7,5
φλέγειν. ἀπὸ τοῦ φλέγειν φλέγμα 18,44
φλεγμαίνειν. τὰ φλεγμαίνοντα μετοχῇ τοῦ
φλέγματος φλεγμαίνει 18,45. 46
φλεγμασία 7,11
φλέψ plur. 16,13 21,35. 53 26,28. 42 28,3.
16. 18sqq. 29,25 sqq. 34,27 36,29 (dist.
ἀρτηρίαι) 27,8 sqq. (αἰσθητῇ, λόγῳ θεω-
ρητῇ) 21,27. 28
φοβεῖν. φοβούμεθα προσδοκῶντες τὸ κακόν
Stoic. 3,3
φόβος 1,31 (Stoicorum) 2,41 3,1. 2
φορά plur. (corporum) 36,27
φρενῖτις. φρενεῖτις (etymologia) 4, 14
cf. n.
φρήν. (ἡ φρενῖτις) περὶ τὰς φρένας συνίστα-
ται 4,15
φυλάσσειν 38,12 φυλάσσεται καὶ διαμένει
(opp. κατασκίδναται) 33,29
φύσις. ἡ φύσις ἐμηχανήσατο 22,41 cf. 39,
25 (τηρητικὴ τοῦ τε δικαίου καὶ τοῦ
ἀκολούθου) Asclepiadis dictum 36,48 sim.
ἡ φύσις τηρεῖ τὸν νόμον 39,5 cf. 36,48
ὑπὸ φύσεως διοικουμένων 33, 6 [τὴν]
αὐτὴν φύσιν [ὁμοίως πᾶσιν εἶναι] 19,4
ἐν τῷ ὑγρῷ ὑπάρχειν φ[ύσιν διπλῆν] 30,1
([ὀξεῖα] καρδίας) 17,3 (elementum cor-
poris) 6,45 φύσει sua sponte 22,18 23,
44 τὸ φύσει κατάρρεπον 32,16 θερμὸν
τῇ φύσει 18,43 κοῦφον τὴν φύσιν 32,2
κατὰ φύσιν 19,14 26,33. 36 28,38 εἰς
τὸ κατὰ φύσιν [ἄγων] 17,10 κατὰ φύσιν
ἔχει τὸ ζῷον 17,41 κατὰ φύσιν (πάθη

ψυχικὰ opp. παρὰ φύσιν) 2,13. 31. 33 3,
40 4,2 (κατὰ φύσιν, opp. παρὰ φύσιν)
7,8. 9 (Herodici Sel.) 9,22. 26 sqq. τὸ
παρὰ φύσιν (pathologiae Stoicae) 2,25
φῦσα [21,47] plur. 6,12. 32. 34 φύσας [τὰς
ἐκ τῶν] περιττωμάτων 17,46 (αἰτίας τῆς
νόσου Hippocrati Menonis) 5,35
φυσικός. natura factus (ἁραίωμα) 23,21
φυτόν plur. 6,22. 26 32,42 33,14 δίκην
ἐπέχειν ἡμᾶς φυτῶν 6,18
φωνή (vocabulum) 2,25

χάρι[ς] 2,46 ἀποστηρίγματος χάριν 16,5
χαῦνος. χαυνοτέρᾳ (γῇ) 33,28 (τόποι) 33,
24
χειμών. ἐπὶ τοῦ χειμῶνος 38,33 κατὰ τὸν
χειμῶνα 36,40
χείρ 14,36 21,40 24,15
χιτών (plur. ἀρτηριῶν) 28,28
χολή [7,35] 12,4. 5. 11. 22 18,1. 31. 37. 40.
41 19,25 20,17. 19. 21. 22 21,45 ([ξανθή
τε] καὶ μέλαινα) 19,10 (μέλαινα) 12,35
19,39 (πυρρά) 19,37 (παλαιωθεῖσα) 19,
40 (elementum Hippocr.) 7,4. 13
χολώδης (οὖρα) 35,33 χολώδη καθαίρειν 37,
12. 17. 26
χόνδρος plur. 22,1
χρεία. οὐ χρε[ία ἐστίν] ὑπο[τυπώ]σεως εἰς
τοῦτο 21,14 οὐ χρεία πολυλογίας 36,12 b
χρέος aes alienum 18,23
χρῄζειν. τῆς ἐντρεχείας ἐπὶ τοῦ παρόντος
οὐ χρῄζομεν 1,25
χρῆναι. χρή [εἰδέναι] 1,41 ἐχρῆν 27,29 b.
39 32,50 38,54 χρῆν 38,31
χρῆσθαι (αἰτίᾳ) 5,5 (πιθανότητι λόγων)
14,42 (ὑποδείγματι τῇ θαλάσσῃ) 30,18
οὕτω χρηστέον τῷ ὁρῷ ἐπὶ ἁπάντων 1,39
χρόνος (πολύς, γενήσεται) 28,4 (ὑπολημπτός)
3,20. 35. 38. 44 4,6 cf. ὑπολαμβάνειν ἐπί
τινας χ[ρόνου]ς μὴ δοὺς τροφήν 33,47
ἐπιμένει πολλοὺς χρόνους 16,31 ποσοὺς
χρόνους 16,24 32,35. 44
χρῶμα (?) [36,21]
χυλός plur. 32,36
χυλοῦν. χυλοῦται ἡ τροφή 24,33 sqq. cf. 24,
27 τὸ χυλωτόν 39,12
χυμός plur. 36,16
χωρεῖν ἐπὶ τὴν θήραν 33,20. 30 (εἰς τὸν
ἀέρα) 38,47 εἰς οὖσπερ ἐχώρησεν 19,17

τὰς ἀτραπούς, δι' ὧν κεχώρη[κεν] τὰ θη-
ρία 33,18

χωρίζειν (syn. τέμνειν) 21,37. 39. 40. 43
(cf. 37) [ἐὰν] χωρισ[θῇ τι ἀπὸ τῶν ἄλλων]
9,15 ἀ[φ' ὧνπερ ἐχω]ρίσθη τόπων 19,17
πολὺ κεχωρίσθαι 28,2 τὸ ἀλλότριον χω-
ριζόμενον εἰς ἔντερα 29,39

χωρίον (plur. corporis) 23,12 24,38

χωρὶς ὑγρότητος 11,30 [χωρὶς ὄντων τ]ού-
των 19,5 [γενόμεν]ος χωρὶς πνεύματος
31,35

ψεύδειν. ψεύδε[ται περὶ τούτων] 7,36

ψῦξις [12,17] plur. 15,41

ψύχειν τὴν θερμασίαν 15,40

ψυχή, ὅτι ἔστιν σῶμα 31,41 (opp. σῶμα)
31,37 sqq. περὶ ψυχῆς Plato [17,10]
συνέστηκεν ὁ ἄνθρωπος ἐκ ψυχῆς καὶ σώ-
ματος 21,14 (λέγεται τριχῶς) 2,7 (τρι-
χῶς [ἢ τε] τῷ ὅλῳ σώματι παρεσπαρμένη
καὶ τὸ μόριον τὸ λογιστικὸν καὶ ἔτι ἡ ἐν-
τρέχεια) 1,21 sqq. tripartita [Platonis]
15,27 16,33 sqq. (opp. ζωτικὴ δύναμις)
1,21 (δύναμίς ἐστιν) 2,6 (διάθεσις ψυχῆς)
2,5 πάθος [δι]αθετικὸν ψυχῆς 2,15 (κατὰ
τὴν ψυχὴν συνίστασθαι πάθη) 2,10. 32. 35
(πάθος κατ' ἐπακολούθημα) 1,36 (λογι-
στικὸν μέρος) 4,17 (λογιστικόν, ἄλογον
μέρος) 15,28 sqq. ψυχὴν ἀνῆφθαι ἐκ
τοῦ μυελοῦ τὴν τὸ ὅλον σῶμα διοικοῦσαν
(Platon.) 14,44 (πνεῦμα) 32,2 sqq (αἰ-
τία ἐστιν [γινομένη (nascens) τῆς κουφό]-
τητος 31,52 διεγείρεσθαι τὴν ψυχήν 37,
58 cf. 38,2. 5. 6

ψυχικός (δύναμις, opp. ζωτική)? 2,3 (πά-
θος def.) 2,4 sqq. (παθῶν partitio) 2,13
(πάθη, opp. σωματικά) 1,16. 40 sqq.

ψῦχος [23,52] (opp. θάλπος) 16,10 20,39
ψυχρός (ἀήρ) 38,34. 44. 49 (πνεῦμα) 18,23
24,10 (φλέγμα) 18,42 (ἐγκέφαλος) 23,46
(ἄρτοι) 31,18 ψυχρόν 18,11. 16 sqq. τὸ
ψυχρόν 20,28. 40 sqq. (στοιχεῖον) [19,24]
20,3 (opp. θερμόν) 19,5 (ὑπέρμετρον)
6,40 ψυχρότερος (ἱμάτια) 35,4 (σώματα)
38,33 (ἄρτοι) 31,23 32,27 τὸ ψυχρὸν
scil. ὕδωρ 38,42 περιχεάμενοι ψυχρῷ 38,
39 (opp. θερμότης) 11,36

ὧδε ad priora spectans 24,2 ad insequen-
tia ὧδε καὶ φλέβας (scil. συνεστάναι vel
πεποιῆσθαι) 16,13

ὥρα. παρὰ τὰς ὥρας contra tempestatum
naturam 36,35 n.

ὠμός (τροφή) 25.30 ἐξ ὠμῶν γίνεται ἡ
πρόσθεσις τῷ ὅλῳ σώματι 25,7 sqq. cf. 19
ἀνάδοσις ἐξ ὠμῶν (opp. ἐκ πέψεως τῆς
ἐν κοιλίᾳ γενομένης v. 26) 25,19 sqq.

ὡς μὲν ὁ Ἀριστοτέλης οἴεται περὶ Ἱπποκρά-
τους 6,43 ὡς ἐπιδείξομεν 7,37 etc. λαμ-
βάνουσι τοὺς κύνας ὡς οὗτοι συνθηρεύουσι
33,16 ὡς—οὕτως 16,24. 46. 48 quan-
doquidem 39,5 (post προλαβεῖν) 4,21
(post γινώσκειν) 1,15 (post λέγειν) 5,15
(post φάναι) 37,35 (post ὑπονοῆσαι) 29,
26 (post ὑπολαμβάνειν) 29,35 (post
διδάσκειν) 32,32 (post πιστοῦσιν) 32,48
(post φανερόν) 6,30 7,36 25,19. 22 31,
44 33,42 36,41 37,6. 21 38,50 39,29
fr. 1,8 (post δῆλον) 37,47 38,20 (post
σαφές) 33,14 post νοεῖν 29,13 λεκτέον
ὡς—εἶναι (?) 21,30 n. — ὡς τύπῳ εἰπεῖν
20,31 — καθ' ὡς ἂν ἀγαθοῦ (i. e. κατὰ
δοκοῦντος ἀγαθοῦ cf. Laert. D. VII 114)
φαντασίαν et sic deinceps 2,42 sqq. ὡς
ἂν δὴ τῆς κινήσεως αἰτίας ὑπαρχούσης
22,27 cf. 24,37 25,8. 14. 52 34,1 35,5
ὡς δὴ c. partic. 24,11 ὡς δὴ ὑγρότητος
συνεκπεμπομένης 24,16 sqq. ὡς πρὸς τὴν
ὀσμήν 38,17 ὡς ὁμοίως 1,44 3,45 17,
21 18,5 23,20 35,35 [cf. Praef. p. XII]
ὡς praepositio. ὡς τοὺς κατὰ τὴν κεφαλὴν
τόπους 4,36 cf. 8,7 ὡς αὐτοὺς 25,45
γίνεσθαι ὡς αὐτὰ (ὡσαυτὰ?) πρόσθεσις
33,13 [cf. Praef. p. XIII]

ὡσαύτως. οὐ γὰρ ὡ. κέχραται κεφαλῇ ἢ
χείρ 14,35

ὧσις (τοῦ σφυγμοῦ) 29,10

ὥσπερ—οὕτως 6,23 36,43 ὥσπερ κἀπὶ
27,6 ὥσπερ εἴπομεν 7,32 etc.

ὥστε c. indicativo 3,28 27,35 29,31 c. in-
finitivo 2,1 οὕτως τε πολὺς χρόνος γε-
νήσεται, ὥστε — ῥυῆναι 28,5 τοσοῦτον
ἀπέχει, ὥστε — κουφίζειν 32,16

ὠφελεῖν absolute de medicina 38,6

* Α.ας de morbis 8,35 cf. n.

⟨Ἀ⟩βυδηνός Alcamenes 7,41

Αἰγίμιος ὁ Ἠλεῖος 13,21 [Galen VIII 498 K.: ὁ δὲ τὸ Περὶ παλμῶν ἐπιγεγραμμένον Αἰγιμίου βιβλίον συνθείς, εἴτ' αὐτὸς ἦν ὁ Ἠλεῖος Αἰγίμιος εἴτ' ἄλλος τις, ἰδίως κέχρηται τῷ ὀνόματι (sc. παλμοῦ).] Ibidem p. 752: σκοπουμένοις εἰ γνήσιον ὄντως ἐστὶν Αἰγιμίου τὸ βιβλίον ἢ εἰ πρῶτος Αἰγίμιος ἁπάντων ἔγραψε περὶ σφυγμῶν βιβλίον ἢ καί τις ἄλλος πρὸ αὐτοῦ; cf. Anon. Synopsis de pulsu in Rufi ed. Daremb. Paris. 1879 p. 219,2. (Gal. VI 159 ἀποθύεσθω μὲν ἐπὶ πεπεμμένοις ἀκριβῶς τοῖς οὔροις, ὡς ὁ Αἰγίμιος ἐκέλευσεν. Callimachus in Pinace (fr. 100ᵈ7 Schn. Athen. XIV 643 F): πλακουντοποιικὰ συγγράμματα Αἰγιμίου. cf. Daremberg adn. ad Ruf. p. 625. videtur Aegimius aequalis fere Hippocratis.]

Αἰγινήτης Petro 20,1

Αἰγύπτιος Niny[as] 9,37

Ἀλέξανδρος ὁ Φιλαλήθειος citatur cum Asclepiade de digestione 24,31 οἱ περὶ [Ἀσκληπιάδη] καὶ Ἀλέξανδρον τὸν Φιλαλήθη 35,22 τῷ καὶ κατ' Ἀλέξανδρον λόγῳ 35,54 auctor Asclepiadeae opinionis citari videtur 39,1 n.· [Strabo XII p.580: μεταξὺ δὲ τῆς Λαοδικείας καὶ τῶν Καρούρων ἱερόν ἐστι Μηνὸς Κάρου καλούμενον τιμώμενον ἀξιολόγως· συνέστη δὲ καθ' ἡμᾶς διδασκαλεῖον Ἡροφιλείων ἰατρῶν μέγα ὑπὸ Ζεύξιδος καὶ μετὰ ταῦτα Ἀλεξάνδρου τοῦ Φιλαλήθους. Theodo-

rus Priscianus (Phys. in Heremanni de Neuenare Octav. Hor. ed. Arg. 1532 p. 102): Alexander amator veri appellatus discipulus Asclepiadis [cf. de hac re Hermae XXVIII 413¹] libro primo de semine spumam sanguinis esse essentiam dixit. Gal. VIII 725 sq.: ὅ γε μὴν Ἡροφίλειος Ἀλέξανδρος ὁ Φιλαλήθης ἐπικληθεὶς διττὸν ἐποιήσατο διὰ τὰς τοιαύτας ἐπηρείας τὸν ὁρισμὸν τοῦ σφυγμοῦ ... καὶ λέγει γέ τινας λογισμοὺς ἐπ' αὐτοῖς ὡς οἴεται, πιθανοὺς ἐν τῷ ε̄ τῶν Ἀρεσκόντων ... διὰ κεφαλαίων δὲ κἀγὼ περὶ αὐτῶν ἴσως ὀλίγον ὕστερον ὅλως ἐρῶ πρότερόν γε παραγράψας τοὺς τοῦ Δημοσθένους ὅρους ὡσαύτως τῷ διδασκάλῳ [Alexandro] Φιλαλήθους ἐπικληθέντος [cf. H. Schoene de Aristoxeni περὶ τῆς Ἡροφίλου αἱρέσεως libro XIII Bonnae 1893 p. 11 sqq.]. Soranus II 43 p. 338,14 Rose: ὁ καλούμενος γυναικεῖος ῥοῦς κατὰ μὲν τοὺς ἀρχαίους, ὡς Ἀλέξανδρος ὁ Φιλαλήθης ἐν τῷ πρώτῳ λέγει τῶν Γυναικείων πλείονός ἐστιν αἵματος ..., κατὰ δὲ Δημήτριον τὸν Ἡροφίλειον; tum citatur v. 23 Asclepiades. Galen. VIII 758: ἔνιοι δὲ καὶ αὐτοῖς τούτοις προσέθεσάν τινα, καθάπερ καὶ Μοσχίων ὁ Διορθωτὴς ἐπικληθείς, ἐπειδή τινα τῶν ὑπ' Ἀσκληπιάδου λελεγμένων ἐπηνωρθοῦτο μὴ πάντῃ πειθόμενος τἀνδρί, καθάπερ οὐδ' ὁ Ἀλέξανδρος Ἡροφίλῳ. Caelius Aur. ac. morb. II 1 p. 74 Amm. Asclepiades hanc passionem non definivit, sed Alexander Laodicensis ex Asia secundum ipsum [sc. Ascle-

8

114 Ἀλκαμένης   II INDEX

piadem] ait lethargum esse subitam vel
recentem passionem cum febribus etc.
De Alexandro in Asclepiadeis et for-
tasse Menoniis auctore Anonymi dixi
Herm. XXVIII 414sqq. cf. Sitzungsber. d.
B. Ak.1893 p.102 — Φιλαλήθειος col.24,
31 verum esse potest, si secta fuit τῶν
Φιλαληθείων a Philalethe nescio quo
medico condita (cf. Laert. Diog. prooem.
17)]
* Ἀλκαμένης ὁ ⟨Ἀ⟩βυδηνός de morbis 7,41
8,6
Ἀριστοτέλης (i. e. Menonia) 5,37 6,42 7,
36. 38. 43 [cf. Praefatio p. XV sq.]
Aristotelis de anima doctrina fortasse
tangitur 1,21 sqq. [cf. Herm. XXVIII
411. Praef. p. XV]   eius opinio de
somno et vigilia exponitur 23,42 24,9
Ἀρχαῖοι citantur definitiones πάθους 1,
2. 4 2,18. 36   opponuntur οἱ νεώτεροι
2,30 i. e. Stoici (2,39)   de vesicae
secretione ἰδία στάσις γεγένηται καὶ παρὰ
τοῖς ἀρχαίοις τῶν φιλοσόφων 29,52 cf. οἱ
πλείους τῶν ἀρχαίων 30,18
Ἀσκληπιάδης ὁ οἰνοδότης 24,31 test.   de
digestione 24,30   e crudis solis fieri
ἀνάδοσιν 25,24   de odoribus in corpo-
ribus percipiendis 34,7sqq. 42. 53   de
differentia τῶν ἀποφορῶν 35,20   doctri-
na de poris invisibilibus profertur 36,48
— 38,53, tum ut ridicula refutatur 38,
53 sqq., ubi eius rationes partim iteran-
tur   nomen extat 37,55. cf. 39,1 n.
dictum de natura iustitiae tutrice 36,48
39,5 [de Asclepiade Prusensi cf. Susemihl
Alex. Literaturg. II 428 sqq., qui de ho-
monymis Hillscherum sequi non debebat
cf. Sitzungsb. d. B. Ak. 1893, 101]
Βακτριαναὶ κάμηλοι 39,24 n.
Δέξιππος ὁ Κῷος 12,9 [Suidas s. v. Δέ-
ξιππος Κῷος ἰατρὸς Ἱπποκράτους μαθη-
τής, ὃς μεταπεμφθεὶς ὑπὸ Ἑκατόμνου τοῦ
Καρῶν βασιλέως ἰάσασθαι αὐτοῦ τοὺς παῖ-
δας ἀπογνωσθέντας Μαύσωλον καὶ Πιξώ-
δαρον, ἐπὶ ὑποσχέσει ἰάσατο τοῦ παῦσαι
τὸν πρὸς Κάρας τότε αὐτῷ ἐνεστῶτα
πόλεμον ἔγραψεν Ἰατρικὸν βιβλίον α καὶ
Περὶ προγνώσεων β (ubi Κῷους pro Κάρας
intellegit Kühn Addit. ad Fabricii elench.
med. XII, Lips. 1827, p. 6 ubi cetera
testimonia. cf. infra Πόλυβος]

Δημόκριτος panium odore supremos dies
sustentat 37,35 sqq.
Ἐμπειρικοί de gravitate 31,26 sqq.
Ἐρασιστράτειοι de arteriis 26,39. 40 27,
10. 24. 46. 48 28,12   de concoctione
36,18
Ἐρασίστρατος de principiis visibilibus et
invisibilibus 21,23 sqq.   principia po-
nit nutrimentum et spiritum 22,51
adversarii contra eius principia pugnant
22,53 — 23,6   de respiratione 23,
18   sanguinem solum nutrimentum
dixit 25,27   digestionem non fieri
arteriis 26,31   experimentum avi-
culae in trutina pensae 33,44 sqq.
in pororum theoria ab Asclepiadeis ut
videtur impugnatus 39,16 [de Erasi-
strato cf. praeter libros a Susemihlio
citatos Alex. Literaturgesch. I 798 sqq.
R. Fuchs Erasistratea I Lips. 1892 et
quae disserui Sitzungsb. d. B. Ak. 1893
p. 104 sqq.]
Εὐρυφῶν ὁ Κνίδιος de morbis 4,31 sqq.
consentit partim cum eo Herodicus Cnidius
4,41 sqq.   differt Hippocrateus Alca-
menes 8,2   velut princeps sectae Hip-
pocrateae perhiberi videtur 8,3 coll. cum
7,40 [Vita Hippocr. p. 450,23 Westerm. ὑπὸ
Περδίκκα ... παρακληθέντα (Hippocratem)
δημοσίᾳ πρὸς αὐτὸν ἐλθεῖν μετ' Εὐρυ-
φῶντος, ὃς καθ' ἡλικίαν πρεσβύτερος ἦν.
Plato comicus fr. 184 (I 652 Kock.), ubi
Cinesiam Meletis f. tangit ἐσχάρας κε-
καυμένος πλείστας ὑπ' Εὐρυφῶντος ἐν
τῷ σώματι. Gal. in Hipp. ep. VI 29
(XVII A 886 K.) εἴρηταί γε μὴν ἡ πέμ-
φιξ κἂν ταῖς Κνιδίαις γνώμαις, ἃς εἰς
Εὐρυφῶντα τὸν καὶ ἰατρὸν [τὸν Κνί-
διον?] ἀναφέρουσι κατὰ τήνδε τὴν λέξιν·
"οὐρεῖ ὀλίγον ἑκάστοτε καὶ κάει καὶ ἐφί-
σταται πέμφιξ οἷον ἐλαίου χλωρῆς ὥσπερ
ἀράχνιον." Idem de acut. m. victu I 17
[XV 455] .. καὶ κατ' αὐτὸν δὲ τὸν Ἱππο-
κράτην κατὰ τὸ Περὶ διαίτης ὑγιεινῆς.
εἰ γὰρ καὶ μὴ Ἱπποκράτους ἐστὶν ἐκεῖνο
τὸ βιβλίον, ἀλλ' Εὐρυφῶντος ἢ Φαῶν-
τος ἢ Φιλιστίωνος ἢ Ἀρίστωνος ἤ τινος
ἄλλου τῶν παλαιῶν (εἰς πολλοὺς γὰρ
ἀναφέρουσιν αὐτό) πάντες ἐκεῖνοι τῶν
παλαιῶν ἀνδρῶν εἰσι, ἔνιοι μὲν Ἱπποκρά-
τους πρεσβύτεροι, τινὲς δὲ συνηκμακότες

αὐτῷ cf. de diffic. resp. III 13 (VII 959 sq.)
Idem de succedan. XIX 721 ἐπειδὴ περὶ
τῶν ἀντεμβαλλομένων λόγον ἐνεστήσαντο
μὲν καὶ οἱ περὶ τὸν Διοσκουρίδην, οὐχ
ἥκιστα δὲ καὶ οἱ περὶ τὸ Φιλιστίωνά τε
καὶ Εὐρυφῶντα. apophthegma ap. Stob.
ecl. I 8,40 a (I 102,14 W.) Euryphontis
fragm. extant ap. Gal. in Hipp. ep. VI 29
(XVII A 888) Rufum p. 147,10 Daremb.,
Censorinum 7, 5 et Aetium V 18, 7 cf.
Doxogr. p. 195. 429]
Ἡλεῖος Aegimius 13,21
*[Ἡρ]αχλεόδωρος de morbis 9,5
Ἡρόδικος ὁ Κνίδιος de morbis 4,41 sqq.
     5,34 [cf. 9,20 test., ubi ad Galeni (XVII B
     99 K.) τοῦ Λεοντίνου conferantur Plat.
     Gorg. p. 448 B et vita Hippocr. p. 449,5
     West.]
Ἡρόδικος [ὁ Σηλυμβριανός]. eius ars me-
     dica exponitur 9,20 cf. test.
Ἡρόφιλος fragm. citatur: λεγέσθω δὲ τὰ
     φαινόμενα πρῶτα, καὶ εἰ μὴ ἔστιν πρῶτα
     21,21
       opinio de digestione 28,46 sqq.   ea
  refutatur 29,12 sqq. [de Herophilo cf. Su-
     semihl Alex. Litteraturg. I 785 sqq.]
*Θρασύμαχος ὁ Σαρδιανός 11,42 sqq.
Ἱπποκράτης de morbis, καθὼς διείληφεν
     περὶ αὐτοῦ Ἀριστοτέλης [i. e. auctor libri
     de flatibus] 5,35 sqq. test. 6,42 7,39
     idem ὡς αὐτὸς Ἱπποκράτης λέγει i. e.
     auctor libri de natura hominis 6,44 7,15
     test. 40
Ἱππ[ων] ὁ Κροτωνιάτης humidum princi-
     pium ponit vitae et sensus 11,22 sqq. n.
     ἐν ἄλλῳ δὲ βιβλίῳ pathologiam ex-
     ponit 11,32 sqq. [de Hippone cf. Her-
     mae XXVIII 420 Zeller Gr. Phil. I⁵ 254.
     cum Hipponis nomen c. 11, 20 paulo
     brevius esse videatur pro hiatu, succur-
     rit num forte Ἱππῶναξ plenum nomen
     pro vulgari hypocoristico scriptum fuerit;
     sic ab Aëtio V 7,3 [Plutarcho Doxogr.
     p. 419, 24 et Stobaeo (cf. Wachsmuth
     in Add. ad Ecl. ed. p. XXXIV ad
     p. 295 n.)] Ἱππῶναξ de maris et feminae
     origine citatur (fortasse ex Menoniis)
     qui alias illic Ἵππων audit. similiter
     Galeno Πετρωνᾶς est qui ceteris et Me-
     noni Πέτρων cf. s. v. Πέτρων]
Κνίδιος Euryphon 4,31. Herodicus 4,41

Κροτωνιάτης Hippo 11,22 n. Philolaus 18,9
Κῷος Dexippus 12,9
Μενεκράτης ὁ Ζεὺς ἐπικληθεὶς ἐν Ἰατρικῇ
     19,18 sqq. test. [cf. Herm. XXVIII 416 sq.]
Μεταποντῖνος Timotheus 8,11
Νεώτεροι, τοῦτ᾽ ἔστιν οἱ Στωικοί (patho-
     logia) 2,22 sqq. 2,30 cf. 2,39
* Νινό[ας?] ὁ Αἰγύπτιος de morbis 9,37
Πέτρων ὁ Αἰγινήτης de morbis 20,1 sqq.
     [Schol. Iliad. Λ 624: καὶ Πέτρων δὲ
     Αἰγινήτης ἰατρός, ἐπεὶ δι᾽ ἔνδειαν ἐπί-
     πτωσις νόσων γίνοιτο [sic Maass restit.
     Schol. Townl. I 415,32], καὶ οἶνον καὶ
     κρέα προσέφερεν ἀναπληρῶν τὸ λεῖπον τῆς
     φύσεως. Celsus III 9: apud antiquos quo-
     que ante Herophilum et Erasistratum ma-
     ximeque post Hippocratem fuit Petron
     quidam, qui febricitantem hominem ubi
     acceperat, multis vestimentis operiebat, ut
     simul calorem ingentem sitimque excitaret.
     Galen. I 144: Πετρονᾶς (sic) δὲ καὶ
     κρέα ὕεια ὀπτὰ διδοῖ (febricitantibus)
     καὶ οἶνον μέλανα ἀκρατέστερον ἐμεῖν
     ἠνάγκαζε καὶ ὕδωρ ψυχρὸν ἐδίδου πίνειν
     ὅσον ἤθελον. Idem XV 435: εἴρηται δὲ
     καὶ ὑπὸ Ἐρασιστράτου κατὰ τὸ πρῶτον
     βιβλίον περὶ πυρετῶν . . . διελθὼν γὰρ ἐν
     τῷ προειρημένῳ βιβλίῳ τοὺς ἐναντιωτάταις
     ἀγωγαῖς ἐπὶ τῶν πυρεττόντων χρωμένοις
     ἰατρούς, τούς τε μακραῖς ἀσιτίαις κατα-
     πονοῦντας τοὺς κάμνοντας καὶ Πετρωνᾶν
     τὸν κρέα τε καὶ οἶνον διδόντα. cf. Kühn
     Add. ad el. med. Fabric. XXI Lips. 1836
     p. 5, cui ex cod. Paris. suppl. gr. 636
     (cf. supra p. 6 test. 4,14) f. 37r adden-
     dum Ἀρίστων ὁ ἀπὸ Πέτρωνος)]
Πλάτων de corporis constitutione et mor-
     bis 14,12 sqq. cf. 14,26 18,7
Poeta ignotus (fortasse iambographus, certe
     non scenicus) 16,4
Πόλυβος de morbis (i. e. Pseudohipp. de
     natura hominis) 19,2 sqq. Galen. XV 11:
     οἱ πλεῖστοι μὲν γὰρ τῶν γνόντων Ἱππο-
     κράτειον τέχνην τοῖς γνησίοις αὐτὸ [de
     natura hominis librum] συγκαταριθμοῦσι
     νομίζοντες τοῦ μεγάλου Ἱπποκράτους σύγ-
     γραμμα, τινὲς δὲ Πολύβου τοῦ μαθητοῦ
     τε ἅμα καὶ διαδεξαμένου τὴν τῶν νέων
     διδασκαλίαν, ὃς οὐδὲν ὅλως φαίνεται μετα-
     κινήσας τῶν Ἱπποκράτους δογμάτων ἐν
     οὐδενὶ τῶν ἑαυτοῦ βιβλίοις, ὥσπερ οὐδὲ

Θεσσαλὸς ὁ αὐτοῦ [Hippocratis] υἱός, θαυμάσιος μὲν ἀνὴρ καὶ οὗτος γενόμενος, ἀλλ' οὐ καταμείνας ἐν τῇ πατρίδι καθάπερ ὁ Πόλυβος. Ἀρχελάῳ γὰρ τῷ Μακεδονίας βασιλεῖ συνεγένετο (cf. Hermae vol. XXVIII 430 sqq.). Idem XV 175: τὸ Περὶ διαίτης ὑγιεινῆς ἐν τοῖς πλείστοις μὲν ἄμεμπτόν ἐστιν, ἐχόμενον ἀεὶ τῆς Ἱπποκράτους στοιχειώσεως· ἔν τισι δ' ἄν τις αὐτῷ μέμψαιτο παντελῶς ὀλίγοις· ὑποκείσθω δ' εἶναι Πολύβου, καθότι πολλοῖς ἔδοξε. Idem XVI 3: ἀλλὰ ἐπεί τινες λέγουσι τουτὶ τὸ σύγγραμμα (de humoribus) εἶναι ἢ Θεσσαλοῦ τοῦ υἱέος τοῦ Ἱπποκράτους ἢ τοῦ Πολύβου τοῦ γαμβροῦ, ὧν αἱ γραφαὶ τῆς Ἱπποκράτους τέχνης εἰσὶ καὶ οὐ πόρρω αὐτῶν οὐδ' ὅσα δοκεῖ μὲν Εὐρυφῶντος εἶναι, φέρεται δὲ ἐν τοῖς Ἱπποκράτους κτλ. cf. VII 959 sq. Aëtius Plac. V 18,5 (Doxogr. p. 429,1): Πόλυβος ἑκατὸν ὀγδοήκοντα δύο καὶ ἥμισυ ἡμέρας γίνεσθαι εἰς τὰ γόνιμα κτλ. (cf. § 3 et Clem. Alex. Strom. VI p. 811 P.), quocum comparandus liber Hipp. q. f. de sepimestri et octimestri partu]

Σαρδιανός Thrasymachus 11,42

Σηλυμβριανός Herodicus [9,20] cf. test.

Στωικοί (i. q. νεώτεροι) pathologia 2,22 sqq. 39 sqq.   Stoica de mixtionis generibus proferuntur 14,15 sqq. cf. test. et Herm. XXVIII 425   de sole cf. 30,18 test. opinionem σῶμα διὰ σώματος διελθεῖν cf. 14,18 impugnat (Asclepiades?) 38,29 39,4. 11

Τενέδιος Phasilas 12,36

* Τιμόθεος Μεταποντῖνος de morbis 8,11

* Φασίλας ὁ Τενέδιος de morbis 12,36 (n.) sqq.

Φιλαλήθειος i. q. Φιλαλήθης cognomen Alexandri Laodicensis (quem v.) 24,32

Φιλαλήθης cognomen Alexandri Laodicensis 35,22

Φιλιστίων (sine ethnico) de elementis et morbis 20,25 sqq. (Laertius Diogen. VIII 86 Εὔδοξος Αἰσχίνου Κνίδιος ... τὰ μὲν γεωμετρικὰ Ἀρχύτα διήκουσε, τὰ δὲ ἰατρικὰ Φιλιστίωνος τοῦ Σικελιώτου, ⟨οὗ⟩ καὶ Καλλίμαχος ἐν τοῖς Πίναξί φησι cf. § 89. Athen. III 115 d Φιλιστίων ὁ Λοκρὸς fragm. affert ex Opsartyticis (cf. XII 516 c) Plut. Quaest. conv. VII 1 p. 699 B: ἔτι δὴ τῶν μαρτύρων τῷ Πλάτωνι προσκαλοῦμαι Φιλιστίωνά τε τὸν Λοκρόν, εὖ μάλα παλαιὸν ἄνδρα καὶ λαμπρὸν ἀπὸ τῆς τέχνης ὑμῶν γενόμενον καὶ Ἱπποκράτη καὶ Διώξιππον [i. e. Δέξιππον] τὸν Ἱπποκράτειον (cf. de Stoic. rep. 29 p. 1047 E) Gal. XVIII A 8 K.: ἐν δὲ τῷ διαιτητικῷ τῷ ὑγιεινῷ (i. e. Hipp. q. f. de victu salubri) τῷ Ἱπποκράτει μὲν ἐπιγεγραμμένῳ καὶ αὐτῷ, τοῖς δ' ἀποξενοῦσιν αὐτὸ τισὶ μὲν εἰς Φιλιστίωνα, τισὶ δ' εἰς Ἀρίστωνα τισὶ δ' εἰς Φερεκύδην ἀναφέρουσι, γέγραπται ταυτί. (cf. XV 455 et XIX 720 supra s. v. Εὐρυφῶν) Idem IV 471: τί ποτε οὖν τηλικοῦτόν ἐστι τὸ παρὰ τῆς ἀναπνοῆς ἡμῖν χρηστόν; ἆρά γε τῆς ψυχῆς αὐτῆς ἐστι γένεσις, ὡς Ἀσκληπιάδης φησίν; ἢ γένεσις μὲν οὐχί, ῥῶσις δέ τις ὡς τοῦ Νικάρχου Ἡραξαγόρας; ἢ τῆς ἐμφύτου θερμασίας ἀνάψυξίς τις ὡς Φιλιστίων τε καὶ Διοκλῆς ἔλεγον; Caelius bis Philistionis fratrem affert chron. III 1 p. 489 Amm. V 1 p. 555. Praecepta apud Plin. XX 31. 86. 122

Φιλόλαος, ὁ Κροτωνιάτης [cf. Herm. XXVIII 417] 18,8 sqq. de morbis 20, 22. 24

Φιλόσοφος Aristoteles i. e. Menon 8,12

Φιλόσοφοι. παρὰ τοῖς ἀρχαίοις τῶν φιλοσόφων disceptatur de vesicae secretione 29,52   οἱ πλείους τῶν φιλοσόφων corpus esse animam affirmant 31,41

Ζεύς. Μενεκράτης ὁ Ζεὺς ἐπικληθείς 19,18 cf. test.

Verba sive nomina asterisco notata desiderantur iu lexicis.

SIGLA

✗	=	αἴτιος, αἰτία cet.	=	μεθα
	=	ἀλλά (ἄλλης (IX 40)	N̄ =	νον
	=	γάρ	=	νης
	=	γίνεται, γίνονται, γινό-	Ń =	νων
		μενος, γένηται cet.	ō =	οὕτως
	=	γίνεσθαι	π̀ =	παρά
	=	δύναμις cet.	=	πρός
	=	ἐστίν	=	πρότερον
	=	εἶναι	vel	= των
≈	=	εἰσίν	=	ὑπάρχων, ὑπάρχει
K̂	=	κατά, κατ', καθ'		cet.
λ	=	λόγος, λόγῳ cet.	=	φησίν, φασίν, φαμέν
μ́	=	μεν, μέν	=	ψυχήν (XXXVIII 5)

Sectarum nomina

	=	Ἐμπειρικοί XXXI 26
	=	Ἐριστράτειοι XXXVI 18
	=	νεώτεροι II 30

Tab. II

PAPYRI LONDINENSIS CXXXVII PAGINAE IV ET V

SUPPLEMENTUM ARISTOTELICUM

Verlag von **Georg Reimer** in Berlin
zu beziehen durch alle Buchhandlungen.

Karl Lachmanns Briefe
an
· Moriz Haupt.
Herausgegeben von
J. Vahlen.
Preis: 4 M., geb. 5 M.

P̧hilonis
mechanicae syntaxis
libri quartus et quintus
recensuit
Richardus Schoene.
Preis: 2 M.

DER MAXIMALTARIF
DES
DIOCLETIAN
HERAUSGEGEBEN
VON
Th. Mommsen

ERLÄUTERT
VON
H. BLÜMNER.
Preis: 14 Mark.

MONVMENTA LINGVAE IBERICAE
EDIDIT
AEMILIVS HÜBNER.
ADIECTA EST TABVLA GEOGRAPHICA
Preis: 48 Mark.

CPSIA information can be obtained
at www.ICGtesting.com
Printed in the USA
BVHW090727081118
532427BV00011B/409/P

9 780265 863770